教师教育能力体系与提升路径研究

王俊卿　李中国　著

九州出版社｜全国百佳图书出版单位
JIUZHOUPRESS

图书在版编目（CIP）数据

教师教育能力体系与提升路径研究 / 王俊卿，李中
国著. -- 北京 ：九州出版社，2019.10
　　ISBN 978-7-5108-8418-4

　　Ⅰ．①教… Ⅱ．①王… ②李… Ⅲ．①中小学—师资
培养—研究 Ⅳ．①G635.12

中国版本图书馆CIP数据核字(2019)第248353号

教师教育能力体系与提升路径研究

作　　者	王俊卿　李中国　著
出版发行	九州出版社
地　　址	北京市西城区阜外大街甲 35 号（100037）
发行电话	（010）68992190/3/5/6
网　　址	www.jiuzhoupress.com
电子信箱	jiuzhou@jiuzhoupress.com
印　　刷	北京市龙港印刷有限公司
开　　本	710 毫米 ×1000 毫米　16 开
印　　张	16
字　　数	260 千字
版　　次	2019 年 12 月第 1 版
印　　次	2019 年 12 月第 1 次印刷
书　　号	ISBN 978-7-5108-8418-4
定　　价	58.00 元

前　言

　　新时代社会对教师角色的要求不再是单纯的传道、授业、解惑，而是从教学者逐渐向研究者转型和过渡。教师的教学方法也在由重知识传授向重学生发展转变，并且越来越注重对学生差异性和个性化的尊重和引导。教师即研究者。理论研究，不仅改变了教师的教学质量，也改变了学生的学习和生活状态。

　　本书注重探索研究型教师发展路径，主要从教师德性、教师的知识观与学生观等角度探寻教师的人文之美与理性之光。在教育的过程中，提倡教师向研究型教师转变，创新教学方法和模式，最终具有教学和科研的能力。在教育的过程中探索思想价值与生命关怀的课堂，主张素质教育、创新教育和全面育人的教学模式。教师成为研究者是实现教育理论与教育实践有机结合的重要途径，也是理解和实现教育意义的必然结果，更是教师自身专业成长的必然选择。

目　录

第一章　明确为师之本 ………………………………………… 1

第一节　爱心与教育 …………………………………………… 1

一、由知到行 ………………………………………………… 1

二、修心 ……………………………………………………… 5

三、爱的境界 ………………………………………………… 10

四、获取好感 ………………………………………………… 12

第二节　师德与行动 …………………………………………… 14

一、在传统文化中吸取精华 ………………………………… 15

二、在专业成长中历练 ……………………………………… 18

三、在培训中提升 …………………………………………… 23

四、在实践中落实 …………………………………………… 27

五、在建设中完善 …………………………………………… 29

第二章　关注学生成长 ………………………………………… 37

第一节　关爱学生 ……………………………………………… 37

一、搞好与学生的交流 ………………………………… 37

二、精神奖励是最好的 ···················· 40

三、培养学生优雅气质 ···················· 42

四、机器人教育促创新 ···················· 46

第二节　悉心管理 ························ 55

一、班级管理技巧 ························ 55

二、利用网络管理 ························ 60

第三章　加强德育教育 ························ 63

第一节　核心价值教育观教育 ················ 63

一、德育教育五举措 ······················ 63

二、惩罚教育五结合 ······················ 69

三、法制教育四策略 ······················ 73

四、安全教育的常态化 ···················· 77

第二节　生态文明教育 ···················· 81

一、教育学生节约用纸 ···················· 81

二、低碳与学生的穿衣 ···················· 84

第四章　探索教学管理 ························ 88

第一节　课堂管理策略 ···················· 88

一、教学管理五步法 ······················ 88

二、运用鼓励机制 ························ 95

三、利用博客助学 ························ 99

第二节　教学实践经验 ·················· **104**

一、优质课优在五点 ·················· 104

二、作业批改七要诀 ·················· 107

第五章　创新课堂模式 ·················· 112

第一节　差异课堂教学 ·················· **112**

一、薄弱学科教学技巧 ·················· 112

二、大班额班教学技巧 ·················· 116

第二节　素质教育课堂 ·················· **118**

一、健康教育融入课堂 ·················· 118

二、安全教育融入课堂 ·················· 123

三、环保教育融入课堂 ·················· 129

四、传统文化融入课堂 ·················· 132

第六章　务实教育教研 ·················· 135

第一节　教育教研技巧 ·················· **138**

一、教师听课做好四步 ·················· 135

二、常规教学教研技巧 ·················· 140

三、薄弱学科教研技巧 ·················· 144

四、科研与教研相结合 ·················· 147

第二节　教育教研活动 ·················· **151**

一、有效开展四课活动 ·················· 151

二、网络研修实践活动 …………………………… 155

三、一师一优课活动 ……………………………… 160

第七章　学做教育科研 ……………………………… 166

第一节　教育科研管理 …………………………… 166

一、科研需要科学管理 …………………………… 166

二、科研运用课题引领 …………………………… 172

三、教师要成为研究者 …………………………… 174

第二节　教育科研方法 …………………………… 179

一、教科研选题与论证 …………………………… 179

二、科研要立足于三求 …………………………… 186

三、科研论文撰写技巧 …………………………… 189

四、科研题例研发技巧 …………………………… 193

第八章　谋求自身发展 ……………………………… 198

第一节　与学校同行 ……………………………… 198

一、响应学校建设 ………………………………… 198

二、调控发展方向 ………………………………… 202

三、科研处的引领 ………………………………… 206

四、立足校本研修 ………………………………… 211

五、教学管理信息化 ……………………………… 215

六、消除大班额势在必行 ………………………… 219

第二节　实践中成长 ·· **224**

一、参与教育扶贫 ·· 224

二、参与文体活动 ·· 229

三、阅读环境的构建 ·· 233

四、办公室文化的熏陶 ·· 239

后　记 ·· **244**

参考文献 ·· **245**

第一章　明确为师之本

师德，是教师应具备的道德和行为规范，是社会道德体系的重要组成部分。师德修养是为师之本，可以用"师爱为魂，学高为师，身正为范"概括其内涵。习近平总书记在北京大学同师生座谈时，对广大教师提出要做"有理想信念、有道德情操、有扎实知识、有仁爱之心"的好老师，为发展具有中国特色、世界水平的现代教育，培养社会主义事业建设者和接班人做出更大贡献。作为教师，只有知道责任所在，牢记为师之本，爱教育，爱孩子，并付诸行动，才能更好地服务教育事业。并不断提升职业道德修养，形成高尚的道德情操和思想评估，更好地助力学生的成长与发展。

第一节　爱心与教育

"爱心与教育"是教育家李镇西著作的名字，其表达的含义就是爱心在教育中的作用以及如何在教育中实践。本节中将对"爱心"一词进行深入的阐述。当然教育中除了对孩子有爱心，还要做其他方面的努力，但是"爱心"是核心词。教师对学生的爱要成为智慧爱，要成为一种习惯，这也是师德的要求。只有对教育事业产生爱，并付诸行动，教育才能结果。

一、由知到行

师德的核心思想是"师爱为魂，学高为师，身正为范"。新时期师德内涵更加丰富，更加具体，概括起来就是："热忱关怀；真诚坦率；胸怀宽广；作风民主；客观公正；自信自强；耐心自制；坚韧果断；热爱教育；为人师表。"而"学生喜欢，家长满意，同行钦佩，领导信赖，自我认同"是评价教师是否优秀的标准。"师德的模范，教学的专家，科研的能手"是对教师高标准的要求。一个师德修养良好，具有人格魅力的老师，才是学生的良师益友，才能引领学生成人、成才与成功。[①] 一个师德修养差、人格有缺陷的老师是教不好学生的，有可能伤害学生，甚至毁掉学生的一生。

（一）师德是由知到行

师德是教师的立教之根，立身之本。更广义的理解为师德是教师的道德之本，人只有具有一定的道德水准才能立世。教师只有知道什么是师德，然后才能去践行。

1. 明确职业道德

做一名好的教师，要做到对教育事业的热爱，对学生要有爱心，时刻要有肩负重任和无私奉献的准备。作为教师，应明确自己的职责，树立正确的人生观道德观。著名教育家陶行知一生从事乡村教育的实践活动与理论研究，高度体现出教师的人生价值。[②] 无数事实证明，只有对教育事业充满热情，并严格要求自己，才能抵御各种消极思想的冲击，在教育教学中才能有所建树。关爱学生，做学生成长路上的指导者和引导者，把自己对学生的爱心、关心都灌注到教育教学里，从热情的爱、智慧的爱，逐渐变为一种爱的习惯，用爱自己的孩子的情感去热爱自己的学生，用爱的阳光照亮学生心灵，让自身的人格魅力大放光彩。

2. 树立师表风范

教师是人类优秀文化精神的传播者。教师职业有别于其他职业是因为教师的身后众多学生的眼睛。教师的言行举止，会对学生产生影响。著名作家余秋雨讲过这样的一个故事：南开大学老教授发现学生中有人吸烟，多次劝说都收效甚微，就当众摔了相伴多年的烟斗，从此再也没有吸烟。学生从中受到教育，吸烟现象从此消失，这就是教师表率的作用。可见，教师要树立良好的形象，为学生

---

① 李中国．教师队伍建设与中国教育现代化 [J], 教育研究（CSSCI）2017（12）.
② 辛丽春、汤芳杰．当代乡村教师生存状况及对策研究 [M]. 九州出版社 ,2019（3）.159-160.

做好表率，感染学生，成为学生的楷模，不断完善自己。

3. 教会学生做人

教师在传授给学生知识和技能的过程中，与学生进行精神、思维上交流的同时，也使学生懂得做人的道理，培养出"学为人师，行为世范"的人才。学生处于人生的初生期，道德观、价值观尚未形成，他们的一举一动，可能都是心灵的真实表达。[①] 纯自然人来到学校，要在老师的教导下变成社会人，教师的作用就体现在行为和举止当中，言行皆教育。即所谓师德的力量，就是用教师的言行去引领学生的成长。作为教学一线的教师，更应深刻了解师德的重要性。看着学生在老师的关心和爱护下，有了自己的智慧和力量，他们独立完成生活所需的初具社会能力的成长之人，所有辛劳都化作了动力。

（二）师德是立教之本

师德修养越高的老师，立教之根就散得越开、扎得越深，教育教学效果也更好。教师在长期的执教活动中积累经验和技能，体会教育中的智慧，从而逐渐认识到教学是一门艺术，也是教师人生价值的自我体现。真心地投入到教育实践中，你会忘记疲累，不觉清苦，乐在其中。然而，随着市场经济的发展，社会竞争日益激烈，部分教师片面重视学生成绩，以成绩论成败，忽视了学生的道德培养。这样是不可取的，教师要敬业乐业、恪尽职守，按照教育教学的规律、要求和学生身心发展的特点进行教育。

1. 良好的师德首先要体现在富有爱心

教师对学生的关爱有三个标准，热情的爱，智慧的爱，爱是习惯。逐渐达到这样标准，教师才算是具备良好的师德。由此可见，师爱是师德修养的重要组成部分，是一种无血缘关系的博爱、大爱。崇高的师爱表现在对学生一视同仁，不偏不倚，对每一个学生都能做到像陶行知先生所说的"捧着一颗心来，不带半根草去"的境界。现在的学生多数都是独生子女，有些娇生惯养，但是来到学校都应该同等对待。学生是有个体差异的，我们要因人而教，因材施教，根据学生的特点，在具体的教育教学过程中，根据不同层次，不同个性的学生采取与之对应

---

① 李中国 . 卓越小学教师培养的要点解析与推进建议 [J]，教育研究（CSSCI），2016（10）.

的教育教学方法，使每个学生在原有基础上都能得到提高，得到发展。一个有爱心的教师不仅要爱事业，爱学生，还要爱学校以及学校的一草一木，把校园作为自己的家园。

2. 良好师德体现在强烈的事业心和责任感

有良好师德的教师，表现在对教学工作的一丝不苟，备课，授课，课后反思和总结，以及作业批改和辅导，都是严谨而认真。一个缺乏事业心和责任感的教师，从主观上不愿意为教育工作付出劳动，从客观上不思进取，不求上进，工作马马虎虎，得过且过，不安心教育工作，总是与其他行业比好坏，比收入，越比越没劲，越比越颓废，这样的心态必然干不好教育教学工作。

敬业乐业是教师职业最根本的要求。教师的敬业是指教师认真地教书育人，有责任心，也是对教师的基本要求，敬业的教师才能有效地为学生服务，更受学生欢迎。这种敬业精神将直接影响到学生。例如每日板书认真、工整，粉笔字写得整齐美观的教师，会有许多作业整齐干净的学生；相反，老师整日强调学生好好练字，而自己的板书潦草，就会对学生产生不好的影响。

教师这个职业，是辛苦的，清贫的，艰辛的。如果静下心来认真对待，接纳这份工作，用平常心去对待，带着愉快的心情去工作，教给学生做人的道理，传授给学生知识和技能，让学生学会学习，健康、快乐的成长。坚持下去就会体会到其中的乐趣，职业幸福感就会提升。

3. 良好师德体现在不断学习，积极进取

陶行知先生说过："我们做教师的人，必须天天学习，天天进行再教育，才能有教学之乐而无教学之苦。"作为一名教师，我们要转变思想，不能仅仅局限于教科书，还要不断充电，从教书匠向研究者过度。基础教育的教师的优点在于具有丰富的实践经验，但缺乏理论高度。因此教师要加强教育理论学习，多读理论专著以及学科专业期刊；积极参加各种培训，了解新的教学模式和理念；另外还有加强教科研，进行课题研究和教育教学论文的撰写，把实践与理论结合起来，用理论指导教学，提高教学实践的有效性，使专业得到成长。

（三）师德是立身之本

只有师德高尚，人格健全的人才配做教师，而道德败坏，人格有缺陷的人如果混进教师队伍将是害群之马，贻害无穷。这少数败类不仅败坏了师德师风，同时也极大地破坏了教育的形象。

1. 教师首先是以教育为生命。树立为国家育人才，为民族开未来的远大理想，以自身的良好品德和人格魅力潜移默化地润育年轻一代。其次是教育的出发点站得高，才能看得远。教育工作不是为个人谋生而劳作，而是为国家富强，民族振兴培养有用人才。在教育过程中既注重知识的传授，更注重品德行为培养，用短暂的教学时间给学生带去一生深远的影响，让学生知道美好的品质永远比分数更重要。

2. 教师应当为国家发展大计着想。实现伟大中国梦要靠人才助力，人才从哪里来，要靠广大教育工作者去培养。我国要由人力资源大国转向人才资源大国，由模仿型大国转为创新型大国，要以全国人民整体素质的提高为前提。社会整体素质的高低，将直接影响国家发展的进程。所以优先发展教育与科技必不可少。

3. 教师应当是学生的良师益友。教育其实就是一个互相寻找、发现，彼此增进理解的过程。学生的成长始于对老师的模仿依赖，发于对老师的追随信任，盛于对教师的研判反思，终于自立自强。教师自身要加强文化底蕴、人格魅力、气质形象等方面的修养，学高为师，身正为范，做好学生的良师益友。[①]

师德，教师之根本。教师的工作是平凡的，但教师的精神世界是无比高尚的。关注每一个学生的成长，用激情点燃他们理想的火花，用欣赏给予他们自信的阳光，用自身人格魅力照亮学生一生的道路。

二、修心

教育有句名言："教育的核心不是传授知识，而是培养健康人格。"此言旨在说明教师培育人、塑造人不仅是传人以智，更是授人以德，因此"德才并重，以德为主"才是教育的正确归位。为人师表，以师德为重。诚然，秉行师德不是纸

---

① 辛丽春、汤芳杰. 当代乡村教师生存状况及对策研究 [M]. 九州出版社,2019（3）.170-1175

上谈兵，它需要每个教师自觉实践修养，那么师德修养要从何做起？应当从"修心"入手，只有"道德立于心"，才能"工作成于手"。笔者以为修心当以修养"三心"为要，即爱心、责任心和进取心。

（一）爱心是师德的灵魂

教师的灵魂是师德，师德的灵魂是师爱。"没有爱就没有教育"。师爱是教书育人的核心。那么师爱包含哪些内容呢？有人说："如果一个教师把热爱教育和热爱学生结合起来，他就是一个完美的教师。"不难看出，师爱在这句话中得到了高度概括和诠释，指出师爱包含两种爱，一个是教师对教育事业的热爱，另一个是教师对学生的热爱，二者相辅相成，缺一不可。好的教师要热爱从事的教育事业，在工作中兢兢业业、无私奉献。[①] 教师只有热爱教育事业，才能热爱学生，才能尊重他们的人格，关心他们的成长。

师爱的主体是学生，那么对学生的"爱心"应当从何"修"起，"修"在何处呢？归纳来讲：热爱学生，做到"三关"，即关心学生学习、关怀学生生活和关爱学生心灵。

1. 关心学生学习

一个教学出色的好老师应是善于引导学生学习的"人师"，而不是侧重于传授知识的"经师"。"人师"的教学过程已经不仅仅是停留在传道授业解惑，而是侧重于师生间的双边互动，将双方的思想、情感以及个人爱好等，都融入其中。优秀的教师应该在教学中谆谆教诲，以情育人；在辅导中循循善诱、以理服人；在批改中孜孜不倦、以言导行。对于"潜能生（新课标将学困生或后进生重新定位为潜能生）"给予赏识和鼓励，因材施教，因势利导，严慈相济。如此这般，才可以使学生"亲其师，信其道"。

2. 关怀学生生活

一个敬业爱生的老师，在关心学生学习的同时，也会关注学生的生活。学生的日常生活，也是他们成长的重要影响因素之一。身体状况、家庭情况和社会境况都会影响到学生的身心健康。这就需要我们教师真心的融入他们的生活中，关

---

① 李中国. 两种"三位一体"教师教育模式比较研究 [J]，教育研究（CSSCI），2014（8）.

心学生生活冷暖，理解其痛苦，并真正做到设身处地为学生着想。贫困给予援助，病弱给予关怀，受挫给予开导等。

3. 关心学生心灵

每个学生都渴望被教师关爱，这是学生学习生活和成长中非常重要的精神力量，感受到教师关心时，他们会得到情绪上的满足，形成良好心态。当发现学生产生心理问题时，教师首先要善于调整好自己的心理状态，不偏激、不歧视、不情绪化，给予情真意切的关心；以高尚的人格魅力，去感染学生，去引导学生；用无限的师爱，开启孩子心灵的大门，在他们的心中播下"自信与自尊"、"善良与宽厚"的种子；在他们的品格中刻下"不骄不躁，不卑不亢，不屈不挠，不忮不求"的印记，把信任和期待的目光洒向他们。让每一个学生都感受到师爱的温暖，让他们在追求"真善美"中快乐成长。

（二）责任心是师德的要务

责任心是师德的重要内容。没有责任心也就不会有真正的教育。那么作为教师应该"修"哪些责任心呢?

1. 要"修"对全体学生负责之心

古人云："贤者自可赏爱，顽鲁亦当矜怜。"这句话表达了一种教育理念，那就是教书育人不可偏爱。无论是"贤者"还是"顽鲁"，在受教育的过程中，都应得到平等的待遇。我们教师面对全体学生，应该一视同仁，不能喜优厌差，近亲远疏，厚此薄彼。同时还要做到管而不死，严而不厉，批评而不侮辱，正视而不歧视，坚持而不放弃，耐心而不急躁。

2. 要"修"对所教知识负责之心。

明末思想家黄宗羲说："道之未闻，业之未精，有惑而不能解，则非师矣。"可见，一个优秀的教师必须具备扎实的业务技能，在教学中，准确地传授知识。传道授业解惑是一项重大且严肃的教学工程，容不得半点敷衍，也绝不允许教师让含糊不清的内容，知识及概念错误的出现在课堂中，误人子弟；一定要有严谨的态度、渊博的学识和精湛的教学技艺，这样才会完全驾驭教学，纲举目张，游刃有余。

3. 要"修"对学生思想道德品质负责之心

英国著名作家查·霍尔曾经说过:"有什么样的思想,就有什么样的行为;有什么样的行为,就有什么样的习惯;有什么样的习惯,就有什么样的性格;有什么样的性格,就有什么样的命运。"这里的"思想"就是指人的思想道德品质,推理得出结论:一个人有什么样的思想道德品质,他就会有什么样的命运。由此可见,如果没有其他因素的影响,思想上进、善良的人,将来会成为一个有所作为的守法公民;反之,思想颓废、品行不良的人,将来就无所事事甚至成为不法之徒。因而,对学生进行思想品德教育,帮助其树立正确的人生观、价值观,是身为人师的重要责任之一。列宁也曾说过:"在任何学校里,最重要的是课程的思想政治方向,这完全是由教学人员来决定的。"教师如何修德?韩愈说得好:"欲修其身者,先正其心;欲正其心者,先诚其意。"

(三)进取心是师德的动力

进取心是指一个人不满足于个人现状,始终坚持不懈、持之以恒地向更高、更新的目标执着追求的积极向上的一种心理状态。因此,进取心是一个人成长发展的原动力,也是一个人干好工作的前提条件,更是从事教育活动的教育者们所必备的品格之一。有进取心,才会产生工作的热情,务实的激情和创新的豪情。作为教师应该如何"修"个人的进取之心呢?笔者认为可以从以下三个方面来做。

1. 落实终身学习理念

保罗·朗格朗提出终身教育理论,身为教师更要坚持终身学习。尤其是在当今社会下科技日新月异,知识的更新日益迅速,这也给教师这一角色进行了重新定位,也就是说教师既是老师也是学生,而且更应成为他人,尤其是学生终身学习的典范。从新课标的实施到传统文化进校园,教师都应率先垂范,做学习的先行者。在课堂改革方面,教师更应走出传统教学的模式,不断探索和实践,学习名校先进教学模式,从"先学后教,当堂训练"到近年所倡导的"兵教兵""兵练兵"的"学讲计划",再到翻转课堂式教学模式,以及当下盛行的"微课"教学,无不向我们昭示终身学习的重要性。正如教育家陶行知先生所说:"我们做教师的人，必须天天学习，天天进行再教育，才能有教学之乐而无教学之苦"，正所谓"惟其学而不厌,才能诲人不倦"。坚持终身学习，不断地为自己"充电蓄能"，从而提升自己的教学能力，也是教师个人不断进取的人生宗旨。

2. 教学追求精益求精

苏联教育家、心理学家赞科夫在其著作《和教师的谈话》中有这样一段文字："教师的自我提高的工作要从集体思想的源泉中吸取营养，而教师本人也把自己思考的结果、问题疑难提交给集体来研究"。因此，教师可以通过"集体备课"、"二次备课"、"同课异构"、"同课再构"等活动形式，开展专题研讨、案例分析，解决实际教学过程中遇到的问题，在已有基础之上，精益求精，展开交流研讨，实现知识与经验的互补，继而达到资料共享、教师业务能力得以共同提高的目的。

3. 进行教育教学研究

苏联教育家克鲁普斯卡娅说："如果教师能够对学科进行热心的研究，那么他们也就会使自己的学生对这门学科发生兴趣。"身为教育者，必须要对自己所执教的学科进行深入的研究，将自己的才情发挥到极致，融会贯通，旁征博引，运用多学科知识和丰富事例，将教学内容深入浅出地传达给学生，这样才能使学生热爱这门学科。教师可以根据实际教学需要，有机地将传统文化教育、学生心理健康教育，甚至是法制教育，巧妙地渗透到教学中去，寓教于情，寓教于行，在提高了教学的实效性同时，也健全了学生的人格。

时代在进步，科技在发展，知识在更新。在这个大环境的影响之下，我国教育"课改"依然在不断探索、完善。新理念不断更新，新思潮也不断涌现，这就需要我们教师要适应当今教育的发展，紧跟课改的步伐，敢于承担重任，去发现、探索、创造，从而开阔视野，在更新个人知识结构的同时，充分借鉴新的领域新的思想和文化，继而实现筛滤旧有、活化新知的目的，丰富师识本领的同时，也提高了师艺技能。

当然，师德修养何止"三心"，它还需要具备自信心，诚心、虚心和恒心等等，但笔者以为，此"三心"才是师德的核心内容。其内涵丰富多彩，在此不能逐一道尽。"三心"既各具特点和作用，又紧密相连，相互影响。可以说，爱心是师德动力的源泉，进取心是师德动力的外在表现，责任心则是师德的本质要求。修养"三心"，是每一个教师应有的最起码的职业道德标准，只有在"三心"上有所修为的人，才可以堪当"学高为师，身正为范"的楷模；才可以在工作中取得出色的成绩。

三、爱的境界

对学生关爱，是老师职业道德的体现。我们教育有两大目的，那就是育人和教书，教育的根本目的是育人。因此我们要懂得如何关爱，才能让孩子成人，成才。这是我们教师应该思考的问题，并把自己的成熟的思想贯穿到具体的教育实践中。苏霍姆林斯基说过："热爱孩子是教师生活中最主要的东西。"习主席也说过："教师要有仁爱。"因此，教师对学生关爱是教师职业必备的条件。那么作为教师该如何做好关爱学生，让孩子健康、快乐地成长呢？我想教师对学生的关爱要经过四重境界，即为具有爱心、热情的爱、智慧的爱，爱是一种习惯。作为一名教师从不知道如何关爱到把关爱变成一种习惯，这不是一下子能做到，需要实践和理解，从而体会到教育的价值。

（一）具有爱心

具有一颗关爱学生的心，是我们作为教师的基本条件，是师德的要求。教师专业标准中也要求教师要具有爱心。教师必须转变观念，教育不仅仅是传授学生知识和技能，同时还要关注学生的生活和身心健康发展。要做到这些，我们要愿意为孩子付出，教会他们知识，教会他们做人，一切为了孩子的发展服务；否则就违背了教育的宗旨。没有爱就没有教育，一样是要求我们对教育热情，有信心。教育是一项长期的、复杂、艰巨的工程，我们只有对其充满爱，才能坚持去做。因此，具有爱心是我们服务教育的前提，我们把爱传递给孩子，以后孩子把爱传递给更多的人，为社会注入正能量，促进社会的和谐发展。[①]

---

①   李中国 .G-U-S 教师教育协同创新模式实践探索 [J]，教育研究（CSSCI），2013（12）

（二）热情的爱

教师在入职前就已经知道了当老师的责任，也明白了对孩子关爱的重要性，但缺乏教育实践，在实践中起体会对孩子的关爱。初为教师，全心投入到教学之中，和学生成为朋友；学生遇到学习中问题，认真去讲解，学生出现反常，去家访；学生忘记带雨具，把自己的雨具让学生用……帮助他们关心他们，不求回报，自己也感觉到快乐，很多教师都有这样的经历。刚入职，我们全身心地投入教学和学生的关爱之中，对学生是一种热情的爱，和孩子交朋友，让孩子喜欢我们，喜欢我们的课堂。例如，给学生买一些书籍充实到班级中，让孩子去阅读；买一些零食鼓励孩子学习等，对孩子真是无私的爱，热情的爱。青年教师会充分体会到教育生活的充实，这也是我们真情付出的结果。有很多老教师回忆当年的教育生活，年轻时精力充沛，对教育有一种使不完的劲，愿意和孩子们打交道，因此成了难忘的回忆，也是我们对孩子投入热情的爱的表现。

（三）智慧的爱

随着对教育的逐渐摸索，对教育有了更深的了解，对教育方法有了自己的想法。每次对学生教育和关爱，都是在我们认真研究的基础上实施的，做事变得更加成熟，有魄力，班级管理也更有序，高效。特别是学生中存在的难以解决的问题，有了自己的经验。比如调皮学生的管教，学生的早恋问题等。如果处理得不好，就会产生严重的后果，影响到学生今后的发展。因此就孩子教育和关爱要采取一定的策略，找出病根，对症下药。对于上课调皮的学生，错不会当面批评他们，我会经常找他们谈心，一次不行，两次，一种方面不行再用别的方法，直到打动他们的心灵，让他们能够认识到自己的错误和不足，并下定决心改正和弥补。例如，一位班中一位调皮的学生，上课时总是把鞋脱掉，班级中会出现一股子难闻的味道，他威胁别人不能报告给老师，当我发现了这种情况后，及时进行了教育。然后这位同学再也没有出现不穿鞋的情况。对于早恋的同学，我采取了让他们换位思考，如何才能给对方幸福，明白只有好好学习才能成长，有能力去生活，明白立身才能受到对方的尊重。我们对孩子存在的问题进行深入的了解和研究之后，再采用必要措施和手段就能转化这些学生，这也是我们成功的秘诀，那就是对孩子智慧的爱。

（四）爱是习惯

习惯的养成是需要一定的毅力和时间的，我们对学生关爱也是如此。我们通过长期对学生的教育和关爱，逐步让学生领会到我们的付出和艰辛，而我们通过付出体会到教育的价值，体验到成就感，并把做这件事当成一种习惯。时间久了，我们也就已经习惯了，也不觉得关爱学生有什么不妥，完全是一种自愿。这也就是把关爱学生当成自己的职责。但是现实当中，也有部分教师，刚开始干教育很有激情，而到了中老年后就产生了职业倦怠，没有当年的干劲，甚至是厌倦的这个职业。这里面的原因是多样，有社会不良风气的影响，也有自己人生观和价值观的认识偏差。无论是否愿意，这都需要我们教师提升自己，让自己对教育充满爱。没有一切为了学生的发展为基础，就搞不好教育，也不会让关爱学生成为习惯。要解决这些问题，就要用平常心对待，好好教学，真心关爱学生，让学生的教育成为一种完整幸福的教育生活。作为教师只有把关爱学生作为我们日常的工作来做，形成一种习惯。同时也加强自己的发展，多读书、多撰写、与同行形成共同体，不断创新教学方法，提升教育教学质量，从而发挥自己的价值，获取职业幸福感。

总之，关爱学生绝不是一句空话，而是要付出实际行动。关爱学生，就要理解什么是爱，具有爱心之后再去实践，在实践中形成技巧，最后把关爱学生变成一种习惯，这样也无愧于我们做一名合格的人民教师。

四、获取好感

如今是一个公平竞争的时代，教师与学生也应处于平等地位。学生也有自己的独立思想，而不完全是一个倾听者。因此教师要转变教育观念，与学生建立和谐的师生关系。特别是要用自己的言行打动学生，从而获取学生的好感，学生才会喜欢你。这也体现了教师的职业具有一定挑战性，教师要利用自身的实力和魅力打动的每位学生，从而获取尊重，实现的自己的价值。

（一）充满激情

教师要对自己所教的学科和班级非常喜爱。特别是要在课堂教学中形成强大的气场，课堂一开始就能吸引学生，促进学生主动，深入地投入到学习中。这里面包含了学生喜欢的教学方法，对学生激励性的评价，让学生进行充分的交流、合作与分享，并把时代信息资源融入课堂等，让学生的学习兴趣得到发展，学生的潜能得到释放，从而体验学习的快乐。这样的课堂模式才是学生喜爱的，并获得学生的认可，那么学生对老师的敬畏就自然形成。但是要达到这样的要求，教师就要对教育有很深的理解，应把孩子的教育看成是一种教育生活，是学生成长中的一种经历，而不是为了功利性的教育。这样没有更多附件任务，教师才能放开手脚，从学生的全面发展入手，研究和创新教学方法，为学生创设良好的学习环境，打造学生喜爱的课堂，那么学生就会喜欢你的课堂，就自然会对老师产生好感。

（二）充满智慧

教育应是一种自然状态下的，一种教育生活，也就是说教育应与社会和生活联系起来，学生能够利用学习的知识解决生活实际中的问题，这才是一种智慧教育，学生才能够体会到学习知识的作用。这样他们才能对学习增加兴趣和信心，才能围绕老师身边问长问短。教师要让教育充满智慧，首先教师应该是一个热爱生活的人，并善于思考生活中的问题，并践行教育即生活的这种理念。因此，要在课堂教学中，从生活中的现象或问题引入教学，激发学生思考和合作，形成一定能力，并应用在实际生活中，这样才能符合学生的年龄特点和认知水平。生活化的课堂成为学生知识、应用知识、创新知识的练兵场。那学生通过学习形成实践能力和创新能力，那么教育的目标才能得以实现。这就是我们现在要解决学生的学习问题，即把学生学习的知识转化成一种解决问题的能力，如果能够做到，那么我们的教育，我们的课堂就是充满智慧的，学生就自然钦佩这样的老师。

（三）充满勇气

对于教育，教师要敢于突破传统的教育模式，研究和创新教育模式，不盲从权威，要在自己不断的实践与研究中寻找适合学生教育的方法，以此提升教学质量，促进学生全面发展。新课改也提出，教师要从教书匠向研究者转变，不断提升自己的理论水平和教科研能力，提升自己的专业素养，做到与时俱进。对于出现的教学模式，我们再学习的同时，要根据自己的学校、学生以及学科的特点进行研究，而不是照搬。教师要认真研究，在实践中改进或创新，从而形成自己学生的教学模式。就当前教育改革的前沿来看，我们确立了学生学习为中心的教学理念，而教师的教处于次要地位。为此出现了先学后教、学讲计划、翻转课堂等教学模式和方法，这些教学模式和方法是否适合自己的课堂和学生呢，为此要进行研究、实践、分析、总结、改进与创新等。为了适应新课改的要求，积极进行高效课堂教学模式的探索，在对其他课堂教学模式的研究与分析基础上，结合自己的学科进行这方面的尝试。在所教小学科学学科，我采用了"自主学习四段式"教学模式法，即布置任务，引导课前学习；课堂探究，促进学习效率；课后拓展，完善自主学习；自主构建，形成创新能力。创新教学模式，首先教育要敢于打破传统，不迷信、不盲从权威，只有这样才能进行教育改革，打造适合学生、学习喜欢的课堂。因此，教育要充满勇气，你的课堂就会得到学生认可，学生就会喜欢你的课堂。①

教育非小事，只有学生对教师产生好感，教育才具备了实施的条件。我们作为教师要对工作充满热情、充满智慧、充满勇气，才能打造学生喜爱的课堂，并感知老师的实力与魅力。为此，我们才能有效开展教育，让学生在教育中健康成长。

第二节　师德与行动

师德与践行主要是指教师对师德不仅是认知方面，同时还要落实到行动中，从而提升自己的师德修养。师德是教师专业发展的要求，也是搞好教育的前提。为此，教师只有在各种工作或活动中去历练，才能提升道德修养，并促进自己的成长。文化熏陶、各种培训，都是提升教师师德修养的有效途径。

———————————

① 李爱娟著. 新时代教师发展解码 [M]. 九州出版社 ,2019（3）.39-45.

一、在传统文化中吸取精华

就当前社会的发展形势来看，无论是教师师德、待遇和地位都有待提升。特别是师德问题，我们可以从传统文化中探索其发展的路径。韩愈曾在《师说》中说过教师的职责："师者，所以传道、授业、解惑也。"而对于这一句话，不同时代有不同的见解。在古代，很多教育家主张奉献，具有修身、齐家、治国、平天下的入世思想，他们淡泊名利，不计较个人得失，将自己全部的精力投入到教育中。这一思想在现在仍有非常重要的意义，教师要从中汲取精神营养，以利于师德的修养。其中最为关键一点就是育人，达到育人的效果，那么尊严和地位就能达到一定的高度。做到这些需要传道、授业、解惑。我们要从传统文化中汲取精神，并运用到教育实践，特别是教师要认清人的发展关键，在教育实践中，应当努力使"个性化教育"要成为现代教育的核心理念，并通过学生教育成功重塑"自身师德建设与师道尊严"。

（一）从传统文化中认清当前教育的弊端

从我国古代的传统文化的发展来看，教育的模式上主要采取的是小班制，并注重个性化的教育，这样做的主要目的就是让学生的个性和创造性得到发展。[①]例如，孔子在教育两个不同学生时针对同一问题给出的不同答案，不仅说明个性培养之重要，更强调了学生的创造性思维发展。但是现在的教学导致作文千篇一律，学生缺乏创造性，动手能力差，高分低能的学生大有人在。教育像生产线一样，严格统一要求，缺乏个性。究其原因，是工业化大生产的模式被引进到教育中，学校成了"智慧的工场"，而学生成了批量生产、规格统一的标准件，教师则成了机械操作的教书匠。学生缺乏创新精神，与长期"以知识和分数为中心"的教育模式有很大的关系，各个教育阶段都是在高考的指挥棒下以提升分数为主。过分重视知识的重要性而忽视了创造精神的培育。传统的教学模式是上课老师讲知识，下课学生背知识，考试考知识。现在采取的"排名次"方法就不能正确地对待学生的差异，两片树叶没有完全相同的，何况是学生呢，我们不能要

---

① 李中国.教师角色转化中内涵性特征的缺失与补救 [J]，教育研究（CSSCI），2008（6）.

求每个学生都考到规定的分数。大量事实证明，学业成绩落后的学生不一定就是"差学生"。学生的发展与天赋和后天的努力都有关系，有的孩子学习成绩不好，但是他确实努力了，也进步了或者其他方面有特长，这样的学生也是好学生。对于义务教育阶段的孩子，我们要尽量做到，教育要全面，而不能只看孩子的成绩。从人的发展角度去教育和引导，找出孩子的不足，采取针对的措施。教育的目的不能跑偏，那就是在教育中着力培养学生个性与创造性。

我国经济的不断发展，比任何时候都要强大。人们对教育的关注程度也达到一定高度，对学生个性和创造性的培养已经具有一定的条件，特别是当前义务教育阶段，家校合作已经为学生发展打下了良好的基础。教师通过与家长的合作，进一步了解学生的特点，在学习完国家规定的课程外，我们就可以进行针对性的教育。孩子擅长什么，喜欢什么，对学生感兴趣的课程进行引导和教育。通过学校的兴趣特长班，校本课程，另外还有校外的专业课程培训机构等，家长都给予了很大支持，家校的合力给教育增添了实效。无论是教师的努力还是家长的支持，其目的都是促进孩子的健康成长。如果教师能够调动家长和自己一些进行学生的个性教育，促进学生创造性的发展，那么我们教育就可以事半功倍。这都是传统文化给我们的启示，古时候由于条件的限制，很多家庭的孩子上不起学，而现在给我们充分的条件，对于孩子的教育，我们就可以采取更有效的措施。

（二）与时俱进，实事求是，正确认识"师道自悟与师道尊严"

当前的教育一方面正在被人们政治化、另一方面只重规范教师行为而不重教师发展。教师节来临，整个社会好像突然发现，自己都是被老师教过的学生，鲜花、掌声、恭维，扑面而来，叫我们这些教书匠们受宠若惊。更让人接受不了是，那些标语居然是学校自己弄出来，根本不是社会想表达的态度。学校代表教育工作者，难道这不应该受到社会的尊重，他们自发的尊重教师，尊重教育吗？在人们心中，教师应当是不食人间烟火的"完神"。难道教师的发展，教师的生活，只需要这些就够了吗？除了精神的重担，就不需要物质的提升吗？同样是劳动，对老师的要求却很高。为此，提升教师待遇势在必行，也要更好地塑造师德形象。相对于提高教师待遇，如何维护教师的尊严可能更为教育从业人员所看重。毕竟，这是一份特殊的职业，教师并非如推销洋葱、白菜一样是知识销售员，"教书""育人"相当于人的两条腿，缺一不可。甚至是"育人"常常比"教书"更为重要。如果一个老师没有尊严，那么怎么能谈得上育人呢？

那么，师道尊严从何而来，如何保障？相对寄希望于提高社会对教师职业的尊重，以及立法保证老师可以批评学生，有人认为是："身为教师，不可忘记师道尊严更为重要的一面——师道自尊。师道自尊是师道尊严的基础，自尊与其他没有关系，这是自己的职业操守。当我们面对这样一个庞大的教育行政体系，规则不是某位教师说的算，这里满包含了从学科教学评估到职称评定，从课题教学规范到要求申报课题，用金钱多少衡量论文质量高低以及没有时间空间保障的形式主义教研……这些东西，让很多老师感到恐慌，无能为力。为此，很多老师只能随波逐流，这也是教师尊严的最严重缺失。"

所以，今天建设师道尊严，要以师道自尊为基础，师道自尊，则应建立在保持心灵自由的个体人格基础上，建立在对于人类普世伦理价值的坚持之上，建立在对真理的坚守上，建立在自己的勇气与智慧上。我们忽然发现这些其实是根本的尝试，但是做起来困难。在迷失方向的同时，我们还要时刻反思。教育究竟是为了谁。

其实这些，都是些常识性的东西。比如，不作假，不说谎，不摧眉折腰事权贵，寻找真理，真诚思考，善待他人。教育行内人心里恐怕都清楚，若这些做不到，既无师道自尊，更无法奢望师道尊严。

1. 必须承认个性与差异性的存在

每个人的先天素质和后天发展都是存在差异的。为此，我们不要去要求学生都达到一个层次，世界上找不到完全相同的两个人。我们的教育要在承认和尊重个性的基础下进行。同一个班的学生中，学业成绩参差不齐，这是必然的。我们要根据其能力特点，进行分层教学，分层作业，并进行积极的评价，找出学生的不足，然后进行针对性的教育和补救。如果让高能力的学生重复做低层次的试题。不仅仅扼杀了学生发展创新，浪费学生宝贵时间，更是师德建设与师道塑造的消失。差异性是教育的出发点，也是教育的最终结果。洪恩红校长说过"扬长避短，人人成才。"培养的学生具有个性化的发展，那么我们的教育就做到了有针对，效果才明显，这样就是为了人的全面发展奠基。就目前小学课程的开展来看，文化课比较重视，投入的力度大，实践性的课程开始不足、投入不足，造成很多学生的天赋中断，甚至兴趣、爱好和理想的磨灭。

2. 不要为了个人利益不择手段

当前，有的教师歧视学生，对学生的评价单一地用分数衡量，这是不科学的。有的老师会给学生推销资料，让成绩不好的学生去他们的培训班或者推荐到校外补习学校，甚至会呵斥家长。这就需要教育行政部门制定具体的师德违规处罚条例，在制度和待遇两方面下手，从而提升教师的师德修养。

3. 教师应当清楚形势

教师应该在国家教育方针的引领下，积极参与教育实践和研究，为教育改革建言献策，教育是每一个人的问题；我们要认清国家对教育的投入逐渐变大，教师待遇也在逐年提升，我们要相信教育会越来越好，教师待遇也会提升。

教育的核心是培养学生的核心素养，为学生今后的发展奠定基础。教育均衡发展的验收，要求义务教育阶段学校要在 2018 年达到国家办学的标准水平，无论是班额、教育资源等方面都要达到一个高标准。那么就会迎来一个教育的春天，对于解决大班额现象效果显著；另外就是对农村教师的津贴补助，对于城乡教师交流，遏制农村老师流失都有很大的作用。这就说明了教育在变得越来越好，作为老师要有信心，耐心做好自己的本职工作。[①]

总之，教师要从传统文化中窥探师德发展需求，认真学习传统文化，并进行深刻体会。这样就为自身师德建设与师道塑造指出更加明确的方向。作为教师，我们应该清楚地认识并把握教育根本，努力用自己的实际行动，去唤醒为分数和眼前利益所醉之"众人"，还学生一个真正富有个性和创造性的自我。

二、在专业成长中历练

无论社会如何变迁，人们始终把教师的师德放在第一位。韩愈曾云"师者传

---

① 李爱娟著.新时代教师发展解码 [M]. 九州出版社 ,2019（3）.39-45.

道授业解惑也"；也有人说"教师是人类灵魂的工程师"；我们的教育方针中提到"百年大计，教育为本；教育大计，教师为本；教师大计，师德为本。"这一切足以说明，师德对于教师自身、对学生的影响乃至国家的教育发展而言，都是多么的重要！

（一）师德是教师素质的灵魂，是教师专业成长的核心要素

德是行的前提，具有高尚师德的教师注定了其专业成长的高度。具有良好师德的教师，在不自觉中热爱着教育职业，热爱教学工作，热爱学生，并会自觉的规范自己的行为。这样他便会受到学生的爱戴，出现良好的师生关系，学生就会学得轻松愉快、家长就会放心满意，社会就会相应的和谐。具有良好师德的教师，会想方设法提高自己的业务素质，使学生学到更广泛的知识。具有良好师德的教师，会在教学中显露出较高的艺术修养，更好的活跃课堂气氛，激发学生的学习兴趣与积极性。把学生当作课堂的主体，让学生成为课堂的主人。有良好师德的教师，才会努力不懈的坚持自我教育，自我学习，使自己的专业水平不断提高，进而提高和完善自我。经常进修、加强专业教育、不仅精通本学科的专业知识还能不断学习课内外知识扩充知识面、开阔视野、拓展思路，不断提高教学水平，增强教学效果。坚持把学习作为一种精神追求，注重通过学习提高自身修养和境界，努力做到学习永无止境。教育是一种以人影响人，以人带动人，以人提升人的活动。

（二）教师的成长需要践行师德，并在学习中体现出来

新课改的背景下，教师的角色也更为丰富，其中就包含了成为不断自我超越的学习者。[①] 我们也常说："学无止境。"这都是鼓励人们要不断地学习，才能适应这个社会。作为教师来讲，进行不断地学习是非常必要的。教师在不断的学习中丰富知识，提升自己的专业素养和人格魅力；同时也是适应新课改的要求，在不断的学习中为教育实践奠定基础，满足社会和家长对老师的要求，获取成就感，克服职业倦怠，增强职业动力，最终实现自己的发展，实现自己的价值。教

①　李中国.职业教育发展机制研究 [J].国家教育行政学院学报（CSSCI），2017（6）

师本身是学习者，也是学生学习的引导者，这就要求教师能够开拓学习思路，把传授知识变成指导学习的方法和技巧，从而提升教育教学质量，促进学生的全面发展。因此，在瞬息万变的信息化时代，教师要向书本学习，向他人学习，向网络学习，丰富知识，成为学生成功的领路人。

1. 注重阅读丰富知识储备

书本是我们获取知识最直接的工具，对教师来讲，我们经常教育学生多读书，其实自己更应该做到，以应对知识的更新以及解决学生多元发展的要求。可以读三方面的书籍，分别是教学书籍、教育理论以及生活书籍，以此丰富知识，提升专业素养和个人魅力。

（1）阅读教学书籍

教学书籍，这里面包含了我们学科的课标、教材、教参等，教师理解和掌握这些书籍中的内容，进行教学设计，开展课堂教学，是每位教师必须阅读的内容。对于教学方面的书籍，对教师的要求是理解、运用和创新，这也就是我们常说的，要创造性地使用教材，而不是照本宣科。阅读教学方面的书籍，以此为纲要，根据学生的特点和教学实际进行设计和创新，然后在课堂中使用，从而更好地服务课堂。

（2）阅读理论书籍

阅读教育理论方面的书籍，这里面包含了教育理论专著和学术期刊。这些书籍是教师教育思想的来源，也是我们一线教师进行教学实践的依据。这些书籍可以让老师获取前沿的教学理论和一些实践的方法，指导今后的教学实践。每位教师每年可以选择1—2种教育理论专著和1—2种学术期刊，比如，小学语文学科可以阅读《小学语文教学》《小学语文教学设计》等，边教边学提升教学技能，并让自己的理论水平丰富起来。一线教师的优点是教育实践经验丰富，而缺乏真正的理论指导，缺少教育理论书籍的阅读。因此，学习教育理论非常有必要，让他们从实践转向研究，从而提升教学实践的有效性。

（3）阅读生活书籍

生活书籍的阅读。我们常说教育不能脱离生活，教育要为生活服务。教师阅读生活类书籍也是有必要的。比如，《生活百科》《今日文摘》《知音》等杂志，都是与我们的生活息息相关的，我们通过阅读可以从了解生活动态、人文风情等。我们从书本中获取生活经验、获取知识，这为传授给学生更丰富、更有用的知识奠定了基础。教师生活范围相对来说比较狭小，真正与社会生活接触的不多，从生活书籍中获取一些知识和经验，让自己的生活经验更丰富，人文素养也得到提升。因此，向书本学习的意义重大。

2. 专业学习提升业务水平

大教育家孔子说"三人行必有我师焉。"也就是告诉我们身边总有可以学习的人，某一方面比我们优秀的人都是我们学习的榜样。

（1）向身边同行学习

教师作为一名学习者，应向专业技能强、教学经验强丰富的教师学习，特别是同专业的教师，骨干教师、学科学术技术带头人，名师等，向他们请教教学经验，聆听他们的课堂，让自己从中受到启发，也可以向他们请教教学中的问题。在语文课上，我遇到了一个这样的问题，学生的阅读能力不行，在做阅读题的时候很吃力。然后在教研会上我就把这个问题提出来，看看其他老师有什么好的方法。结果大家支了很多招：同行们认为阅读能力不强应该进行这方面的训练，让孩子多读书，加强他们对文字内涵的理解；还有老师认为可以把课外阅读和课堂结合起来，开展群文阅读，把相关的文章和知识融入进来，提升阅读的深度和广度，促进学生理解课文等。

（2）向教育专家学习

我们可以向教育专家学习。各级教研员、教研组长等，都是我们学习的对象。他们理论功底深，教学理念新，教学经验足，可以向他们请教教育教学中遇到的问题，也可以请他们来诊断我们的课堂，为我们提供宝贵的意见。学习的形式是多样的，如果不方便或没时间，也可以通过电子邮件或微信聊天的形式与他们进行交流和探索，与专家近距离接触。无论是本学科的教师、专家，还是其他学科，都有我们学习的对象。只有向强者学习，才能让自己的教学技能更精湛，教育实践更高效，从而可以变得更优秀。

3. 网络学习促进专业发展

随着信息技术的不断发展，网络学习也已经成为现代人增强知识和技能的主要形式之一。而教师作为学习者，通过网络进行学习，也是很有必要的。特别是随着教师教育培训制度和教师资格认定制度的改革，教师必须达到一定的培训学时，才能符合继续教育的要求，否则教师资格不予认定。

（1）参与网络培训

我们在国培计划的学习中，无论是学科教学还是信息技术，都是通过网络学习和教育，以此增强教师的理论水平和教学技能。国培计划网络研修，可以让教师全员参与，教师通过观看名师和教研专家的报告、课例等，让自己的理论知识和教学水平得到提升。通过网络学习，修完必修课，也可以根据自己的情况进行选修课程的学习，完成作业，专业日志和评论，创建活动和参与活动，上传资源，撰写总结，交流与评价等，修完学分，合格者颁发结业证书。

（2）自主网络学习

网络学习是一种自主的学习。教师发展的动力是要靠自身，有一种理想的信念。比如，上网阅读名师和教研专家的博客，观看他们的教学视频、阅读他们的教学设计和教育随感，从中寻找我们需要的东西。很多教育名家的博客都是可以随时查看，只要我们愿意学习，就能汲取有用的教育信息和知识。另外一种网络自主学习方式就是通过一些教育资源网，寻找我们教学需要的内容，进行下载和阅读，充实到我们的课堂。比如，我们老师进行备课，进行教学设计、做课件、设计练习等，都可以先参照网上的资源，然后选择需要的进行加工和提升。21教育网络资源，我们申请了账号和密码，随时登录进行阅读和下载，网站中有教学实录、试卷、教学设计、课件，甚至是一些小实验等，另外还有交流的论坛。网络资源极为丰富，为我们一线教师提供学习和交流的平台，让教师足不出户就能知晓天下事。老师通过网络学习，对知识进行内化，然后再传递给学生，让学生得到发展，这又是一大收获。

总之，师德与专业成长构成了德与行的紧密结合，两者相辅相成。学习是一场革命，而且永远在路上。我们只有通过不断学习和实践，才能促进自己的专业成长。职业要求教师在不断的学习中超越自我，从而适应现代教育的发展。通过不同途径的学习，让教师的知识丰富、教学技能提升，并提升课堂教学实效，培养有用人才。这些收获让我们有成就感，那么我们就有了职业幸福感，进而增强的育人教书的动力，这也是我们师德的具体体现。

三、在培训中提升

"百年大计，教育为本；教育大计，教师为本；教师大计，师德为本。"这句话阐述了教师的职业道德比任何行业都要重要。但是，一些教师没有经受住经济的诱惑，教育手段不当，导致了道德滑坡，严重破坏了教育生态。教师不仅是知识的转播者，也是社会价值的传递者是；社会的发展，正能量的传播更需要教师身先士卒。因此，加强师德建设势在必行，探索师德培养的有效路径，进而提升师德修养，弘扬社会正气，促进社会和谐。[1]

（一）组织政治学习

政治学习具有一定的高度和深度，需要学习者有很强的自觉性和服从性。从法律的角度来看，教师具有很高的社会地位。教师是事业单位编制人员，属于国家财政拨付资金供给，由国家统一编制和分配。由于教师这一职业的特殊性，我们把党的教育，纳入了政治的高度，是国家战略层面的工作任务。因此，对教师思想的培养必须进行政治学习，具有一定的强制性。特别是教师师德的建设，要求每位教师进行各种法律和规定的学习，并进行反思和实践。在进行政治学习时，首先要学习国家层面的教育有关法律，如《教育法》《教师法》《义务教育法》《未成年人保护法》等法律法规，坚持依法执教。其次是学习相关规则制度，如《中小学教师职业道德规范》《中小学教师违反职业道德行为处理办法》等，做到自我约束。最后，就是各级领导以及党员干部等要带头学习有关教育法律和法规，并积极讨论和发言，为其他教师做出表率，从而形成浓厚的学习氛围。

在这些法律和规定的学习中，我们要采取多样的形式，集中学习、分组学习、

---

① 李中国. 从实习场到实践共同体：教师职前实践的组织建设策略 [J]，教育发展研究（CSSCI），2015（9）.

自主学习相结合，同时通过专家和领导引学、教师荐学、座谈交流相结合，让这些枯燥的东西变得生动、具体化，让每位教师做到学有所知、学有所悟、学有所用。只有这样才能实现政治学习的意义，真正把教师师德建设到一定的高度。

（二）进行宣传教育

师德建设是各个学校工作的主要任务之一，建设一支师德艺双馨的教师队伍，是搞好教师队伍建设的终极目标，这其中特别强调了教师的师德修养。为此开展教师的师德建设，我们要有计划、有针对性地进行师德宣传教育，定好方向和目的。宣传教育往往走在各个工作的前列，宣传工作的好坏，直接影响下面工作开展的效果。因此，搞好师德培训，必须先进行大力的宣传工作。

首先是宣传的内容要丰富。教师的地位和作用的宣传，正确引导社会舆论，让社会真正了解教师工作的重要性和特殊性，取得社会各界的理解和支持；宣传优秀教师先进典型，每年评选师德标兵和师德先进个人，并把表现突出的推荐给上级，授予更高一级的荣誉称号；同时以师德演讲比赛和师德主题报告会等形式进行，通过宣传优秀教师先进事迹，增强正能量。

其次就是宣传的途径要广。通过教育局和学校刊物、学校展栏板报、校园广播、校园网站等多种媒体进行及时宣传；充分利用教师节等节日、纪念日进行主题宣传；积极利用政府信息网、教育信息网等进行重点宣传，努力营造尊师重教的浓厚社会氛围。最后，就是进行师德教育宣传队伍的建设，除了邀请一线专家和学者，自己也要培养一批师德宣讲队伍，我们可以从师德标兵和先进个人中遴选，并加强师德方面的专业培训，然后充实到宣讲团。师德宣传教育能够让社会各界了解教师职业和学校工作，让更多的人关注和支持教育，从而促进教育事业良性发展。

（三）利用传统文化

传统文化教育已经在中国大地悄悄播下种子。同样教师这个职业也受到影响，利用传统文化培养教师的师德，也成为师德教育的利器。中国传统文化强调"师道尊严"，也强调"敬业爱徒，关爱学习"。因此，学校要发扬传统文化教育，弘扬尊师重教、敬业爱生等优良品质，在传统文化的引导下，塑造优秀师表风范，培养精湛师艺。

1. 学校自行组织教师观看和聆听视频并进行交流

传统文化教育在教育系统掀起了学习高潮，由于各个单位人员众多，另有又要求传统文化学习常态化。因此，各个单位可以根据实际情况，每周举行集中1—2次的传统文化教育，聆听古人的智慧，让传统文化精神在工作中扎根、成长。在上级教育行政部门的指导和帮助下，学校添置了传统文化学习名家视频，以供老师在每周的集中学习之用。学习就在每周的固定时间组织教师学习和交流。比如分别聆听了王希海孝亲事迹《久病床前有孝子》、蔡礼旭老师主讲的《细讲弟子规》、彭鑫博士的《杜绝邪淫与中医养生》以及陈真老师的《经营班级从爱出发》等内容。这些内容涉及了孝亲尊师、关爱学生以及养生之道。这些中华民族的传统美德，通过专家和学者的真情讲述，深入讲解，给人很大的感触。再通过大家的讨论和交流，逐渐认识到传统文化教育是对我们心灵的洗礼，古人的美德也是我们教师德行的参考依据，我们从先贤那里学到了做人、做事的真理。

2. 县区教育系统组织教师结合传统文化和实践讲解

为了落实十八大精神，弘扬中华优秀传统文化。各个系统进行了"学习优秀传统文化，做有道德的中国人"。然而教育系统掀起了"诵读中华经典，弘扬传统美德，加强师德建设，做有道德的人"的学习浪潮。为了更好地落实这宣传理念，可以以县区教育系统为单位，组织教师观看大型讲座。邀请全国德育标兵和先进个人，结合传统文化和自身实践，讲授《传统文化与师德师风》《中华孝道》《知恩报恩》《国学经典照亮孩子童年的天空》《谁偷走了我的价值》《21世纪国学养生之道》《经典吟诵的方法》《老师应具备的涵养》《认知自己》《生命智慧》《解读心灵》《俭以养德》《学为人师行为世范》。道德模范用自己的亲身示范，诠释传统文化在自己岗位的实践，让广大教师真正认识到传统文化的价值；同时让他们真正领悟到传统文化的精髓内容，做到理解和牢记；然后再用自己行动去实践传统文化，做到真用和传播。

3. 组织教师分批次去传统文化基地学校集中培训

随着传统文化教育在各个学校的兴起，已经逐渐影响了学校的教育，无论是学生的德行还是教师的德行，都在发生潜移默化的改变。通过学习传统文化，圣贤的教导时常在耳边响起，这样就给予了我们行动的指南和方法。为了学生得到正统、规范的传统文化教育，我们在教育行政部门的组织下分批次派学校教师到传统文化基地学校学习和生活，学习他们先进办学理念和经验，学习他们传统文化教育方法和技巧，与当地的学生和老师共同体验和分享传统文化带来的启示和教育。传统文化教育在各个地方的开花、结果，当然离不开它的传播者，那就是我们这些一线的教师，有国学老师，有各个学科的教师，他们把先贤的思想与学科相结合，与学生的生活结合起来，与社会的发展融合一起，让学生真正沐浴在中华优秀传统文化教育之中。为师者，必须以师表的形象展示给学生，展示给社会，教师具有高尚的师德，才有可能培养出德才兼备的学生。

（四）撰写学习心得

作为一名教师会经历过多次师德的学习和培养，都会受到很深的感受，但真正要做的还是实践，在工作中去用。如果要做到用，那么就必须进行心灵的洗礼和思想的反思，把学习后的感受，结合自己的平时工作的情况，撰写成心得，就会让我们对师德有新的认识和理解。通过师德的学习和培训，我们要认识到我们职业标准是爱国守法、爱岗敬业、教师育人、关爱学生、为人师表和终身学习等。对于撰写心得，让我们彻底地明白我们作为一名教师应具备的师德修养是什么，该如何体现，形成最后的诠释。一般情况，我们撰写师德教育心得需要有五个方面的内容，一是对学习内容做简单的阐述，二是对讲述者的看法，三是自己在这方面的做法四是自己在这方面的不足，五是如何改进，提出建议。通过这五步后，自己对学习知识和内容就会有了深入的了解，并有效的指导自己在工作中的实践；因此，进行自身德行的反思，并撰写成为文，从而提升师德修养。

总之，教师师德建设是一项巨大、长期、艰巨、复杂的工程，更需要有效地实施手段和方法。在具体建设中，我们通常采取培训和学习的形式，让教师师德教育成为常态化。我们在具体的实践行动中，把培养的形式多样化，从广度和深度延伸，从而促进培训的有效性。最终目的就是让广大教师师德修养得到提升，使教师队伍师德现状得到扭转，实现良性发展。

四、在实践中落实

身为一名教师，必须要有高度的责任感，一腔忠于人民教育的事业心，在全身心投入到教育教学工作当中的同时，还要具有高尚的师德修养，无私的奉献精神。[①] 我时刻牢记，选择了人民教师这一职业，我就要将它做好。用勤恳的工作态度，敬业的工作精神，努力做一位让学生喜爱、同事敬佩、家长满意，以及校领导放心的好教师。

（一）身教胜于言传——用行动践行师德

捷克民主教育家夸美纽斯曾说过："教师的职业是用自己的榜样教育学生。所以应随时注意自己的言行举止，在工作和生活中时时处处严格自律、努力成为学生可以仿效的榜样。"从中我们不难发现，身为教师在日常工作和学习中"以身作则""言传身教"的重要性。教师的职业特点，需要我们必须与学生面对面交流，加之小学生的模仿能力特别强，小学教师的行为往往就是最好的"活教材"。因此，小学教师更要做到言传身教，以身作则。

例如，我们在要求学生讲文明、懂礼貌、爱劳动，做遵纪守法的好学生之前，教师必须要先达到上述标准，用自己的实际行动来为学生做表率，做到叶圣陶老先生所说的"教育工作的全部工作就是为人师表"。身为小学教师，我更注重用自己的一言一行来影响学生。在一次大扫除活动后，我来到教室发现刚打扫的卫生又弄脏了，我并没有斥责是谁弄脏的，而是将临近讲台和教室门口的纸片一一捡起来。当孩子们看到我的这一举动后，都纷纷拾起身边的垃圾。之后，我告诉学生要学会尊重他人的劳动成果，而教室的环境卫生要靠大家共同来保持，而只有我们自觉地去维护，才能为我们自己营造一个良好的学习环境。

正如圣人孔子云："其身正，不令则从，其身不正，虽令不从。"这就要求我们作为教师既要教师的威望、个人的人格魅力，同时，还要以饱满的精神状态、崇高的思想境界来给学生做行为上的示范。我深信"学高为师，德高为范"，我

---

① 李中国.副主编：新时期教师职业道德修养 [M].济南：南海出版公司，1999.

将用自己的行动去践行，从而为学生传递更多的正能量。

（二）驻爱于心——用爱心诠释师德

多年来的教学工作实践，让我真切地认识到，教育必须以德为先。师德是教育之魂，而良好师德在教育中的体现就是要驻爱于心，教师要发自内心地去爱学生。我无法想象，一名教师若是对自己的教育工作毫无感情可言，那么，其教学生涯也就不会有所建树，而一个对学生没有爱心的教师，也妄谈在教学中体会职业幸福感。当我的个人角色由学生转变为教师后，使我认识到教育取得成功的关键是，教师要从内心里去尊重每一位学生，多与学生沟通交流，发自肺腑的关爱学生。教师要驻爱于心，爱是教育的情感基础，也只有让学生感受到来自老师的关爱，才能尊重老师的劳动成果，从而更好地投入到学习中去。换言之，也就是说当学生喜欢这位老师，也就更喜欢听这位老师的课，正印证了韩愈所说的："亲其师，方能信其道。"

我时刻牢记陶行知先生曾说过的话："没有爱，就没有教育。"因而，在教学工作中，当学生表现好、有进步的时候，我绝不吝惜赞赏的语言，及时对学生的表现和进步予以充分的肯定和鼓励；当学生犯错、迷茫之时，也绝不嫌烦姑息迁就，而是在第一时间为学生指引方向，明辨是非。在日常的教学工作中，捕捉课堂上的小契机，加以利用，借以引导和关爱学生。驻爱于心，就是要求教师必须要想学生之所想，从而为学生前进的方向提供源源不断的动力。

（三）平等对待每一位学生——用宽容演绎师德

从踏上讲台的那一刻起，我就时刻将教育家陶行知先生所说的"你的教鞭下有瓦特，你的冷眼里有牛顿，你的讥笑中有爱迪生，你别忙着把他们赶跑。你可不要等到坐火轮、点电灯、学微积分，才认识他们是你当年的小学生"这段话牢记于心。为此，我在教书的同时，也将育人作为己任，时时刻刻都不忘关注任何一位学生的健康成长，尤其是令老师们头疼的一些后进学生，做到不抛弃、不放弃，平等对待每一位学生，努力与他们多沟通交流，了解他们"后进"的原因，解决其思想负担，做他们学习和生活上的良师益友。

从教者必须要认识到孩子的智力发展是参差不齐的，但我们现行的教育政策却无法顾及这一点，并且要求所有的孩子在同一年龄统一入学，因而，任何班级都有可能出现我们口中的后进生。为了卸掉这些学生的思想包袱，我给学生讲了电影大师黑泽明的故事，黑泽明幼时被同伴戏谑为"软糖"，遭受同学和老师的嘲讽，后得遇其启蒙恩师，最终取得文学和绘画方面的巨大成就，并成长为一代电影大师。用各种方式去开导他们，激励他们，平时注意观察，用发现的眼光去看待他们，从而挖掘出他们身上潜藏的闪光点，并及时对他们的进步给予充分的肯定和鼓励。竭尽全力做到，对他们多一些亲近的同时，还要多一点信任；多一些关心，多一点鼓励的同时，还要给予他们更多帮助。

人生的意义在于永不停止的奋斗，而教书育人则是我无怨无悔的选择，我坚信只要驻爱于心，学习和进取，追求更高层次的教育目标，努力使自己向一名师德高尚的教师不断奋进。

五、在建设中完善

"学高为师，德高为范"，教师这一职业自诞生以来便被赋予了特殊的意义，它与其他行业差别很大，不仅要求对本职工作的专业程度，而且要求言行举止为人之楷模。高尚的师德，是学生心灵的明镜，作为教师，就要感受到肩上的责任重大。学生没有扎实、良好的养成教育，就会影响后续的学习和发展，学生的养成教育是靠学校教师的教育。[①] 教师只有具备良好的职业道德，掌握系统的专业知识和专业技能，才能做到为人师表，率先垂范，从而赢得学生的尊重和爱戴，成为学生健康成长的指导者和引路人。因此，中小学教师队伍师德建设工作意义重大，只有教师具有高尚的师德，才能为学生的全面发展服务。

（一）建立规则制度

1. 抓好机制建设

加强师德建设不能只是停留在口头上，而是要建立完善的机制和体系，并认真贯彻执行。首先要贯彻师德"一票否决制"。认真执行《教育法》《教师法》《中小学教师职业道德规范》《师德八条》等法律和规范约束教师的行为。其次建立

---

① 李中国. 副主编：新时期教师职业道德修养 [M]. 济南：南海出版公司，1999.

教师学习体系。加强学习是教师现阶段的主要任务，通过不断的学习，以提升自己的理论水平和教学技能，同时也包括师德方面的学习，应该把师德放在首位进行强化。最后建立师德评价体系。把师德方面的表现纳入教师教育教学工作进行评价，并占有相应的分数，让师德建设与人事制度结合起来，作为工作安排和提拔领导的基本依据。教师师德建设的同时，还要建立学生评价教师、家长评价体系。

2. 加强常规管理

教育教学工作的顺利进行，主要是常规管理的效果，同样师德建设也是在学校常规管理之中。为了把这项工作做好、做细，就必须将师德工作进行常规管理，深入研究，提升实效。首先，摒弃重智轻德的旧作风。对师德建设工作，还有部分学校认识不够，管理不科学，阻碍了工作的顺利开展和工作效率提升。其次，强化教师的职业道德规范监督。教师的何种行为是违规的，我们没有明确告知学生、家长和社会，因此社会各界对教学行为不能进行有效的监督。在这种情况下，学校可以利用校讯通或开家长会时利用学校广播告知家长教师职业道德规范，让社会各界来监督教师。 其次，做好教师的学习、反思、修身工作。由于缺乏学习，抵制不住市场经济带来的不良因素诱惑。要鼓励教师学习新教材、新教法、新课程标准，更新教师的知识体系，教法。提升教师的法律意识，认真学习有关教育方面的法律法规，尊重学习人格，不体罚、伤害学生。最终，为教师创造一个良好的工作环境。

3. 建立监管机制

各学校可以成立一个完善的师德监控网，对教师的师德情况进行监控。利用网络渠道，让社会参与到学校教师的师德建设中来。学生会、家长会，向学生和家长公布师德师风举报内容、举报电话，并要定期开展跟踪督办检查工作。同时要强化政治理论学习、开展形势政策教育、丰富政治理论学习方式，特别是要加强对青年教师的思想教育引导。

（二）坚定职业信念

《中华人民共和国教育法》规定，教师要忠诚于人民的教育事业。这意味着忠诚于人民的教育事业，不只是个人的意愿、个人的行为，而是全社会对教师的共同要求；同时也意味着这已经是教师群体的共同意志。

1. 注重学习和实践

认真学习党和国家制定的关于教育教学的各项方针政策，学习先进的教育教学理念，遵守法律法规，约束、规范自己的行为。学习身边教师的典型事迹。"最美女教师"张丽莉的先进事迹，充分展示了一名教师的高尚道德情操，她用自己的实际行动证明了人民教师的神圣和伟大，诠释了人间大爱精神，是我们教师学习的典范。

我们要把精力投入教学实践，特别是课堂教学，上好每一堂课，把每一堂课都上成优质课。优质课是与教师紧密相关的话题，无论是校级的优质课竞赛还是上级主管部门组织的优质课大赛，都吸引了众多老师的参与。优质课除了是晋级职称的必备条件，也是教师应具备的专业素养，同时也是有个人魅力的体现。教学设计的理念是优质课的指导思想，教师知识的储备和教态是优质课的保证；教学内容与教学形式的完美结合是优质课的关键；多媒体手段的合理使用彰显优质课的时代特征；学生在课堂的精彩生成瞬间是优质课的成果。

2. 实际工作中严格要求自己

始终保持良好、平和的心态，每天精神饱满地投入工作。待人接物讲究文明礼貌，与同事和睦相处，积极完成上级领导交给的各项任务。以文明的言行，高尚的品格去影响学生，以德育人，起到言传身教的作用。如果老师不能洁身自好，严格要求自己，有这么能教育好学生，又如何能成为师表。教师是精神领袖，这就决定了本身在社会中的定位。

（三）争做学生表率

在实际工作中，教师应当爱岗敬业，树立远大职业理想。教师只有把职业当成事业，树立高尚的职业理想，才会在平凡而崇高的教书育人中取得非凡的成就。爱岗敬业是教师职业精神的重要内容，它既是教师坚持为人民服务的宗旨、具有高度的政治责任和职业责任的具体体现，也是教师实现自身价值，追求人生幸福的最现实、最可靠的途径。教师在实际的工作中争做表率，爱岗敬业，实现自己的价值。

表率之一是表现外在的美。教师的穿着打扮要朴素大方。教师的外表影响学习的审美观点，要让学生形成正确的审美意识和穿着习惯。教师的言谈举止要机智、灵活、稳重、幽默，给学生留下美好形象，引导学生健康成长。我们对学生的良好表现，要及时表扬，哪怕是一点小小的进步，及时的肯定就会起到强化这种行为的作用，让学生心理上感到安慰。特别是一些胆小、内向、有自卑心理的学生，我们要抓住他们点滴闪光点进行引导和奖励，让他们建立学习信心，体会学习的快乐，从而健康教成长。

表率之二也是最重要的一点就是教师内在的素养。身教重于言教，教师一直是学生的榜样，教师的素养同时也影响到学生的德行。教师内在素养的表率作用包括：知识方面，作为学生求知、进步的榜样；生活和习惯方面，教师是学生的方向和指南；为人处世方面，教师是学生良师益友和知己。老师尊重学生，充分了解学生，才能走近学生，和学生成为真心的朋友，这样才能利于教学的实施。老师的这种内在素养对学生的发展可以产生巨大影响。

到现在我还记得我初二时的英语课。当时，只要我们上英语早自习，老师就在读书，老师在读大学英语，我们在读初中英语。很多同学都被老师的这种激情所打动，所以读书的声音更大了。后来得知英语老师，自修了本科，然后又考入一所大学读了硕士、博士，最后留校当了大学老师。这位老师给我们同学留下的就是勤奋和毅力。后来求学又遇到了这位老师，我又向他请教了如何学习好英语。他认真地告诉我："你看看我床下面那袋子英语资料就会明白了。"因此，要成功就要肯吃苦，比别人付出的多。这就是老师留给我们的宝贵的财富。工作几年后，我又来到老师所在的学校脱产学习了四年，在这期间与老师进行深入沟通和交流，从学习的方法，再到教学的方法，然后又谈到了与学生的关系，亦师亦友。

（四）坚持学习研究

建立一支高素质的基础教育阶段的教师队伍，要求教师要树立"终身学习"的观念，因此教师必须认识到终身学习的重要性，加强自我思想、道德的建设。

教师在工作的同时，通过不断地学习、改进，完善自己的教学理念和知识结构，提升自己的教学技能，才能适应教育的向前发展。敢于进行教育改革，站在教学的最前沿，才能不断创新，更好的服务课堂教学，培养学生的综合素养。

1.终身学习，开拓创新

教书育人是教师的职责所在，不仅仅是知识的传授，而且也包括道德教育。教师这个职业是一个不断学习的过程，要想把学生教会，自己就要有一桶活水，才有可能让学生得到一碗水。教师的专业素养十分重要，在课余时间要经常反思教学，包括教育管理方面的问题以及自身的不足都要进行反思，找出解决问题的方法。做"专家型"的教师十分重要，但是新时期对教师的要求也更高，教师，不能只运用前人的理念和方法，要具有独特的创新思维，通过学习发展自己的领域，丰富知识；教师还应多反思，勤积，深入研究，形成自己教学理念和技能。只有将创新思想真正内化为自己的精神并落实，才能提升教育教学质量。

（1）加强理论学习

教育理论是指导教学实践的依据，也是我们进行课堂教学的依据和指导思想。学习教育教学理论，进行教科研活动。理论学习的开展也有讲座、研讨、培训、自学等形式的学习。进行理论学习时要做好笔记，写出心得，结合教研教学实际，合理利用，用所学知识和技能指导自己的教学实践。而自学则是学习理论的长期、有效的方式，教师要把学习理论当成一种自觉行为。自学教育理论不仅仅局限于课标、教材，其主要来源是教育教学理论书籍和各科的专业杂志。既可以从中了解到最新的教学理念，又可以从一线教育专家的做法中学到方法，然后再根据自己的教学实际，进行思考和加工，形成自己的教学方法和理念，提升自己的专业素养。

（2）开展集体备课

集体备课是校本教科研的重要形式之一，因此要提高集体备课的有效性。集体备课除了备课标、教材、教法外，我们还要做到三备：

一备学科建设的长远规划。积极探索、逐步构建并形成本校的学科教学特色，应当成为开展校本教研活动的目标。先把本校学科建设的长远规划，细化分解，再把与当前工作重点、教师专业成长、教学实际需求结合起来，使集体备课活动的每一个阶段有研究探讨的重点，既扎实有效、务实具体，又抬头看路、始终瞄准努力的大方向。

二备学生，备学生学习基础与已有经验，分析学生的学习心理与情感倾向，研究学生的学习过程特点，探讨教学过程设计与实施方案，只有这样，才能做到备课是基于学生的"学"，为了学生的"学"。

三备反思，对上一次教学设计以及教学实践中出现的问题或困惑，与同行进行交流，找出应对措施，反思不足，分享成果，从而提升教师的教研能力。

2. 增强涵养，提升魅力

作为教师，教育不仅要对学生负责，更要对社会负责。教师一直是学生学习和模仿的对象，因此教师应注意加强自身修养，明确自己价值和行为规范，应注意以怎样的德行去影响去学生。教师要用自身的魅力影响学生，不断加强思想道德方面的学习，并用自己的形式去践行。利用自己的人格和教学魅力去征服学生。教师的素养和魅力体现在忠于教育事业，在工作岗位上无私奉献，把教育事业和学生看成是自己生命的组成部分，以高度的热情去关爱、指导学生，用良好的师德去净化学生，并努力进行课堂教学的改革，研究教学模式，创新教学方法，打造高效课堂。这样才真正做到教育家陶行知先生说的：终身"粉墨生涯"，为教育事业献身的精神。

（1）进行教研赛课

教研赛课是指每位教师，每学期在本教研组内上 1—2 节课，包含说课和评课。开展教研赛课，一是为了促进教师深入备课，提高教师的自身素质；二是为了促进教师间互研互学，增强教研，教改意识；三是为了鼓励教师勇于参与教改，勤于探索、锐意进取。通过说课和授课的形式进行，可采取先说课后上课的形式，用课堂教学来验证说课的理论与设想；也可采取先上课后反思的形式，找出课堂教学中存在的不足及改进措施。然后让各科教研组的成员进行评课，对该教师的教学能力进行公平、公正的评价，作为检验该教师在本学期业务水平，并把结果存入《教师业务档案》。组织好评课活动，通过上课、说课和评课达到共同提高、共同进步的目的。

公开课的教学要体现层次性，体现各个所长。教学能力强、经验丰富的老教师上示范课或研讨课，使他们在教学中真正起到示范作用。青年教师的教研课要上成优质课，与课堂教学改革同步；新教师要上好达标课，把上课当成历练，并汲取经验、反思促成长。

（2）运用教育叙事

教育叙事研究主要是指教师对教育的理解和看法，不仅是自己心路历程的反映，也是其他教师借以反思的基础。它作为校本教研的载体，以"通俗易懂、入门不难"以及故事所特有的感染性特点，受到中、小学教师的欢迎。

我们在开展教育叙事研究时，努力做到：

第一，善于积累素材。素材指内容是承载一定教学理念的故事或经验。为了积累素材，我们积极参加课程改革，努力把现代教学理念转变为教学行为，在这个过程中，会发生以往常规教学中不曾经历过的故事，而现代的教育理念则内隐于其中，因此故事往往具有研究价值。

第二，善于发现问题并进行思考。发现问题是开展教育叙事研究的前提。结合有关的教育教学理论对故事进行提炼，挖掘故事背后具有价值的教育教学问题，并把"问题"上升为教研主题。

第三，善于表达。对故事的叙述采用描述的方法，通过对故事的客观描述，既要把教育教学"典型事件"如实、详尽地展现在读者面前，使读者身临其境，又要分析隐藏在教育现象背后的教育本质，挖掘平凡的教育故事里不平凡的教育智慧。同时文风要朴实，用词要鲜活，对人们的阅读有吸引力。

第四，善于揭示故事中深藏的教育意义。教育叙事的价值在于通过叙述故事来揭示隐藏于故事背后的教育思想，发现和揭示教育规律、教育本质，成为引领教师专业发展的一种动力。

（3）参与课题研究

进行"备课、说课、授课、评课"是教研活动中最常用的方式，也是常规教研不可缺少的。但校本教研不能只停留在"四课"，要进行更深层次的教研活动。

要发现教学中的问题，依照课程标准，对具体的教学问题进行分类、归纳，选择一些对教学工作有重大影响，大家共同关注的问题作为教研组教研的课题，组织全组老师在一段时间内有计划、分步骤、有策略地去研究、去解决。所确定的课题，不但有校本特色，讲求实效性，避免教研专题的"高、大、全"，而且适合于我们的研究能力范围。例如，在教学中，我们发现部分学生缺乏学习动机，学习目标不明确，学习方法不得当，不能有效地进行自主学习。自主性学习的缺失是制约学生成绩提高的关键问题。学会自主学习是新课程改革所倡导的，也是时代发展的需要。于是我们确定了"自主学习课堂教学模式初探"这一教研主题。课题确定之后，制定了具体可操作的"教师对学生自主学习的指导方略"，并组织老师们进行学习，明确课题研究的目的、内容和教研组各成员的分工和职责，接着扎扎实实地开展研究活动。做到每次活动时间、内容、人员的落实、做到活动形式多样化，用理论学习、自主研究、合作探讨等形式进行课题研究，从而提升科研的实效。在研究的过程中，把每次的研究成果进行汇总，并反思前阶段研究中存在的问题，制定有效的对策，让每次阶段性研究都要收获，从而加强对课题研究的过程管理。

采取教研组内进行课题研究，克服了当前教研活动的不灵活、走形式，深度不够等弊端，突出了教研活动的目的性、真实性与针对性，提升教科研的实效，有助于提升教师的专业素养。

高尚的师德，是一种非常宝贵的品质，是教师教书育人的动力。"十年之计，莫如树木；终身之计，莫如树人。"每一位教师都肩负着把学生培养养成建设国家的复合型人才的重任。因此教师要不断提升师德修养，让自己成为一名师德高尚的人，影响和教育他人，才有可能把学生培养成品德高尚的接班人。

第二章 关注学生成长

学生成长不仅是知识和方法的掌握，还关系到学生的全面发展去，这其中就包含了学生身心健康的发展。而仅仅靠课本知识是没法实现学生的健康成长，而是要采取科学的管理方法，并融入多种元素，让学生获取年龄特征需要知识、技能和情感。但是在现实教育与管理中，我们只注重了学生知识的学习，而忽略了学生身心的健康发展，这种教育显然不合理。为此，作为教师，就要关注学生的成长，让学生的核心素养得到发展，这样学生才能成为健全人格的人。

第一节 关爱学生

关爱学生是教育中的基本活动，对学生的关爱不仅体现在学习上，还要体现在日常的生活，与学生多交流、多鼓励，让学生去发现自己的优点和闪光点，从而树立生活和学习的信心，让学生成为全面发展的人。而现实当中，很多教师只关注学生的学习成绩，而忽视了其他或者是说其他方面的关注的不够。为此，我们要把关爱学生放在教育的首位。

一、搞好与学生的交流

苏霍姆林斯基曾说过："学校里学习不是毫无热情地把知识从一个头脑里装进另一个头脑，而是师生之间每时每刻都在进行心灵的接触。"与学生进行心灵接触是一种情感的交流，教师只有与学生进行情感的交流，师生之间才能友好相处。实践证明，良好的师生关系是教、学的前提。那么，怎样才能建立师生间的这种关系呢？我认为必须做到以下几点：

（一）平等对待每一位学生，关爱弱势群体

很多教育家都曾讲过，"世上只有不合格的老师，没有不称职的学生"。特别是农村学生从小就生活在相对落后的环境里，接触的新鲜事物比较少，而多数学生都属于留守儿童，他们一方面特别朴实讨人喜欢，另一方面也没有其他城市里的孩子那么灵巧、爱思考。作为教师，既应该理解，也应该从内心深处主动接受这一切，而不是去埋怨。为他们创造更好的环境，多让他们去接触新鲜事物，开动脑筋。对留守儿童更应该多一份关爱。其实"学生就像一张张白纸，你在上面写什么，他就是什么"。一切都可以改变，而如何改变，这就是教师的职责了。要特别善于发现后进生的优点和进步，对优点和进步要加以肯定，及时表扬和鼓励。

（二）对学生要有同情心，有礼貌，有耐心

每个学生都是一个有个性，有自尊心的人。对全班学生，除掌握其共性外，还要看他们之间所存在的差异。有些学生这方面有优点，那方面有缺点，或者反之。不能拿自己所喜欢的学生的优点来比自己不喜欢学生的缺点，要学会理解他们。有时也要对他们有同情心。此外，作为教师还要尊重学生。尊重学生的人格和独立的个性，这样才能使师生情感互动，直至融洽。对后进生还要有耐心。后进生最缺乏爱，最难得到信任，同时也是最需要爱和信任。切忌感情冲动，言辞偏激，简单粗暴，随便扣"帽子"，而应主动关心他们，施以爱心和耐心，处处给他们体贴和温暖，去化解那颗冰冷的心，使学生的自尊情感得到满足。比如，班里有一些后进生，有的是智力因素，但大多数是因为贪玩造成的，其中有一名男生智力不错，劳动、值日、体育等都很积极，但唯独学习成绩不理想。于是我多次找他谈话，多次在班上表扬他。运动会前多次陪他一起练，在他不小心脚扭伤之后，我帮他治疗，这一切深深感动了他。从此他的学习积极性大大提高。由此可见，师生关系由两方面因素决定的：教师关爱学生，理解尊重学生，学生才能尊敬老师，和谐的师生关系才能建立起来。

（三）深入了解学生，做他们的知心朋友

教师应做到教书育人，面向全体学生，深入了解学生，做他们的知心朋友，善于在日常的学习生活中，以敏锐的视觉，透过学生的各种表现和细微变化，准确分析判断他们的思想活动。对学生中好的苗头及时鼓励肯定，以发扬光大；对一些不正常的现象要循循善诱，劝导制止，避免扩大蔓延。在教学过程中，借助作业批改、个别辅导、家访和其他方式，了解、分析学生的知识、能力基础和课堂接受水平，以便在教学工作更好地从实际出发。班里有一个学生，每次考试成绩都不理想，回家又不向家长反映真实情况，我得知后，主动多次找这位学生谈话了解真情，发现他并不是不想学，而是以前落下的太多，想赶很困难，最后，我决定利用课余时间为他补课，短短的半学期，效果很好，从此，我们便成为朋友。

教师与学生的交往，不仅仅是课堂内，更多的还应该在课余时间、在日常生活中。教师除了关心学生的学习以外，还要关心他们的生活、家庭、社会关系；除了关心成绩以外，还要更多关注他们的兴趣、爱好。这样学生才会把老师当朋友一样亲密无间地聊天、谈梦想。

（四）充分发挥教师对学生的直接影响

教师对学生施加影响的手段除语言外，还有行动，而且就对学生进行思想品德教育来说，行动比语言更有说服力。在工作中，教师不仅要将自己的学识水平展现给学生，还要尽可能将自己的良好人格、事业心、责任感以及乐观的人生态度、进取的工作作风、坚强的意志、好学的风格等优秀品质展现给学生，让学生从教师身上看到优点。从而产生对教师的敬仰，对知识的渴望，增强教师的向心力，提高学生的求知欲望和学习兴趣。比如老师强调学生穿着不能赶时髦，不能化妆等，老师首先应从自身做起，不穿奇装异服，应注意自己的外表是否会给学生造成不良的影响。这就要求教师在提高专业水平的同时，还要注意不断提高自身修养，使自己成为一名既精通业务，又有高尚情操的人。

总之，情感是教育学生的一种巨大的力量。它是启动学生智慧的轮机，是培养栋梁之材的沃土。教师以自己的热情去构建和谐的师生关系，才能感化学生的

心灵，使自己的教育达到艺术教育的境界。

二、精神奖励是最好的

在对学生的教育中，我们经常会对优秀的学生或有进步的学生进行奖励，当然还是以精神奖励为主。精神奖励主要采取的形式有当场表扬、个别表扬、授予荣誉称号、组织活动等。精神奖励是别人对自己的鼓励和赞许，一种发自内心的肯定，能让被奖励者感觉到被认同。精神奖励比物质奖励好，物质奖励只是一时的快乐，而精神奖励会让人铭记在心，为今后的成长存储动力。学生又是处于学习阶段，需要逐步完善自己的"三观"，因此不能以物质作为条件，精神奖励会持续更久。但在日常对学生管理和教育中，我们用形式多样的精神奖励对学生的行为进行肯定，让他们树立自信，展示自己，从而激活潜能，促进成长。

（一）用好表扬建立自信

我们对学生良好的表现，经常采取就是及时表扬，哪怕是一点小小的进步，这时的奖励就会起到强化行为的作用，让学生心理上感到安慰。特别是一些胆小、内向、有自卑心理的学生，我们要抓住他们点滴闪光点进行引导和奖励，从而让他们建立学习信心，体会学习的快乐，从而健康教成长。

例如，三年前的一件事一直让我记忆犹新，那时我担任四年级科学课。有一天，学校实验员出公差，忘记把实验室的钥匙留下，当时讲的那一课是实验课就做不成实验了，没有办法只能在教室内来完成这节课了。上课后，我问同学们："咱们这节课干什么呢？"同学们都异口同声说："咱们来一次唱歌比赛吧！"我就按照座位把班内的学生分成两队进行比赛。同学们的比赛热情异常高涨，正在进行到高潮时，其中一队某位同学出节目时，停了下来。我问她："怎么了？"她说："老师，我害怕，我不敢唱。"面对这样胆小的同学，我说："你唱一句，行吗？"她说："我害怕！"我说："让你和你的同学两个人一起唱，行吗？"她说："我试试吧！"就这样她唱完了一首歌（我示意同学们给她以掌声）。第二轮的比赛开始了，轮到她时，她自己战战兢兢唱了一首内容较少的歌曲（同学们不由自主地响起了掌声）。我说："某位同学是我们班最棒的同学！"我也不由自主地伸出了大拇指。她红扑扑的小脸上也露出了笑容。又一次的科学课上，为鼓励胆小的这位同学，我们来了一次讲故事比赛，这次她自告奋勇地第一个出场了，在表演中她表现自然大方，绘声绘色的表演博得全班学生的热烈掌声。

（二）利用活动展示自我

学校或班级经常会开展一些活动，特别是对学生德育教育的活动，让学生养成良好的行为习惯，从而达到对学生的养成教育。我们在活动中会制定一定的规则，利用这些规则去激励学生，如果学生按着规则去做，就会达到教育的目的，同时我们也会对活动中表现好的同学进行表彰。

例如，为了培养德、智、体全面发展的接班人，展示当代少年的风采。我校开展了"美丽少年走星光大道"活动，每学期获得美丽少年称号的学生，在下期开学典礼时，学校要进行隆重表彰。美丽少年要走学校的星光大道，分享成长经历，发表获奖感言等，号召全校学生学习。要获得美丽少年称号必须集全五张卡，分别是安全之星、学习之星、劳动之星、品德之星、进步之星。而每一张卡又有规定，安全之星，自己在一学期内没有安全事故发生，按着学校的规定上下楼梯不拥挤、站好路队出校门，发现学校安全隐患及时报告；学习之星，语文、数学、英语、综合、体美音期中和期末成绩都要在良好以上；劳动之星，积极参加班级分配的劳动任务，值日时获得积分值高；品德之星，要在本学期之内做好一件好人好事；进步之星，学习成绩或文明行为有提升等，只要完成以上的任务，经过小组组长和老师审核后，符合条件的授予各种荣誉卡，一学期内可以累积，但是必须集全五张卡才可以授予学校的美丽少年称号，并获得走学校星光大道的机会。以这种开展活动的形式奖励学生，让学生有展示自我机会，同时也培养了学生的集体荣誉感，让学生终身受益。

在精神奖励学生的同时，也可以适当发放一些物质奖励，如"学习之星"，可以给学生奖励一些学习用品；在运动会上表现好的学生可以给学生发放体育用品。但是还是以精神奖励为主，给学生颁发奖状，进行个人表扬。总之，获得赞扬和肯定是求得社会认可的需要，也是人的一种根本需求。而奖励是这种需要的形式，对学生来讲，如果恰当运用，那么精神奖励比物质奖励的作用更大，让学生形成正确的观念。

三、培养学生优雅气质

一个人的气质是内部修养、外在的行为谈吐，待人接物的方式态度等的总和。优雅大方、自然的气质会给人一种舒适，亲切，随和的感觉，使人在社交场合受到欢迎，增加成功的概率。培养学生的优雅气质，也是让学生形成良好的精神面貌和思想品质的需要。我们强调人的精气神充沛，那么对学生来讲也需要进行这方面的培养，为此我们采取了教师示范和引导，并结合课堂教学和学生的日常生活，利用各种活动，循序渐进对学生进行优雅教育，特别是在文明礼貌、语言行为和品德意识等方面进行教育，最终让学生形成良好的优雅气质，增强学生的活力，促进学生健康的学习和生活。

（一）先做一名优雅教师

我们通常把具有宽阔的胸怀与包容的心态、渊博的学问和丰富的阅历、不懈的追求及创新的意识、不凡的谈吐和超脱的气质当成教师的形象。我们与其不如说教师给人一种优雅的形象。优雅是一种艺术产物，在这里我们不得不谈教师的教育艺术，无论是学生的管理和还是教学艺术，这都与教师具有优雅的气质分不开，同时教师的优雅气质感染着学生。[①] 为此我们认为，教师的优雅气质必须具有两点，一是具有包容的胸怀，二是要有健康的心态。包容的胸怀才能打造和谐的班集体。教师与学生存在着年龄与阅历的差距，学生的许多说法与做法，让老师感到不能容忍。这样就会出现一些不当的方法去处理这些问题，因此，教师具有包容的胸怀，就能有爱心、耐心地处理班级问题，与学生打成一片。可见包容对教师的优雅的气质和修养是十分重要的。健康的心态也是非常重要的，教师要具有符合自己身份的仪表风范，又要了解学生的情绪和品性等。老师只有自己先做好这些，才能搞好育人教书。我们把教师比成人类灵魂的工程师，自己应该先给学生美的享受，利用语言美、心灵美促动学生的灵魂。而教师的仪表、气质是由内而外散发出来的一种魅力，这些都是其他东西无法代替的。在教育中，教师

---

① 　窦青．论中国风格钢琴练习曲创作的体系性构建 [J]. 音乐研究 ,2017（6）:81-89.

要能了解自己学生的情绪，控制自己学生的情绪，并能激励自己。教师不能带着情绪上课堂，这样会影响学生的学习效果。要做到这些，我们要做到对学生负责任的态度，用一个健康的心态与学生和家长进行交流和沟通。真正地做到去观察和了解学生，如果带着情绪去做，就会失态，也会丢掉教师的优雅气质。当学生因考试成绩、同学关系、家长批评、心理障碍等因素而情绪低落时，教师要善于引导和帮助，教师做到利用正确的心态去教育，那么对学生的心理发展也会有帮助。

（二）确立优雅教育目标

教育有总目标，如果我们把这些目标进行细化，那么我们培养学生具有优雅的气质，也应该有优雅教育的目标，那就是全方位的培养优雅学生，让学生具有优雅大方、自然的气质。凡事有了目标，才能有付之于行动的方向和动力。但是优雅教育又包含了多个方面，比如仪态、行为、语言、性情等，这些都需要开展具体的活动，让学生参与其中，以此培养学生的优雅气质。对于仪态方面，我们可以开展文明礼仪、尊师重教等方面教育；行为方面可以开展环境护卫活动，美好校园建设活动；语言方面开展吟诵经典、表达温暖；性情方面，让学生会礼让、会问好、会游戏，脱浮躁之气，修雅正之情。通过这些活动促进学生的教育，让他们真正成为一名优雅的少年！同时，我们还要鼓励学生把在学校学到的礼仪带回家，纠正父母不文明语言、行为，把学校的优雅之气，迁移到家庭和社会。这样，学生就能用自己身上所散发的优雅气质去影响别人，影响社会，长期下去就能让学校、家庭和社会形成一种文明、和谐的氛围。为此，对学生优雅气质的培养，需要有一个总的目标，然后再根据目标指导各个方面的实施活动和细则，这样就做到了有目标、有计划、有效的开展优雅教育。这样就会在目标的指引下，循序渐进的培养学生的优雅气质，让学生的精神面貌焕然一新。

（三）鼓励学生多学知识

知识与文明紧紧地连在一起，知识是精神文明的一部分。我们要培养具有优雅气质的人，那么就要要求学生做一个文明的人。为此，作为教师要鼓励学生多学知识，锻炼学生思维的敏捷性、灵活性和创造性；开阔学生的视野，丰富学生的社会经验。这些都会使学生的言谈举止中透出智慧与大方，对培养学生的气质十分有益。要达到这些，除了课堂知识的学习，我们还有开展读书活动和其他的竞赛活动，这样学生就可以在一起交流自己的乐趣和收获。学生既收获了知识又学会了把所学知识通过交流、讨论的形式表达出来，同时也培养了学生的语言表达能力。在读书活动中，我们要求学生的读书范围要广。对于小学生来讲，我们可以让学生阅读一些美德故事、礼仪故事、国学启蒙故事、唐诗三百首、成长故事、友爱故事、亲子故事等，这样学生在成长的过程中，从书中就会理解到文明礼仪和做人的道理，同时知识和视野也得到拓展。然后我们要求学生在读书之后，对于低年级的学生说一说书中讲了什么，明白了什么，而高年级的学生要写一写读后感等，这样学生就会带着兴趣和问题去看书，这样读书的效果就会提升。学生的知识得到丰富之后，就会明白该如何做人、并付之于行动，这样学生的言谈举止就会凸显出智慧、大方和文明等，那么学生的优雅气质就会呈现出来。

（四）培养良好语言行为

语言行为是学生优雅气质表现的外在形式，通过语言表达，也可以知晓一个人的思想和内涵。因此培养学生良好的语言行为也是让学生形成优雅气质主要途径之一。在这方面，教师首先要注意给孩子做出表率。因为小学生天生具有模仿的能力，老师的言行就会给孩子带来深远的影响，教师要注重对学生潜移默化的影响，树立良好的形象，文明儒雅。其次就是要创建愉快、和谐、文明、平等的教学氛围，这里面主要是对学生学习和发现进行循循善诱的引导，比如学生表达不完整或者是还有进一步挖掘的潜能，我们都要进行积极引导，让学生用语言表达出来，其实语言表达也是写的基础，让学生先说后写是十分必要的。语言表达还表现在平时交往，学生与老师的交往、与同学的交往、甚至是与社会的交往，都是锻炼学生语言表达能力的时机，我们要善于引导学生从课堂中的语言表达迁移到生活中，让学生活用语言，这样就能把学生具有的优雅气质散发出来，这样就能使学生从小养成文明礼貌的好习惯，并能够健康成长。最后就是引导家庭教育促进学生形成良好的语言行为，有一些家长对孩子非常粗暴，这样孩子也会用同样的语言和行为进行反抗，这样就形成恶性循环，本来家长是孩子的榜样，现在却造成了负面影响，为此教师要利用家长会和班级群的功能，积极引导家长对孩子进行语言的积极引导，让学生学会文明、健康的表达，并学会做力所能及的事情，从而逐步完善自己。

（五）形成良好道德品质

品德是良好气质的灵魂，学生具有同情、关心他人的品质，礼貌待人，与大家能够合作与交流等他才不会表现出性格孤僻、我行我素等不良气质。所以，教师在日常生活中应以身作则，言传身教，培养孩子的道德情感，训练孩子的道德行为，使孩子成为一个品行高尚的人，这样孩子自然就会具备良好的外在气质。首先，从小事做起，率先垂范，感染学生。比如老师作为孩子学习榜样，同样他的行为也是学生的榜样，老师要做到早到校，自己的要早到教室等候，就是到了下课的时间，只要学生还有问题没有搞明白，教师也要耐心的给他们讲解；另外教师要细心观察学生的学习和生活，发现问题要积极帮助他们去处理。这样学生就会感受到老师对自己的关心和爱护，就会自然把这种精神迁移给自己，其实我们教育学生不是交给学生什么，而是让学生自己体会和感悟。教师把榜样做好了，就能带动学生，让学生向着积极向上的目标迈进。其次就是要从日常小事入手，培养学生良好的品德。比如班里的同学在公交车上给老师让位被同学们看到了，告诉老师，那么老师就要在班级里对这位同学提出表扬。在公共汽车上把座位让给老人，虽然是件小事，也是日常生活中，学生能够做到的，这样就只能是愿不愿做的事情，但是有的同学却不以为然，因此能够做到的同学就表现出了谦逊有礼、尊敬老人的气质，我们就要给予肯定。

（六）选择合理服饰打扮

服饰打扮也是一个人的气质体现，往往我们要求学生穿着朴实、得体，提倡他们穿校服。为此，我们也认为服饰是一个人精神面貌的体现，得体的服饰会给孩子的气质锦上添花。在学生穿衣打扮时，要告诉他们应以自然、朴素、大方、美观为原则，不要过分追求奇装异服，以防养成学生过分追求穿戴，自我欣赏，爱虚荣和任性等不良习惯。比如，学校规定每周一集会和学校活动时，一定要穿校服，这是在庄严的场所，让孩子懂得纪律和约束；到了表扬的时候可以穿艳丽的衣服，这些都是基本的要求，我们要让孩子知道并遵守这些。另外在穿着也要体现出艰苦朴实和勤俭节约的精神。特别是一些亲戚朋友的孩子衣服，可以接受他们孩子的旧衣服，因为孩子个子长得快，衣服更新得也快，很多都是很新的，由于小了就不能穿了。我们要教育学生接受这些，我们也可以把自己的不能穿的送给别人，这是一种勤俭节约、艰苦朴素的精神，当今社会依然要发扬，这也体现了服饰打扮内在赋予的意义。学生的穿着打扮也体现了学生的气质。优雅的气质就需要孩子穿着朴实、得体，符合当代青少年的要求，而不过分追求那些奢侈，昂贵的装饰。为此无论是教师还是家长，我们都要积极引导学生养成良好的衣着习惯，让他们散发着优雅气质。

总之，冰冻三尺，非一日之寒。儒雅气质的形成也不是一蹴而就的。儒雅气质的培养需从小抓起，因为孩童时期，他们的可塑性最强，也最容易培养其爱阅读的习惯，文明的礼仪习惯，良好的语言行为、并形成良好的道德品质。

四、机器人教育促创新

随着社会经济的不断发展，科技的不断进步。对学生的科技教育也在积极地探索之中，特别是近些年，在小学开展的机器人教育，其中包含了机器人教学以及机器人竞赛等。"机器人教育要求学生要在对机器人的搭建和编程中学会创造性的思考问题，培养学生动手实践能力。"通过开展机器人教育，开发学生的智力，培养学生动手能力和创新能力，这正好与我国的科技兴国的战略相符合。科技人才的培养要从基础抓起，当前的机器人教育的开展受到了更为广泛的关注，在今后的一段时间内会一直成为教育的重点和热点问题。同时，我国机器人教育也存在的一些问题，通过思考和分析，并提出了一些建议和解决策略，希望能为小学机器人教育的顺利开展提供帮助。

（一）机器人教育现状分析

机器人教育受到了广泛的关注，机器人教育也取得了初步的发展。对于条件较好的学校，已经开设了机器人课程或者组建了机器人兴趣小组，学校也组织学生参加各种机器人竞赛。但是我国学校众多，机器人教育的发展也是参差不齐，现在正处于探索阶段。机器人教育的今天也存在着众多问题，因此，只有立足实际去分析问题，创新方法去解决问题。

1. 对机器人比赛的重视度远远高于机器人教育本身。不能过分看重机器人比赛成绩，将比赛成绩看得高于一切。机器人比赛的初衷是想通过举办机器人比赛激发学生对机器人的学习兴趣，调动学生的学习热情；从而锻炼学生的动手能力，提高学生的创新能力和培养学生的创新精神。然后，当大家把比赛成绩看得高于一切时，机器人比赛就失去了它本身的意义，赛场上精彩的较量应该是学生创新能力的体现。不能让学生成为一种比赛的工具，指导学生进行竞赛是为了培养学生的科学素养，不过分看重比赛成绩。

2. 大家对机器人教育比较关注，但是依然将学生的学习成绩看成重中之重。虽然部分学生家长已经意识到不能让学生死读书，意识到课外活动对于拓宽学生视野的重要性。但是，当学习与课外活动二者进行选择时，往往还是会选择前者。在学校里想让学生来训练机器人，准备机器人比赛，那就是和主科老师抢时间，主科老师肯定不支持。只能利用周六、周日时间，而且利用周六、周日时间也很有限，学生有各种补习班，留给机器人的时间少之又少。时间都保证不了，还谈什么动手能力，学生实践不了还谈什么创新能力。

3. 机器人教育没有融入完整的教育体系。机器人教育在资金方面也需要一笔大的投入，不是所有的学校都能支持这笔资金投入。在师资方面，现在小学也没有专门的机器人教学专职老师，没有接受过专门学习的老师，基本是信息技术或者科学老师在担任机器人教育老师，而不管是教学内容、教法都是老师自己钻研自成体系。在今后一段时间内要把机器人教育作为义务教育的必须课程，而且教材要规范，为培养学生的科学素养开设必备科技课程。

（二）对机器人教育的探索

机器人教育给学生提供了一个充分发挥想象力和解决问题的空间，在培养学生的学习兴趣和创新能力方面展现出了其独有的特性，有助于培养学生的动手实践能力、创新思维能力、综合应用能力和团结协作能力，为培养创新型人才、推进素质教育开辟了新途径。下面就机器人教育开展实际情况，谈谈开展机器人教育过程中的几点看法：

1. 提高认识，转变观念

机器人教育在不少学校都已经正在普及，但是，很多学校都把机器人教育作为课外兴趣小组或者只为带学生参加比赛而设立的，实际上并没有得到真正的普及。因此，机器人教育的发展，需要教育主管部门和学校给予充分的关注、协调和引导，有了他们的重视，才能得到教师、学生及家长的重视，机器人教育才能得以更好地发展。同时，教师要转变观念，要把机器人教育当成是常规课程，在具体研究机器人教育时，可以采用新课程评价标准的三维目标来确定机器人教育的价值和意义，让每个教师都要清楚地知道，机器人教育的引入，给学生带来了更宽广的发展平台，这是其他课程无法替代的，如培养学生的创新意识、动手能力及合作学习等。

2. 加强场地建设和兴趣小组的培养

为了推进机器人教育的发展，各地区各学校可以根据具体情况建立机器人实验室，或者直接利用现有的电脑室来开展机器人课程。学校要重视机器人教育的发展，要配备相应的设备，并且建立机器人实验室，为开展机器人教学提供条件。为了在全校范围内普及机器人的教育，让更多的学生掌握机器人技术，除了开展正常的教学外，还开设了校本课程，成立了课外机器人兴趣小组，通过以上的途径，形成了全校学生学习机器人的热潮，让每个学生对机器人不再陌生，并且我们从中选取了一批对机器人感兴趣，学习能力及动手能力特强的学生，组成了机器人培优班。通过开展机器人教育活动，让广大学生了解机器人，激起对学生对科技的兴趣，让学多动手、多动脑，培养他们的动手实践能力和科技创新能力，也推动了机器人教育发展。

3. 优化教学内容，加强课程建设

机器人教育应该和当前的基础教育课程改革相结合，机器人教育在学校的开展离不开课程的支持，在已开展机器人教育的学校中，大部分学校都是为了参加机器人比赛而开展机器人课程，使用的教材也不够规范，没有全国统一的课程标准，缺少课程与教学专家的参与和指导，缺乏系统性和科学性。同时，很多学校的机器人教学根本没有或者没法保证课时数，有时候利用课外时间进行。因此，为了加快的机器人教育发展，应开设机器人课程及机器人校本课程，而让机器人教学与其他学科一样，安排一定的课时数，配备专门的教室和设备，使用统一的机器人教材，拥有统一的课程标准，才能促进机器人教育的更大发展。教学内容具体可以从形式和内容上进行整合和优化，从而促进机器人课程建设。

（1）开展形式

目前，绝大多数学校开展机器人教育多借助兴趣小组的形式，实行的是一种小班教学模式，优势在于辅导教师能够全面地照顾到参与学习的每一位学生，此类学习模式更有益于每一位学生的良好发展，但参与学生人数受限，又限于各类条件，普及化开展难以实现。就目前学校实际情况而言，兴趣小组无外乎是最佳的开展形式，保证师生充分交流的前提下，促进学生创新思维的发展。

（2）学习内容

就目前情况来说，机器人项目主要包含 FTC、BOTBALL、ROBORAVE、FLL 工程挑战赛、WRO、机器人搬运、机器人创意赛、多变彩虹灯、计时交通灯等，涉及高中、初中、小学各个学段。小学阶段主要涵盖 FLL 工程挑战赛、机器人创意赛、多变彩虹灯等，其中创意机器人项目是一类普及类的机器人科技种类，其操作简易、相对廉价，是各学校倾向的一类。创意机器人项目提供丰富的材料，让学生来开发自己的创造性思维，完成所提供材料的组装，这里要注意的就是该项目并不提供操作说明，这就意味着学生的组装成果会是多种多样的，只要按要求完成最终的操作任务即可。此类开放性较强的学习内容，更有益于培养学生的创造性思维。

4. 提升教师的专业化水平

"由于信息技术推陈出新，机器人教育也与时俱进，这就要求机器人教学的教师，教育观念和技术都要紧跟信息时代的节奏变化，充分挖掘学生的聪明才智，积极引导学生开展活动，开拓学生创新思维来获取新的知识。"机器人教育的发展离不开机器人教师的发展，要完成和实现机器人教育的教学目标，机器人教师必须具有精湛的专业知识，这是开展机器人教育的有力保障。但是，在很多学校，机器人教师都是由信息技术或通用技术教师来担任，他们通过自学来完成上课内容的教学，因此，专业知识并不是特别强。而要上好机器人课，必须要有专业化的教师，他们只有掌握机器人方面的理论知识和实践操作技能，才能为顺利开展机器人教学打下坚实的基础，才能带领学生进行各种实验操作，才能更好地开发学生的学习兴趣和创新能力。所以，作为一个机器人教师，一定要不断地学习，时刻关注机器人发展的最新动向，学习最新的机器人技术，而且要多走出去，加强与其他学校的交流，多参加机器人方面的培训，不断扩充自己的专业知识，完善自己的知识结构和能力结构，使自己真正成为一个合格的机器人专业教师。同时，为了培养更多的机器人教师，国家应该在师范学校设立相应的机器人专业，培养对口的机器人教师，才能更好地推动未来机器人教育的发展。由于没有专业的机器人老师，机器人老师都是由信息技术教师或科学教师担任。因此，为了能上好课，这些教师可以参加国家、省、市级和区级组织的机器人课程培训，也多次到其他学校学习，吸取别人的优秀经验，并且我们坚持了集体备课，拿到教材后，老师们共同学习，一起备课。为了上好机器人课，也可以采取助教制，一般由两个老师一起上课，一个老师在台上讲课，一个老师在下面协助教学，以便及时发现学生在学习中碰到的问题，特别是在搭建机器人的过程中，既能及时解决学生的问题，也能较好地管理机器人器材。同时，为了调动学生的学习积极性，我们精心设计每一节课的教学任务，让每一个学生都能参与到课堂中来，让他们都能够乐于动手，从而培养学生学习机器人的兴趣，以此来更好地推动了学校机器人的发展。

（三）创新研究

机器人教育是学校科技教育的重要组成部分，是提升学生科学技术基本素养的有效途径。在机器人教育活动过程中，学生亲身体验，亲自设计、制作，所用到的每一个零部件都需要学生自主选择，要通过实践动手去测试、检验，实现机器人效果的最优化。这样的一个教育过程在培养学生创造力方面发挥着关键作用，从思维到动手操作，再到最终作品的完成，这一整个过程中都促使学生创新力的萌发。再加上小学生对机器人本身兴趣浓厚，有强烈的好奇心、探究心，这些都是小学阶段开展机器人教育的有利因素。小学阶段进行机器人教育，既满足了学生浓厚的兴趣、激发了学生学习的积极性，又拓展了纯粹的课本知识、培养了学生的创造性思维。

1. 激发兴趣、创新思维

兴趣是激发学生持续学习的有力保障，是学生深入探索相关未知领域的导航。小学阶段的教育过程中激发学生的学习兴趣尤其关键，要让学生对即将涉及的知识产生浓厚的兴趣，有自发去探究的学习冲劲。兴趣是学生学习的首要考虑因素，因此在机器人教育的初始阶段，教学的侧重点便放在了激发与培养兴趣方面。在选择学生对象方面，应先将机器人创意赛的相关规则向学生讲解明白，接着把一系列的相关器材呈现在学生面前，让学生思考如下几个问题：（1）看到这些器材，你的第一感觉如何？（2）你对哪些器材最感兴趣？（3）挑选出你最感兴趣的器材，说一说你打算用它们做什么？经过一系列的思考，在锻炼了学生创造思维能力的同时，教师能了解学生在机器人方面的基本信息素养，以便采取进一步的有力措施，保证机器人教育的顺利开展。这样完全开放式的思维训练，诱发学生创造力思维的养成，学生根据一堆凌乱的机器人零件，在根本没有组装说明书的情况下，自己去思考需要用到哪些零部件，每一个零部件用到哪个位置，怎样实现每一个零部件的作用，这些都需要学生开动脑筋努力思考，这样的思维过程对学生创造力的锻炼尤其有效，因为孩子们的创造力是无限的。

2. 手脑结合、创新实践

对于小学生而言，过多的理论知识学习并没有太多的用处，反而会加重学生的学习负担，一方面听起来难以理解，另一方面枯燥的理论知识难以维持学生的学习注意力，学习效果当然也就不理想。机器人教育重在动手实践，注重学生动手能力的锻炼，让学生在自主的操作过程中习得新知。在开展机器人教育的过程中，秉承手脑结合的原则，让学生在思考的过程中，把自己大脑内部思维借助双手表现出来。对于机器人相关的一系列器材，学生首先要针对每一个器材开展研究，思考这样的一类器材能做什么，它可以跟哪一类器材搭配起来使用，还可以增加哪些自备的器材（比如主题是环保，那么自备的一些易拉罐能否用得上）。脑子里想到，手底下就要去操作，去验证自己的想法是成功，还是失败。手脑结合，不断地去思考、不断地去尝试、不断地去修改。这样的一个思考、尝试、再思考、再尝试的过程，其实质就是一个极具创新的实践过程。

3. 合作探究、创新成果

在小学生机器人教育过程中，合作学习起到很好的效果，结合机器人教育本身特点，一定要让所有的学生都参与到学习活动中去，学习的整个过程尽可能交还给学生，给学生充足的空间去发挥，为学生创设良好的合作学习环境，教师充当学生的学习辅导者、组织者、学习伙伴。在学生合作学习过程中，给予必要的引导。在创意机器人辅导过程中，教师提前为学生营造良好的合作学习环境，把学生按照个性特征分成两组（一组和二组），每组内学生擅长面相当，先由各组分别进行学习，一定程度之后两组学生各选一名学生，阐述本组的创意之处，然后两大组重新整合到一个组内，整合之前两组的学习成果，共同完成最终的学习成果。这样做的目的在于让每一位学生都参与活动，避免小组中人数偏多造成合作学习效果的偏失。当然在这样的小组合作过程中，每一位成员都发动大脑去思考，在制作机器人的过程中，及时融入大家的创新之处，由此最终呈现出来的成果也定集众人之所想、为众人所满意。这样的合作探究学习环境下，学生不但顺利完成机器人制作，更重要的是这样的学习过程对最终的成果本身来说就是一种创新，避免做出来的机器人作品千篇一律，毫无意义可言。

4. 运用网络、创新课堂

方法是达成目的的桥梁。在教学活动中，课堂设计至关重要。我认为，优秀的课堂设计应该是课堂气氛活泼、内容丰富，能极大地吸引学生的注意力，开发学生的潜能，锻炼学生交际能力和团队精神，而网络在这一过程中起到了极大的促进作用。我的具体做法是：

（1）"用课本"而不照搬课本

在任何教学活动中，课本都是必不可少的。智能机器人教育作为小学教育的一个新兴载体。它不仅充实了传统课本教学的内容，也使我们对小学传统课本教育有了一个新的认识。使小学的传统课本教育更全面地体现了信息技术的内涵。在设计网站时，我们应充分利用传统课本相关知识，通过机器人的诠释和探究，更大扩展知识面，将课本的知识细化到课后的机器人制作和竞赛任务的完成过程中，细化到机器人制作过程中运用每一个原理中，让学生将理论和实践联系起来。

（2）利用课本设计课堂任务

小学中高年级的学生具备了一定的电脑知识，再加上这些学生已经懂得思考，拥有喜欢张扬的个性，却对获取计算机中和网络上的资源又不熟练。因此，我在设计网站时加入了现行游戏中的"闯关"环节。每一关都包含一个学习任务和学习内容以及闯关提示（既操作提示）。学生可以通过访问这个学习网站像玩游戏一样在"闯关"过程中学到新的知识。例如，在讲搭建机器人时将课本的练习要求，即搭建舞蹈机器人的任务分成了五个关卡。第一关为搭建机器人头部，第二关为搭建机器人手部和腿部，第三关为组件机器人，第四关为搭建机器人小车，第五关为选用和添加传感器。学习网站里，每一关的网页中都设置"本关任务""本关内容""闯关秘籍"以及"闯关记录"，最后的学习评价也有学生自评和互评组成。这样充分调动了学生的学习兴趣，让学生在游戏式的学习中发挥学习的主动性和自主性，提高了课堂教学效率。通过这个活动学生不仅学会了机器人搭建的基本方法，而且通过学习网站了解了重心，平衡性等涉及科学的一些知识，达到了多学科整合的目的。在动手动脑过程中，在网站分享知识交流经验的过程中，学生提高了机器人搭建的技能，享受了分享知识的快乐，培养了创新的意识，养成了分工合作的习惯，增强了团队的凝聚力。

（3）及时适当的指导和评价

在学生完成任务的过程中，因为空间的限制，比如教室较大无法同时回答相隔较远的几个同学的问题导致无法及时地对学生进行指导，这在一定程度上打击了学生的积极性和自信心。为了让教师可以到及时、准确地指导学生，我专门在学习网站中设计了留言板，教师和学生可以在留言板中进行交流，引导学生解决问题。这样，教师可以同时和多个学生交流，一个学生提出的问题其他学生看到也可以思考并且提出自己的解决办法，有效的拓宽了学生的思路，增强了学生的学习交流能力，增强了团队合作精神。

5. 利用教法、创新管理

良好的课堂管理，是上好一堂好课的保证，但很多老师都会有这样的同感，机器人课程不容易上。因为机器人课程跟其他课程有明显的不同，它重在培养学生的动手操作能力、创新意识与创新能力等。同时，机器人课堂的随意性也比较大，如机器人的搭建、程序的调试等都要求学生可以自由地走动，这就需要教师要有良好的课堂监控能力，需要学生的默契配合。通过实践和研究，我们认为"四步教学法"适合机器人教学。

第一步：学生自主学习，教师个别指导；第二步：学生提出疑惑，教师重点讲解；第三步：小组团结合作，教师巡回指导；第四步：师生总结回顾，学生任务拓展。为了加强课堂管理，我们一直在努力探索适合我们的教学方法，对于基础较差的学生我们坚持个别辅导，而对于一般的学生我们充分发挥小组的作用，比如：小组长负责机器人器材的保管，每次上课都由小组长分发器材以及回收器材等，如发现问题及时报告老师，以便进行责任追究，还能起到互相监督的作用。而组内成员则通过团结协作来完成本课的任务，这样不仅让每个学生都参与到课堂中来，也加强了课堂的管理。同时，通过"小组合作"，可以充分调动学生的学习积极性，让学生成为学习的主体，充分发挥学生的主观能动性，让学生在教师的带动下主动地学习，自主地探究，并且通过讨论、交流等形式，加深每位学生对所学知识的理解，这样不仅培养了学生合作学习能力，而且也能够让学生在学习中享受学习的快乐，同时也实现了良好的课堂管理，促进了机器人教育的发展。

机器人教育的开展有益于学生的全面发展，既巩固、拓展了学生的基本知识，有效地开拓了学生的大脑思维，使学生发现问题、分析问题、解决问题的能力得到提升，同时，机器人教育很好地满足了信息技术课程改革的需要，既拓宽了传统的信息技术教学内容，改变了传统的教学模式，又很好促进了学生学习能力、创新能力的发展。

第二节　悉心管理

管理方法的利用与创新，关系到了班级管理水平和学生的健康发展。管理方法是多种多样的，教师要采取符合学生特点，具有针对的管理方法。但是，我们在教育中会发现每个班级和每个学生的情况都不尽相同，那么就需要教师进行管理方法的创新，其目的就是让学生积极地投入日常的学习和生活中，形成一种健康的心态，最终实现学生的快乐成长。

一、班级管理技巧

班级管理是一个动态的过程，它是教师根据一定的目的要求，采用一定的手段措施，带领全班学生，对班级中的各种资源进行计划、组织、协调、控制，以实现教育目标的组织活动过程。良好的班集体，学生团结友爱，勤奋好学，自觉遵守纪律，有正确的舆论，班干得力，老师上课轻松愉快。良好的班集体，它是学生茁壮成长的摇篮，是学生魂牵梦绕的乐园，是教师减轻负担、轻装上任的得力助手。因此，培养良好的班集体是才是教师有效进行班级管理的体现，这样才能促进学生的全面发展。

（一）搞好课堂教学是班级管理的基础

搞好课堂教学是教师基本职责，教师要想尽办法，使学生既学得轻松，又学到知识和能力。假如一个学生经常被老师生动精彩、充满情趣的课堂所吸引，那么他的作业就能轻易完成，考试成绩也会理想，这样的学生，他自然喜欢上你的课。喜欢上你的课，就是喜欢你这个老师。这个时候你对他进行管理，他肯定服服帖帖。再说，课上得好，老师也才有心思进行管理。相反，如果一个老师上的课经常是死死板板、枯燥无味、逻辑混乱、前后矛盾，学生绞尽脑汁、费尽心力也听不懂你的课，作业不会做，成绩不理想，再加上你责骂的洗礼，这样的学生，他肯定不喜欢你的课，自然也不会喜欢你。此时你想对他进行管理，即使你想管，他也不会理睬你。

因此，在班级管理中，教师上好课是第一要务。教师搞好教学可从以下几个方面入手：

1. 精心备课。备课前要了解学生以往的知识和经验，学生的年龄特征，本班学生基本情况，认真研读课标、教材、分析学情等，然后进行思考和研究，撰写好教学设计。

2. 有效组织课堂。在课堂中以学生的自主学习为中心，教师只作为学生学习的引导者和指导者，教师精讲引导。课堂中把大部分时间让自学，学生互助学习，对课堂生成进行展示、交流、讨论，从而主动、有效的获取知识和技能。

3. 课后认真批改作业，对学生进行个别辅导。通过作业批改检测学生的学习情况，进行查漏补缺。对学习较差和思想有问题的学生进行谆谆教导，让他们也能跟上大部队，从而达到教学要面向全体，促进学生全面发展的原则。

（二）教师以身示范是班级管理的导向

"正人先正己，己所不欲、勿施于人"。要求学生做到，教师要首先做到。"教书育人、为人师表"，教师是通过言传身教去影响学生的。教师的言谈举止，既处于学生最严格的监督之下，又处于时刻被学生的仿效之中。所以，教师要求学生努力学习之时，自己首先做到了忘我的工作态度和刻苦钻研的精神；当教育学生热爱劳动时，教师不能指手画脚、拈轻怕重，而是和学生一起参与劳动；当叮嘱学生遵守纪律时，教师要做到了遵守校纪班规。这样，学生就会在上课前把讲台收拾得整洁如新了。许多学生开始酷爱阅读课外书了，并且能按时归还，把课外书理得整齐如一了；再也听不到粗话脏话了；再也看不到乱丢纸张垃圾了；学生写字工整了。从教育学和心理学的角度讲，少年儿童的模仿能力最强。因此，作为教师对学生的影响是非常重要，教师要利用自己的言行去影响学生。例如：升旗时，假如老师你站在那里交头接耳，谈笑风生，偶尔有学生学你讲了一句，被你发现了，立刻冲到他面前，轻则痛斥一顿，重则拉到后面去示众，这样做，学生会服吗？当然不会。另外，作为老师，对即对，错即错，要有在学生面前勇于认错、知错就改的勇气，不要想着会损了自己高大的形象，相反，这是正能量的体现，相对于受伤害的学生，这一声道歉，减轻了他受伤害的程度，同时也体现了你的心胸和人品，知耻近乎勇，勇者无畏，人格威信的力量是无穷的。

（三）树立良好班风是班级管理的保障

班级管理的事比较多，特别班主任老师工作多乱杂，千头万绪，如果做一个全能保姆，势必把自己累翻累垮。所以，许多老师不愿当班主任。如果仅靠自己单打独斗，纵有三头六臂，也难也招架。这就必须靠集体的力量。那就是正确的舆论和良好的班风。正确的舆论，会使坏人坏事无法立足，抬不起头，会使好人好事得到鼓励和表扬，风风光光。就要抓住本班学生的一些实际事例，对好的言行，老师要大张旗鼓、旗帜鲜明地表达自己的赞赏、鼓励、支持、亲近、关爱、信赖等情感，对于不好的行为，组织学生讨论评议，促其改正。如知错不改，老师就要表现出一种冷漠、疏远、鄙视之情，并且要坚持到其改正为止。

班级中正确的舆论形成就能促进良好的班风形成，但是教师要用敏锐的洞察力去判断。如果班上出现了一件好人好事，老师进行表扬时，这个人能得到大多数同学羡慕的目光、热烈的掌声，并得到许多同学的亲近夸奖，说明你们班已形成了正确的舆论。相反，如果受到表扬的学生得到其他同学的是冷漠、鄙视、挖苦、讽刺、尖叫、起哄，这说明你们班还没有形成正确的舆论，必须及早抓，否则，坏人坏事将层出不穷，不以为耻，反以为荣的思潮将漫延，麻烦事将让你应接不暇。

（四）用好学生干部是班级管理的推力

学生干部是教师管理好班级的得力助手，若能用好，便能提升班级管理的实效，也减轻了教师的负担。因此，学生干部的任命和分配任务要讲究技巧。学生干部要选用学习好，号召力强的学生担任。一经选用，要教其工作方法，树立其威信，大胆使用。在学生干部管理遇到阻力时，班主任一定要做他们坚强的后盾。要经常在班上讲，班长是老师最信任、最得力的助手，老师不在时，他代表的就是老师，如果谁不服从班长的管理，就等同于不服从老师的管理，如果谁辱骂、打击、报复班长，就等同于辱骂、打击、报复老师，如果老师知道，对你的处理将比班长严厉更多倍。如果你觉得你比班长还行，你可以毛遂自荐，站出来勇担重任，否则，就必须服服帖帖接受管理。培养班干部，最基本的底线是：哪怕他做错了，你也绝对不能让他当众出丑，班主任要勇于承担责任。否则，谁也不敢当班长了，即使当，也不敢管了。

当遇到问题时，我们可以利用班干部了解情况，并分配任务帮助老师排忧解难。例如，班级中的流动红旗评比，本班每学期仅得一两面，处于全校班级最低层。那么我们就可以找从少先队大队部了解情况，进行分析，并和检查的中队长进行交流，发现输在哪里的细节上，通过努力完全可以赶上去。并利用班会和全班同学进行了讨论，制定了目标，建立了严格的制度，班干部带头完成班级各项任务。通过班干部了解班级情况，班干部带头做班级事务，这样就会带动更多人去为集体服务，极大地增强了学生的自信心和班级的凝聚力，增强了班级的集体荣誉感。

（五）合理处理问题是班级管理的智慧

在工作中，遇到棘手的事，难免有情绪失控的时候。但是作为教师，面对的是学生，老师是学生学习的榜样。教师就要在这个时候注意自己情绪和言行。因为老师的心智已经发育成熟，情绪失控，不但不能处理好事情，而且会伤害学生，伤害自己，严重时还会引火烧身，经验教训实在太多。不要把小事放大，情绪失控下最容易这么做。教师要善于把大事化小，小事化了。即使要责备学生的话，也不能当着众人的面，树要皮，人要脸。当众羞辱是最刺激、最伤害学生的。

处理突发事件的也要讲就方法，这样才能是智慧的爱学生。在处理众多问题时，我们可以根据不同情况，采取合理的方法和手段：以静制动，以冷制热。也就是先做"战略停顿"，不究态度，不说气话，控制第一反应，不说学生"又是你"，不要只从道德角度去看问题，学生的问题根源可能出在家庭，但引发矛盾的导火索可能在教师。冷静处理。在一个适当的地点，问他：你有什么话想跟我说吗？如果他说没有，就叫他再冷静再想。此时，你再以平等协商的语气说：我们来探讨一下，有没有更好的处理办法呢？这样就是先处理情绪，再处理问题就容易一些。赏罚得当。教师的责任在于保持和巩固学生的优良行为，终止不良行为。一名优秀的教师，总是在恰当的时候，适当的场合，对学生的优点予以恰到好处的奖励。奖励分物质奖励和精神奖励，时间和场合有时会影响教育效果。一般情况下，奖励越及时越好，要趁热打铁，这样才能加强学生活动结果与奖励之间的联系，使学生清楚地认识到：奖励是该行为的结果获得的，从而增多该行为发生的数量。当众奖励效果较好，既能使被奖励者感到光荣，又能使其他人明白该怎么做，不该怎么做。相反，如果负面评价太多，使学生丧失自信，并形成定势，再来挽救就难了。

（六）凝聚家校合力是班级管理的补充

学校留守儿童众多，家校联系相对来说比较困难。因此，建构家校联系的桥梁尤为重要。根据学校的实际情况和学生管理的需要，筹建了家长代言人制度。通过民主推选代言人，校方与代言人恳谈会，走进代言之家，代言人推门进课堂，民主评议代言人等五步流程。通过这种模式，促进了家校间的沟通与合作，形成了合力来对班级进行管理。

1. 参与学校管理，延伸德育途径

每学年开学初定期举办家长代言人大会。我们学校在每个班级选举一名既有责任心又有影响力的家长，作为班级和学校的家长代言人，通过了解学校的治校方略和发展愿景，从而认知家长代言人的权利和义务。家长代言人为学校、教师与家长之间建起了沟通的新纽带，从而对教育教学起到有效的助推作用。其中，四节，即学校的读书节、艺术节、体育节、科技节等大型活动，我们都会邀请家长代言人来校观摩并且参加评比打分活动，家长代言人为自己能够参与到学校的许多重大活动和决策之中而倍感自豪。

2. 加强家校沟通，拓宽德育思路

我们学校在期中、期末考试结束后，两次召开全校各个年级的家长会。家长代表、学生代表纷纷发表自己对学校教育教学改革的真实意见，为学校的可持续发展献计献策献力量。家长们走进各个班级，全神贯注地听取学校领导、班主任和科任老师对学生的在校评价，教室里是老师们严谨的演讲和学生们精彩的表演。通过家校沟通，老师、学生、家长相互交流、探讨，气氛十分融洽。家长对老师的好口碑，是一种无形的巨大的力量，将使学生更加服从于你的管理，使你的管理上一个新台阶。因此要开好每一次家长会，善待好每一位家长。如果家长能发自内心地对他的子女说："你们老师，人品好、有才华，你要好好跟他学。"学生听了这些话后，将会作何感想呢？我想肯定会乐于接受你的管理了。

真正的教育应该是"以人为本"的教育，时刻考虑学生的内心感受和内心需要，才能与学生心心相通。因此教师要多交流、多示范，多鼓励，让每一个学生觉得自己在老师心目中很重要，老师很器重自己，学生才能配合老师，班级才能形成合力，学生才能班级中释放能量、展示自我，健康成长。

二、利用网络管理

计算机网络具有共享硬件、软件和数据资源的功能，具有对共享数据资源集中处理及管理和维护的能力。网络技术的出现是一种机遇，也带来挑战。网络技术融入学校教育，不仅能够构建现代学校文化，而且能够辅助课堂教学；同时也能够为学生的生活和学习提供便利条件。我们利用学校的网站、校讯通、微信群、QQ群、电子邮箱等，进行校园文化的建设与传播，同时把网络技术融入课堂辅助教学，这样就能对学生进行正确、全面的教育，让学生能够健康、快乐地成长。

（一）建设网站做好宣传

学校网站是一个新出现的事物，是学校对外的一个窗口，我们可以将它打造成一个校园文化建设的新基地。在学校网站出现之前，学校的形象、学校的办学理念往往依靠人们的口口相传。但当学校网站出现之后，这种情况就完全就到了改观。通过网络，即使远在地球另一边的家长亦可了解到学校的运作情况。校园网站里的内容可以主要包括以下几大块：1.学校对外宣传的公开资料，这其中包含的学生的发展历史，办学理念以及获得的荣誉等。2.涉及学校、部门工作可以公开交流的机构设置、重大政策、制度、举措、活动、教学科研的动态。3.教师个人简介、不涉及知识产权的教师教学和德育论文、优秀教案、教学反思、散文、随笔，以及学生文化活动作品等。4.转摘网上有价值的文章，但应标明出处或作者姓名。这些材料和信息都要利用校园网站发布出来，利于社会了解，让越多的人参与到学习教育之中，为学校的发展出谋划策，从而提升学校的办学质量。但凡涉及学校保密方面的资料、涉及知识产权的师生教学科研成果、不宜公开交流或发布的信息不得采集或发布。校园网站是一个最直观也最有效的校园文化载体，建设好校园网站对学校的发展会起到一个积极的促进作用。校园网站建设最终汇成了同学们与学校一起成长的青春河流，形成了自己独特的校园文化。

（二）用校讯通家校沟通

学生与教师是校园文化建设的主体，但在学生的身后隐藏着另一大主体，那就是家长。让家长参与到学校的校园文化建设中去，是网络时代对现代教育提出的一个新的要求。但在网络出现之前，学校与家庭之间沟通途径的选择非常有限，要么就是通过电话方式，要么就是通过家庭通知书的方式。但无论是哪一种方式，都存在着非常明显的不足。网络技术商业化后，家校沟通的渠道就多了很多，如校讯通就是其中之一。"校讯通"能利用现代网络技术与信息技术实现家长、学校、学生三者间快捷、实时沟通，能让家长每天都能了解到自己孩子在学校的情况，也可以让家长随时、随地地向老师提出建议或反映孩子在家里的表现。例如，小学阶段的老师可以利用校讯通给学生布置作业或学校要学生课外要完成的任务，这样有利家长监督学生的学习，促进了家、校教育的合作。学校或班级有事情需要家长知道或者是需要家长参与进来，我们也可以利用校讯通发布。比如，学校举行艺术节或家长会，我们可以提前利用校讯通通知家长，让他们做好准备，并告知有关事宜。校讯通充分调动社会教育资源，利用现代信息技术架起学校、家庭之间实时、快捷、有效沟通的桥梁，形成社会、学校、家庭和谐共育的局面，促进学生健康成长。

（三）建班级群加强管理

学生拥有网络交流软件账号，那么我们就可以好好地利用这个免费的校园文化建设资源。每个班都建立起一个群，将班里所有同学都添加进去，形成一个班级群。当然，班级群作为一个开放性的交流平台，教师最好将群的管理交给学生自己，管理员可以是某个积极分子也可以是班干部。教师只要监察好群里同学们的言论重点与方向，掌握好同学们的思想状况与动态，作为平时在校管理班级的一个参考即可。班级群可以让同学们更好地参与到班级生活中去，使他们能够自由地、开放地、平等地表达自己的意愿。班级群的模式是平等的，鼓励同学们的参与，使平时不善于表达自己的同学有了展示的机会。这也可以成为一个学习交流的平台，同学们可以在群里自由地讨论学习上遇到的问题，通过建立讨论组实现优差生的帮扶学习。例如，班级开展的活动，我们可以利用班级群公布出来，学生可以从分利用班级群进行讨论。全员参与活动规划和实施细则，这样可以把大家智慧积累起来，形成有效的活动方案。另外通过班级群，同学们可以阅读和评论老师或其他同学的日志，与别人共同分享自己成长的烦恼与喜悦。这样在无形中增加了班级的凝聚力，实现我爱我班，我爱我校的德育目标，促进了校园文化的发展。

（四）利用电子稿件交流

新媒体给人们的生活带来便捷，同时随着节约型社会理念在人们意识形态中渗透，现在大多数人进行交流都采用网络交流的方式，这样就会快捷、方便、环保。特别是小学中高年的学生已经学会上网，上网搜索、收发邮件。学生可以利用电子邮件和老师进行交流，老师也可以利用电子邮箱群发给学生布置作业。另外，学生利用电子邮箱进行写作投稿，学生把自己的作品利用电子邮箱投到各个杂志社，如科普童话、创新作文、小学科学、作文世界等都要求用电子稿投稿；我校办的《春华秋实》报纸，也要求中高年级学生利用电子投稿。利用电子邮箱其实也是一种网络文化，让学生的行为习惯也得到改变，从而融入了社会发展中，我们以前的寄信形式已经成为过去。学生还可以利用网络写作，把优秀作品发在网络上，然后通过网络与各位网友交流，另外还有网络日记、实验记录等都可以利用网络交流。因此，我们只有利用新媒体优势来建设学校的文化，让学生在学校的文化建设形成良好的行为习惯，从而更好地适应社会的发展。

总之，网络技术带来的变革促进了学校教育，让教育的途径更加宽广，特别是通过网络媒体的互动，让学生的视野变得开阔，丰富了知识储备，让学生学习能力得到提升。当然，学校利用网络技术对学生加强教育，使校园文化更加丰富，让学生综合素养得到提升。因此，我们要把网络技术与教学紧密结合起来，发挥网络技术在学校教育中的作用，让学生的学习和生活质量得到提升。

第三章 加强德育教育

德育教育是对学生进行思想、政治、道德、法律和心理健康的教育，它是中小学教育工作的重要组成部分，与智育、体育、美育等相互联系，彼此渗透，密切协调，对学生健康成长成才和学校工作具有重要作用，德育教育是学生教育的首要任务。德育教育的重要性不言而喻，在具体教育中，就需要学校和教师采取有效的教育方法和方式，创新的开展德育教育活动，让学生德育素养得到提升。

第一节 核心价值教育观教育

社会主义核心价值观教育是学生德育教育重要组成部分。把社会主义核心价值观教育落实到教育教学和管理服务各环节，深入开展爱国主义教育、国情教育、国家安全教育、民族团结教育、法治教育、诚信教育、文明礼仪教育等，引导学生牢牢把握富强、民主、文明、和谐作为国家层面的价值目标，深刻理解自由、平等、公正、法治作为社会层面的价值取向，自觉遵守爱国、敬业、诚信、友善作为公民层面的价值准则，将社会主义核心价值观内化于心、外化于行。

一、德育教育五举措

德育是照亮学校工作一切方面的光源，"德育为首，育人教书"是学校教育工作的核心。德才兼备，是我们对人的基本要求。同样学生达到品学兼优，这才是成功的教育。而当前教育仍以应试教育为主，注重的是学生智育培养，而忽视了学生的全面发展，特别是对学生的德育教育缺乏有效措施和方法。近年来，学校通过文化建设、道德讲堂、班主任技能大赛、家长代言人制度等特色德育管理，使学生养成了良好的行为习惯，学校树立了良好的形象，从而进一步充实了校园大德育体系。在此，结合学校实际，简要谈谈学校特色德育新途径方面的探索。

（一）抓养成教育，使学生养成良好的习惯

1. 文明路队、文明行走好习惯的培养

法国学者培根曾经说过："习惯是人生的主宰，人们应该努力地追求好习惯。"为了切实抓好小学生日常行为的养成教育，结合近几年学校学生的增多，家长接送拥挤，学校周边车流量大的现状，学校开展了以"文明路队放学、文明礼貌行走"为主题的好习惯养成活动。

活动紧紧围绕学生树立安全意识，养成良好的行为习惯，少先队辅导员利用周一升旗仪式进行了专题讲话，还分别邀请了交警到校，为学生讲解了交通安全常识及如何遵守交通规则做好自我保护等讲座。让学生从思想上高度认识文明行走与遵守交通安全的重要性。为规范学生文明行走，坚持每天放学实行路队制，各班设立一名监督员负责本班路队秩序，每天放学时段值周教师必须在校门口督查，科任教师负责护送本班学生至家长接送点。上下午学生入校时段，校门口设立文明监督岗，对不文明现象进行监督纠正。楼道设立文明行走监督岗，有专人负责检查违纪情况并及时通知反馈到各班，随时有班主任老师对这些学生进行习惯行为纠正。通过以上师生合力，齐抓共管的措施，有效的养成了学生文明路队、文明行走的好习惯。

2. 拒绝零食、讲究卫生好习惯的养成

学生吃零食好像是一处随处可见、习以为常的生活现象，但吃零食在学校是完全不能容忍的。吃零食不仅仅危害学生的身心健康，更重要的是直接影响学生良好习惯的养成。为此，学校少先队发出了"拒绝零食，关注健康，净化校园"的倡议，全体学生在国旗下庄重地承诺："拒绝零食从我做起，从现在做起，争当环保小卫士。"

为了纠正学生不吃零食、乱扔包装纸的不良习惯，要求学生不带饮料和零食进入校园，教育学生好的环境靠大家来保持，每个人都要做"弯腰小使者"，看到校园内的纸屑、果皮、包装袋等随手捡拾，人人有责。在加强学生卫生行为习惯，促进养成教育的同时，具体要做到三个结合：一是把卫生行为习惯与贯彻"小学生一日常规"教育相结合；二是把卫生行为习惯与少先队开展的"文明班集体"相结合；三是把卫生行为习惯与争当优秀少先队员相结合。

（二）抓常规德育，使学校树立良好的形象

1. 落实德育教育常规工作

学校在德育教育方面，我们以落实常规工作为中心，以《小学生守则》为准则，制定了《学校班级考核方案》，将校志作为德育校本课程进入课堂，使学生通过每天课间操时间诵读校志来培养学生高尚的道德情操，真正让学生懂得"人以德立，校以德兴，国以德隆"的育德理念。通过"学常规、建班规、赛常规"来规范学生的道德言行，考核班级的道德风尚，并将考核情况及时在全校班级考核栏内进行公布，每周一次小结汇报，每月一次班级评比。每学期的第一个月定为行为习惯规范月。通过抓德育教育，学生形成了良好的道德行为习惯，营造了一个文明、和谐的校园氛围，赢得了良好的社会口碑，得到了上级主管部门的认可，树立了学校的良好形象。

2. 培养优秀少先队干部

在少先队员这个群体中，队干部既和其他队员一样，是接受辅导员教育、指导的对象，又是辅导员的助手，是其他队员的榜样。有意识地引导队员们在竞争中树立民主意识，在工作中注重培养服务意识、自律意识、创新意识，强化自主意识。一批批品学兼优，工作得力的班干部脱颖而出。近几年，学校进行了德育模式的改革，增强德育工作的针对性和实效性，形成了班主任为主舵手，教学为主渠道，班集体建设为主途径，自我教育为主方法，开创了学校德育工作的新局面。德育工作坚持做到德育要求与时俱进，德育内容层次丰富，德育教育形式多样。

3. 开展多项德育教育活动

（1）常规活动制度化

日常规有：学生一日常规检查制度，国旗升降制度等；周常规有：班（队）会活动、流动红旗评比、升国旗及国旗下讲话等；月常规有：一个活动主题、一次板报、班主任例会、班主任工作考评等。工作制度化不仅规范了工作程序，而且提高了工作效率。

（2）主题活动多样化

开展爱国主义教育，革命传统教育，集体主义教育等活动，在活动过程中寓教于其中。每年三月，学校开展"雷锋就在我身边"、"学雷锋系列教育活动"；每年清明节来临之际，为缅怀革命先烈，弘扬爱国主义精神，学校都要组织学生到烈士陵园进行祭扫活动；每年五月，学校都要组织"感恩母亲"征文活动，让学生用自己手中的笔抒发对母亲的爱；每年"六一"学校通过举办"放飞梦想，快乐成长"等大型系列活动，培养学生高尚的道德情操；国庆节前夕举办"祖国在我心中"书法、绘画、摄影、手抄报大赛，进一步加强了学生的传统教育，爱国主义教育和民族责任感，懂得了作为一名少先队员，要为队旗添光彩，要树立远大的理想并为之努力奋斗。

（三）抓校园文化，促办学质量和品位提升

文化建设是学校的软实力，特别是传统文化进校园，为学生的德育教育添加了新的活力。学校文化建设，要在原有的基础上进行创新，要结合学校、学生实际，让学校每一个角落都充盈着清新的德育文化氛围，从而提升学校办学水平和品位，让每一位学生的德育素养和人文素养得到提升。

1. 图书角，学生的好望角

班级图书角是净化学生心灵、陶冶学生情操的好去处。学校在每个教室创设了图书角，书架上摆放着各种既有教育意义又富有趣味性的书籍，具体分为故事类、科学类、历史类等。现在，大部分同学已经养成了在业余时间读好书、好读书的良好习惯，一些原来曾经沉湎于玩手机的同学也大大减少了。

2. 搭建平台，展示特色文化

班级文化展示台是同学们在上面表现学习本领、展示艺术才华的大舞台。[①]
每个班级的文化展示台都有六块版面组成。其中，教室门口，悬挂着有班主任和
全班学生的集体合影，合影旁边有本班的个性口号和班主任的座右铭，成为班级
的一张大名片。接下来，就是六块版面，版面内容有班级设想、班级星榜、学习
园地、才艺展示、书法比赛、摄影比赛等班级文化的缩影。全校各个班级的文化
展示台各有特色，丰富多彩，充分展示了各个班级与众不同的个性。班级文化就
很有创意，展示台上班级星榜的照片下，都附有学生特点的说明，如："形象大
使某同学的说明：我的坐姿、写字的姿势、立正的姿势都是一流的．老师常常夸
我坐有坐相站有站相，播种好行为，收获好习惯"等。

3. 赋新黑板报，老枝又吐新芽

黑板报是各班学生的宣传教育窗口和师生的"四清"（即学生作业堂堂清、
日日清、周周清、月月清）园地。同学们每月都会在上面出一期学校统一规定的
宣传内容，同时，各科老师"和谐互助课堂"的四清表也张贴在黑板报上，上面
写着：谁能清、谁过关、过关表上比一比！以激励同学们在学习上比、学、赶、
帮、超的劲头。

4. 启道德讲堂，弘社会正能量

（1）道德讲堂量化五环节。五环节是指：唱歌曲、看短片、讲故事、诵经典、
送吉祥。在道德讲堂上，我们宣讲社会公德、职业道德、家庭美德和个人品德，
我们用身边人讲身边事，身边人说自己事，身边事教身边人，不断提升师生的道
德素养，构建崇德向善的社会道德氛围。如学校开展了宣传一些老师见义勇为先
进事迹的活动。

（2）道德讲堂彰显正能量。在道德讲堂活动的感召下，许多学生思想道德不
断提升，好人好事不断涌现，纯洁了学校的校风、教风、学风和班风。如今，大
多数同学已经养成了不随地乱扔垃圾的好习惯；还有许多师生拾金不昧，像有些
同学拾到现金和手机等都能及时交还失主。

---

① 窦青．论中国风格钢琴练习曲创作的体系性构建 [J]．音乐研究，2017（6）：81-89.

（四）抓教师技能，聚班级管理一池春水

要做好班主任工作，平时的实践与积累缺一不可，厚积才能薄发。具有了一定的理论基础与管理艺术，当面对班级可能发生的各种情况时，你才能应对自如，处理的方式、方法才有可能恰到好处，才能根植于学生心田，润物细无声。班主任是学生成长的引领者，如何才能使班主任德才兼备、精干高效。那就要通过培训极大地提高班主任的综合素质。在每月班主任例会上，将理论学习、经验交流、工作布置作为会议的主要内容，让班主任在交流中分享经验，获得启示，促进班主任工作效率的整体提高和规范化运行。近年来，学校通过多种形式打造了一支高素质的教师群体。

1. 学校精心制定了班主任技能大赛方案

有组织、有计划、有内容、有实效。班主任技能大赛的程序有以下四个方面：一是六环式主题班会赛课：按照情境导入、启发思维、激发情感、辨析明理、归纳总结、课后延伸六个规定环节制作出课件。二是教育故事叙说：参赛选手以故事的形式讲述本人在德育工作中体会深刻的教育情境。三是即兴问答参赛选手按抽签顺序陈述个人管班风格，评委随机根据学校实际情况提问，选手结合案例内容进行场景模拟，运用教育学、心理学的理论，对情景进行分析，并说出解决问题的办法。四是魅力展示：参赛选手根据自己的特长，进行朗诵、唱歌、绘画等表演。

2. 班主任技能大赛显示了班主任的聪明才智

举办班主任技能大赛。全校一年级至六年级班主任根据意愿参加班主任技能大赛。六环式主题班会课给评委和同学们留下深刻印象；教育叙事中，有老师的管班故事、有老师的管班经历等都打动了评委；情境问答显示了班主任们的机智敏锐；才艺展示中，有老师歌声、有老师的拉丁舞、有老师的配乐诗朗诵，还有老师的当众绘画等引起了一阵阵掌声。大赛大大调动了班主任的积极性，增强了班主任管理班级的责任心和同学们热爱班级的集体荣誉感。

总之，根据学校的实际以及学生发展的需要，建立具有特色的德育管理模式，能够提升学生的德育素养。学校做到了德育教育有新意、有方法、有实效，德育

内容有形、有声、有色，从而营造了学校大德育育人环境和德育体系新的发展。

二、惩罚教育五结合

有人说："没有惩罚的教育是不健全的。"这说明了惩罚教育有一定的必要性。对学生的教育我们可以归纳为情感教育，而缺乏的是一种硬性的教育。也就是说，如果在情感教育无法达到根治学生毛病的时候，应进行适当的惩罚。惩罚教育的本质是法制教育，合理的惩罚能够让人明志、向善，特别是对中小学学生采取必要的惩罚教育能够让其纠正错误，形成良好的行为习惯。而国外学校有了很多的惩罚教育的范例，因此，在现实中对学生进行适度的惩罚有着重要的作用，能够让一些说教不见起色的学生修正不良行为习惯，懂得遵纪守法，并把规范当成一种自律行为，从而促进学生健康成长。同时赏罚分明能够激发学生参与教育活动热情，并积极维护集体的荣誉。惩罚不是目的，其目的是让学生明白他为什么会受罚、知道犯错误的原因，明白这些，惩罚的目的也就达到了。为此，在惩罚教育中，我们要结合学生的实际情况，才有多种手段，进行针对性的教育，让学生的思想和行为回归正规渠道，从而促进学生的健康成长。

（一）与法规、校纪相结合

对学生进行法规校纪教育，能够增强学生法制意识，并用规范指导自己的行为。学生就能够明白哪些行为是违反法律和纪律的，并应该受到相应的惩罚。这样就会让学生在思想上形成了一种违反法律与规定就要受到惩罚的一种意识。这样学生在做事之前就要思考自己的行为是否符合规定，如果违反后会受到什么样的惩罚，进行规范自己的行为。如果学生对哪些不良行为受到什么样的惩罚都不知道、不在乎，就让惩罚教育失去了震慑作用。为此，对学生的惩罚教育要与法规、校级结合起来。首先要让学生学习中小学守则和日常行为规范等，这是最基本的校纪教育，也是每位学生要知道的常识。如果学生的教育只是学习知识，不规范学生的行为，那么学生就不知道是非对错、美丑善恶等，这显然与培养全面发展的人才是背道而驰的。其次就是要在校纪的基础是进行班级公约的制定，或者是班纪班规的制定。班级中要制定对违纪学生实施惩罚的细则，让他们知道自己的行为底线是什么，哪些该做、哪些不该做，并培养他们保护班级规定、维护集体荣誉的思想。最后，就是由学生听有关的法律知识讲座。由学习法制副校长为学生上法律基础知识报告演讲，也可以聘请公检法部门的法律专业人士给学生普及法律知识，从而增强学生的法制意识。这些都是非常必要的，学生在校学习同时也应形成一种规范、规则意识，这样才能够构建一种平等、和谐的环境。因此，惩罚教育与法规校纪相结合，能够让学生在思想和行为上作为接受惩罚的准备，并在一定程度上约束和规范学生的行为。

（二）与学生学习相结合

学生学习是学生在校的主要任务。一般情况，我们都是要求学生能够按时上学、放学、上课认真听课、积极回答问题，课后按要求完成老师布置的作业。但是，在现实中通常我们会发现有的同学完不成作业、不会背课文、单词等。但是，这里面的原因也是多样的，有的是能力问题，有的是学习态度问题。但无论是什么原因，对与学习的基本要求，我们是要求学生完成。如果对基本的学习出现了问题，那么就要采用一定的惩罚措施。但是这些惩罚措施都是与学生的学习息息相关的。通过调查我们发现学生有的是学困生、有的是贪玩造成的。对于这些学生的惩罚教育，我们还是要回归到他们学习，与他们的学习相结合。对于一种同学由于是学习能力出现的问题，不能完成任务，我们可以给他们适当布置一些基础的学习任务，给予辅助。把一些基础知识利用时间进行消化和巩固，当然这是额外的学习任务。比如，安排基础好的同学朗读课文 10 遍，那么学困生要读的更多，因为学困生完成不了作业，上课回答不好问题，我们就要制定符合他的学习任务，罚其多读书就是让其能够提升能力，也是他们能够做好的。第二种同学由于贪玩完不成作业，就要在他原来作业的基础上进行量变的叠加，让他知道故意不完成作业的后果。这样的惩罚正好能够让他们回归的正常的学习之中，因此，对学生惩罚教育，要与其学习结合起来，根据他们的能力适当布置惩罚的任务，以此督促他们完成作业，好好学习，养成良好的学习习惯。惩罚不是目的，惩罚的目的就是让学生热爱学习，认识到学习的重要性，让学生的学业有成。对于学生学习方面出现的问题，我们还是要利用针对学生的方式进行惩罚，以此提升学生的学习能力，培养学生的良好学习习惯。

（三）与劳动教育相结合

劳动是一种美德，如果对学生的惩罚教育与劳动教育结合起来，不仅能够规范学生的行为，同时还能培养学生的劳动意识，让学生认识到劳动的意义和价值。但是现在孩子，劳动意识和劳动能力差，过着饭来张口、衣来伸手的生活，完全没有人认识到劳动的价值和意义。我们书中也强调劳动光荣，破坏别人的劳动成果可耻。但是这些对学生的教育效果不是太好，他们实践的机会太少。因此，可以利用劳动去惩罚学生适用于破坏劳动成果的一些不良行为。比如，有些同学乱丢垃圾，乱涂乱画，破坏公物等，这些行为都是在破坏别人的劳动成果。为此，我们可以利用劳动的机会去惩罚他们，同时对于有一定价值的物品要求监护人进行赔偿。学校的公益活动、班级的卫生、学校卫生区，可以考虑这些学生去做，以此纠正他们的不良行为，培养其劳动意识和集体荣誉感等。还有一些由于不能完成劳动任务的学生要进行劳动惩罚，通过加量锻炼他们的劳动能力。其实利用劳动进行惩罚也是与学校教育一脉相承。很多孩子现在都是独生之女，基本不会做家务，在学校多锻炼一些，也是有益的。对于他们这方面的违纪，我们通过劳动教育修正他们的不良行为，促进劳动意识和劳动能力的培养，让学生得到全面发展。

（四）与传统文化相结合

传统文化有很多优秀的思想，如果可以用在孩子的教育上，那么就能发挥其功效，促进学生在智育和德育的双丰收。惩罚与传统文化相结合，主要是促使学生感知优秀传统文化的精髓，领悟其中的内容，从而修正自己的行为，并付之于行动。比如对于上课捣乱，不服从管教的学生。我们可以结合当前的传统文化进校园活动，让这些学生抄写或背诵这些经典。从先贤的思想中领悟学习的方法、为人处事等，让学生在诵读中感悟，在感悟中行动，在行动中改变。对传统文化的学习，只有通过多读、多背、多实践才能吸收其中的内涵，并付之于行动。利用传统文化惩罚教育学生不是真正地去惩罚学生，而通过领会和感悟圣贤的思想，从而加强学生的德行的修炼，提升学生的德育素养。我们的传统文化中不乏经典，比如惩罚他们背诵《弟子规》，文中阐释了"弟子"在家、在外、待人接物、为人处世、求学等方面应具备的礼仪与规范。学生通过学习从中感悟到在家中、学校中、社会中要守规矩，以此提升学生的德育素养。还可以利用各个年级的经典文化读背，让学生去读，去默写，以此让他们懂得遵守纪律、团结同学，维护集体利益的重要性。纪律是我们组织课堂的保证，是我们开展各种活动的前提，如果让一些学生肆意妄为，不仅影响了班级的其他的学生，老师的威望也会受到影响。因此，我们必须利用惩罚教育让学生修正自己的行为，并认识到自己的错在哪里，如何改正等。而与传统文化教育结合起来，有利于学生对自己的问题的反思与感悟，从而明白自己应该怎样去做，并形成良好的行为习惯，提升自己的德育素养。

（五）与家庭教育相结合

学生良好行为习惯的培养需要良好的家庭教育环境。学生做作业的习惯、劳动习惯以及其他的养成习惯很多时候都是在家里形成的。因此，惩罚教育要与家庭教育联系起来，从而发挥家校合力，促进学生的健康发展。首先，家庭教育中的惩罚要为孩子指明方向，惩罚孩子不能半途而废，应要求受罚的孩子做出具体的改错反应才能停止。家长要态度明确，跟孩子讲清楚他应该怎么做、达到什么要求或标准，否则有什么样的后果。如孩子有乱丢东西、不爱整理的习惯，家长在惩罚时就应该让其自己收拾好东西、整理好玩具，使其明白必须要做好，否则又要受罚。家长千万不能含糊其词甚至让孩子"自己去想"。家长不给"出路"，孩子改错就没有目标，效果就不明显。其次就是要做到及时惩罚。家长一旦发现孩子的行为有错，只要情况许可就应立即予以相应的惩罚。如果当时的情境（如有客人在场或正在公共场所）不允许立即做出反应，事后则应及时地创造条件尽可能使孩子回到与原来相似的情境中去，家长和孩子一起回顾和总结当时的言行，使他意识到当时的错误行为，并明确要求他改正。最后，就是惩罚后的说理。孩子与家长之间存在着教与被教的关系，但教育孩子应当以理服人。惩罚只是手段而不是目的，其目的还是让学生知道为什么要惩罚他，让其明白其中的道理。必要时要及时与孩子说理，否则，孩子在忍受了惩罚之后还会依然如故。家长在罚了孩子以后要通过说理、剖析的方式使孩子明白他为什么会受罚、知道犯错误的原因，讲清楚如果坚持犯下去将有什么后果。因此，让孩子明白自己受罚的原因才是根除错误的关键，说理是惩罚孩子之后不可或缺的一个重要步骤。

总之，合理的惩罚能够促进对学生的教育。无论品德，还是行为方面都能迫使学生有所改进，让学生回到正轨的渠道。但是惩罚不是恶意对学生进行其不能承受的体罚，而是根据其生活与学习情况，性格与特点等方面，进行针对性的教育。但是很多情况下教师是采取"赏识"教育、"激励"教育来解决，没有惩罚性处罚手段。但是惩罚教育本质是法治教育，因此，惩罚教育与其他教育相结合才能促进学生的健康发展。

三、法制教育四策略

社会经济的不断发展，给人们带来丰富物质生活，但人们的精神素养却有待提升。由于人们权利意识的淡薄，公民教育的滞后以及制度的不完善等原因导致人们法制意识淡薄，法律素养不高，从而引发了一系列的问题。特别是现在未成年的犯罪问题，他们不知道什么法律，也不懂得如何运用法律；犯罪的年龄变小，手段残忍，总结起来原因无非是与家庭、学校和社会有关。因此，需要实行依法治教，把教育管理和办学活动纳入法治轨道，提高教育治理体系和治理能力现代化的重要内容，提高青少年综合素质，培养全面发展的人才。通过对学生开展法制教育，增强学生法律意识，让他们形成法律观念，从而提升法律素养。

（一）落实日常行为规范

日常行为规范是指国家规定的对中小学学生日常行为最为基本的要求。规范虽然不是法律，但是根据我国教育法律法规制定而来的，具有规范学生行为的功能。因此，在学校教育中要落实这些日常行为规范，从而让学生增强法制观念。首先，就是让学生学习这些日常行为规范，在开学初以班级为单位，对这些规范进行学习，力求熟记这些内容。然后由学校德育处组织随机抽查学生对这些规范的识记情况，作为班级管理的积分存档。其次，就是对违反规定的学生进行及时教育和处理，学生在学校出现的不良现象，如打架、旷课、上网、早恋等行为，当老师发现后要及时根据情况进行教育，并利用规范进行处理。也就是说教师以规定为纲，能批评的就批评，改惩罚的就惩罚，学校和老师不要害怕担责任。在规定内办事，规范学生的意识，从而预防他们在今后的人生犯罪，促进其健康成长。最后，学期末，每位学生根据自己在校的行为表现，对照规定反思，看看自己在本学期是否按照行为规范去做了，有没有违反规范，若违反了，写出违反了哪些内容，以后该如何改正。通过反思明确规范的内容，增强法制观念。制定学生日常行为规范的指导思想就是让学生从小就树立正确的国家观，集体观，道德观，法制观，人生观，价值观等理念，养成良好的行为习惯，促进身心健康发展。学生的教育关键时期是在青少年时期，查·艾霍尔说过："有什么样的思想，就有什么样的行为；有什么样的行为，就有什么样的习惯；有什么样的习惯，就有什么样的性格；有什么样的性格，就有什么样的命运。"因此，在日常的教育中，无论是学校还是教师，要使用规范去管理学生，规范学生的行为，培养其良好的行为习惯，从而成就学生美好的人生。这正是我们让学生学习日常行为规范，落实日常行为规范的目的。

（二）学习课堂法律知识

对专业的法律知识，我们现行的中小学教材中没有作为一门学科进行教学。我们在教育教学中，只是对学生的行为意识进行培养。特别是思想政治课中，我们根据教材的内容，进行法律知识和观念的渗透，让他们知道一些法律常识。例如，小学思品课中课文《我爱家乡山和水》《家乡的物产多又多》《我家门前新事多》和"让家园更美好"这一单元都很适合渗透《中华人民共和国环境保护法》。"让家园更美好"单元的课文还可以渗透《野生动物保护法》。通过说明道理让学生知道人类生存的条件必须靠环境来保障，保护环境，人人有责；明确人类要跟动物和谐相处，懂得关爱动物就是关爱人类自己，增强学生保护野生动物的意识。中学思想政治课中的"法不可为""勿以恶小而为之"等单元的内容，可以让学生了解和学习法律的基础常识，让他们知道违法的事千万不要做，不要因为一点小利益而去触碰法律，这样的后果是很严重的，通过学习让他们认识到法律不是儿戏，要尊重法律、遵纪守法，不做违法的事。

另外，还要注重学习方法的引导，从而提升学习法律的实效。法律知识由于比较枯燥，是些条条框框的内容，因此，在教学中用生动的语言和案例引导学生思考和掌握。可以通过编排小品让学生表演，通过观看漫画解释含义，通过小组合作，共同探究的方法去掌握各个知识点和内容，让学生乐学、善学、学的有效果。例如，学习《维护消费者权益》时，学生表演小品《倒霉的"上帝"》：在购物时，小华想买一双运动鞋。看到某店"清仓大甩卖"，"阿迪达斯仅售 288 元"的广告，他就走了进去，服务员非常热情地向他推荐了一款鞋。小华试穿后觉得不满意，但服务员说"一旦试穿，必须购买"，小华无奈只好花了 288 元买下了这双鞋。不料，回到学校后，同学小明说这鞋子是假冒伪劣产品，在某小商品市场只要 38 元。小华仔细一看，鞋子做工粗糙，质量很差，牌子也不是"阿迪达斯"，而是"阿帝大狮"。请你帮帮小华：面对这种情况，他可以通过哪些途径加以解决？小品表演后，进行激烈的讨论。他们认为可以向消协投诉，向人民法院诉讼等方式进行。在老师引导下，他们发表了自己的诉讼理由。通过对这些法律知识的学习，从而为他们遵纪守法提供理论依据，进一步明白法律内涵，增强法律意识，形成正确的法律观念。

（三）通过班级文化建设传授法律知识

班级文化建设具有多方面的作用，不仅能够丰富学生知识，拓宽视野，同时也能够向学生渗透法律知识，增强学生的法律意识。在班级文化建设中，我们可以从不同途径对学生进行法律知识传授，让他们要自觉学法、知法、懂法、用法、护法，才能更好地预防犯罪，远离犯罪。首先，制定班级公约，在教育法和行为规范的指导下根据班级的实际情况，指导简洁的班级规范，在争取大多数学生同意的情况，制定班级公约，从而规范学生的行为，养成良好的行为习惯。如，某班的班级公约十条：1. 不打架斗殴，不辱骂他人；2. 不偷窃，不故意损坏公共财物；3. 不乱扔瓜皮果壳纸屑；4. 不无故旷课，夜不归宿；5. 不看、不听色情音像，不读无益身心的书刊；6. 不强行索要他人财物；7. 不参与赌博或变相赌博；8. 不违反交通规则；9. 不做违背社会公德的事情；10、尊重他人劳动成果，遵纪守法，争做文明学生。简短的十句话，规范了学生的行为，让他们遵守法纪法规，自觉抵制不良风气。其次，就是要利用好班级的图书角，老师可以把一些有关法律知识的图书放进图书角供学生阅读，也可以是学生捐赠的一些法律方面的书籍，这样就为学生提供了法律理论支撑。然后，就是开展主题板报的形式，在全国法制宣传日来临之际，在学校的倡议下，办一期有关法律和安全的板报，通过宣传让学生树立防微杜渐的思想意识，不断矫正我们的不良行为，从而有效地预防犯罪。最后，每期给学生布置一次有关宣传法律知识的手抄报，然后进行评比，优秀者张贴展览，学生在制作手抄报的同时，通过收集法律知识，学习法律知识，从而提升自己的法律意识，再通过展览大家可以互相学习和提升，从而让学生形成法律观念，提升、提高法律素质。最后，还可以在班级的文化墙上张贴法律名言警句，比如，法律是人类为了共同利益，由人类智慧遵循人类经验所做出的最后成果。（强森）由于有法律才能保障良好的举止，所以也要有良好的举止才能维护法律。（马基雅弗利）这些名言都是对法律最好诠释，以此来警示学生。

（四）开展校园法制讲座

由于学生处于学习期，对专业法律知识尚不能完全理解。我们在课堂中渗透，还可以开展一些法律知识讲座，从不同途径和方法让学生了解法律知识，应用法律知识。对于依法治校，上级也是十分重视的，每校配备了以最近辖区的派出所副所长担任为学校法律副校长，专门负责依法治校工作，负责学校师生法律知识的普及等。因此，根据学习依法治校工作的需要，应把法制讲座教育常态化作为学生法制教育的途径之一。首先，由学校法律副校长为本校师生每学期开展 1—2 次法律讲座，另外也可以聘请司法工作者等来校做专题法律讲座，我们把学校教师，法律副校长、司法工作者等组成学校的法制教育队伍，从而对学生进行法律常识的普及，增强学生的法律意识，丰富学生的法律知识，切实做到知法守法。其次，讲座的内容要进行分类，根据不同情况选择相应的内容。从为什么要学习法律、学生违法犯罪的原因、学生应当学生哪些法律以及学生如何加强对犯罪的自我防范等。以此四项内容作为进行法律讲座内容的参照，然后进行内容的整理和案例的分析，形成讲座的报告，在对学生进行讲解和汇报。这样讲座的主题明确，内容充实，便于学生理解和掌握，同时也避免了各位法律专家讲座的重复，提升了讲座的效果。最后，要求师生做好听法律讲座的笔记，并写好反思，作为学习的成果进行展示和评价。另外，对于有条件和对有法律兴趣的同学，可以收到电视节目《法律讲堂》，学习法律知识，提升自己的法律素养。开展校园法制讲座，是本着普及法律常识，增强学生法制观念，提升学生法制素养目标去做，培养新时期的四有新人，让学校的依法治校水平再上新的台阶。

　　总之，增强学生法律意识，提升学生法律素养是一项长期而又艰巨的任务。由于青少年犯罪的原因是多方面的，但作为教育工作者应该在教育实践中进行法制教育，根据学生的实际情况，采取不同手段，开展多样的活动，从而培养学生的法律素养；让他们学法、知法、懂法、用法、护法，从而有效预防犯罪，为今后学生的健康成长，社会和谐发展的做出重要的贡献。

四、安全教育的常态化

　　随着社会经济的快速发展，人们的生活方式和出行方式发生很大的变化，各种交通、用水、用电安全屡有发生，尤其是对安全意识淡薄、自我保护能力不强的中小学生伤害更大。事故的发生既有天灾也有人祸，但更多的是人为的疏忽大意。针对这几年来中小学生因交通事故和溺水造成的伤亡呈逐年上升趋势，加强学生安全教育是迫在眉睫的任务，这已引起政府和社会的高度重视。作为教育工作者，我们除了要授业解惑的同时，还要积极在课堂教学中大力渗透安全教育，充分发挥学校内在教育因素，防患于未然。

（一）建立学校安全责任制度

　　"没有制度，不成方圆"，安全问题责任重大，更应该建立完善的制度。就当前中小学安全问题状况，安全责任的意义重大，教育工作者明确了安全的责任，工作目的才能明确，才能提升安全工作的实效。因此必须建立相应的制度，如校长安全责任，班主任安全责任，科任教师安全责任、门卫安全责任等。校长安全责任是负责全校的安全责任，并配备一门专职负责安全工作的副校长来抓；班主任负责自己本班上课时、课间以及举行活动时的安全责任；科任教师负责上课时的安全责任；门卫负责学校进出人员的登记和排查任务，包括暴力事件的预防和监控。教育工作者要在开学初签订安全责任书，在工作中要按自己的签订的安全责任书认真执行，防范安全事故于未然，当发生安全事故时应承担自己的责任，并坦然接受处理与惩罚。当然实行安全责任的目的是预防安全事故，让教育工作者铭记安全的警示，把安全工作放在工作的首位来抓，并坚持长期进行下去，从而做到有效的预防安全事故的发生。

（二）课堂教学融入安全教育

课堂教学是教育的主要渠道，教师授课必须在课堂教学中才能有效进行。课堂教学的内容与课堂教学的环节可以渗透不少的安全教育案例。对安全教育而言，课堂教学有其特殊的意义，为其他渠道所不能替代。我们可以从网上找一些交通事故的图片或视频，利用多媒体教学在课堂讲述一个个因为不遵守交通规则或因溺水而造成的家破人亡的故事，从而震撼学生的心灵；也可以开一次安全主题教育课，让学生学会安全用水，安全用电，遇到突发安全事故时学会应急处理和提高自我保护意识。在作文教学中融入安全教育，不但立题新颖，而且能够起到润物细无声的作用。语文教师可以在评讲作文的立意和材料的使用时，鼓励学生多一点以安全为主的材料，这样，在潜移默化中，学生也会受到这种精神的感染。如，我给学生介绍过一个关于不遵守交通规则导致发生交通事故，身体变成残疾的人的故事，使学生产生共鸣，从而自觉遵守交通规则。科学课中安全教育渗透，科学课要用到实验器材和药品，实验器材有的易碎，划伤学生，应该教给学生正确的使用方法；对于易燃易爆的药品，要让学生做到不尝、不闻、不摸、规范使用，以免安全事故的发生。①

（三）挖掘教材，融入安全教育

教材是学生学习的主要材料，现行教材中都已有安全教育的知识和内容，教师要课前对课标、教材，再结合学生情况进行研究。因此教育要用好现有教材，对学生进行安全教育，以提升学生的安全意识。例如，小学的《品德与社会》这

---

① 李中国等著.科学磨课设计与实践 [M],科学出版社,2017（6）:83-89.

门课程蕴含着许多安全教育的内容，供我们挖掘利用。《品德与社会》是一门具有丰富教学内容和培养学生良好行为习惯的学科，因此教师要重视这门学科，并钻研透教材内容，力求在课堂中生动、形象的进行授课，并坚持"以学生为本"，发挥学生的主体作用，提高学生的学习兴趣，进行趣味性的组织教学。如：可以利用小组竞赛的形式，在小组之间进行社会调查和开展小组交流活动，还可以演小品、讲故事等，更好地调动学习积极性，强化学生的交通安全意识。在幼儿园时老师就教过同学们，"红灯停，绿灯走"的交通规则，教师也可以利用现在电视上报道的对违规行人"零容忍"的新闻开展讨论小组，组织学生讨论自己的一些看法，对一些违反交通规则的不文明现象进行评论，使他们通过汇报交流，在情感、态度和价值观上有所提升。也可以鼓励学生写一篇小论文，发表自己的看法和应对措施，在班内进行作文比赛，对优秀作文进行颁奖。这样学生就学到了有关交通安全知识，延伸了教材内涵，拓宽了学生的知识视野。

（四）课外活动融入安全教育

读万卷书不如行万里路。课余时间学生可以和父母一起到郊外旅游，进行课外活动，适时有机穿插渗透交通安全法规和安全知识，可以收到事半功倍的效果。针对本校有一部分未满12周岁，偷偷骑自行车回校的学生，教师可以利用活动课给学生上一节情趣盎然《交通安全教育——安全骑自行车常识之一》的活动课。在活动课上为学生播放车祸视频光盘，让学生亲眼目睹了不满12周岁的少年儿童在马路上骑自行车发生的车祸，给少年儿童和家庭造成的痛苦和不遵守交通法规骑自行车的危害，让学生深刻检讨，反省自己的行为。在活动课上还可以让学生拆开自行车的零部件，了解自行车结构，并亲自动手检修自行车。还可以把全班同学分为几个小组，让一个人扮演交警在路口指挥交通，一部分人扮演司机，一部分人扮演行人，让他们在各自的车道和人行道中行驶和行走，学生在轻松愉快中受到教育，在实践中对交通安全加深认识。

（五）家庭教育融入安全教育

家庭教育对学生的教育起着关键的作用，学生除了课堂学习外，其余时间均在家庭，因此家庭教育中应注重对学生的安全教育。如一些学生在放学后，瞒着父母偷偷到河边游泳，结果发生溺水事故，整个家庭陷入悲痛之中，老师们也觉得相当惋惜。再如，某个学生，放学后过马路时不注意交通安全，被横过的货车轧死了，这些次事故都足够引起每个人的注意。我们在感到悲痛和惋惜之余，更多的是希望父母也如学校一般重视孩子的安全教育。作为教师，我们可以定时进行家访，告知他们子女最近的动向。对旷课的学生一定要记录下来，并及时告知家长，同时要求家长在假期密切关注子女的安全，加强对子女的安全教育。学校在每周班会课和每天上午、下午的最后一节课，都利用一分钟的时间对学生进行安全教育，并且在放假前也会通过校讯通发信息告知家长注意子女的安全，我们鼓励家长也每天抽出一分钟的时间对子女进行安全教育，让他们明白安全的重要性和监护人的职责。

（六）安全演练保持常态化

对学生的安全教育，不能仅限于安全知识的学习，更要注重实践。也就是要把安全知识进行运用，进行安全的演练，从而做到在可能出现的安全隐患中做到预防，并坦然面对。安全演练要提前做好演练的计划，提前通知、准备好物品，以保证演练的实效。例如，每周一的朝会，我们可以组织一次安全上下楼梯的安全演练，做到分时段、分班级、分楼梯进行上下楼，当听到学校广播，按口令统一行动，有序上下楼梯。进行火灾事故预防的演练，防止呛到浓烟，逃离时用湿毛巾捂住口鼻以及灭火器的使用等，学生都要进行练习等；当地震发生时如何逃离的演练，应采取就近躲避，震后迅速撤离的方法是应急避险的好办法等。通过安全演练，不仅是加强学生的安全意识，其主要是锻炼了学生的安全救助的能力，同时也提升了安全工作的效能。安全演练更重要的是要做到常态化，演练的形式要多样化，每周，每月都要有安全演练的项目和内容，真正让学生安全意识得到提升，安全救助能力得到培养。

（七）安全工作要合理评估

安全教育的评估通常是上级教育行政部门对学生安全工作和个人安全教育的评估，进一步做好学校安全工作，确保了教育系统安全稳定，表彰一批先进单位和先进个人。通常要制定先进单位和先进个人的评选标准。学校评安全先进单位要做到：1. 高度重视学校安全工作，工作安排目标明确、重点突出、**措施具体**，能认真贯彻落实安全管理的各项决策和部署，很好地完成了年度安全目标管理任务；2. 定期研究学校安全工作，积极探索学校安全管理工作的新方法、新思路、新机制，工作措施有力，效果良好。3. 经常检查学校安全工作，及时消除安全隐患，按时上报各类安全工作信息，不出现瞒报、漏报、错报等情况。3. 学校安全管理规章制度健全、应急预案完善、"三防"体系保障到位，处理突发事件、涉稳事件迅速有效，社会负面影响小，得到上级安全部门的肯定或表彰。**教师评选先进个人要做到**：1. 安全意识强，能认真落实学校安全工作任务，安全工作效果突出。2. 工作扎实细致，能及时排查发现、报告和消除安全隐患，防止安全事故发生，或安全事故处置及时妥当，为学校减少损失、降低影响发挥了主要作用。3. 职责范围内，未发生过重大责任事故。同时要限定评选的名额，颁发证以及奖金等。

　　安全不仅关乎个人，而且关乎整个家庭的幸福乃至整个社会的稳定。总之，在教学活动中要持之以恒地渗透安全教育，宣传安全教育，做到防患于未然，起到预防教育的作用。只有家庭和学校肩负起自己的那份责任，**重视安全教育**，才可以为中小学生健康成长支撑起安全的一片蓝天。

第二节　生态文明教育

　　加强节约教育和环境保护教育，开展大气、土地、水、粮食等资源的基本国情教育，帮助学生了解祖国的大好河山和地理地貌，开展节粮节水节电教育活动，推动实行垃圾分类，倡导绿色消费，引导学生树立尊重自然、顺应自然、保护自然的发展理念，养成勤俭节约、低碳环保、自觉劳动的生活习惯，形成健康文明的生活方式。

一、教育学生节约用纸

　　我国资源总量大，但人口众多，这就导致了人均资源匮乏。若不懂得节约资源，会使可以利用的资源减少得更快。我们生活的时代，正面临资源缺乏、环境污染等严重问题。为了人类的生存环境和经济社会的可持续发展，节约和环保已迫在眉睫。建立节约型校园为构建节约型社会提供支撑，校园节约用纸是建立节约型校园的重要组成部分。纸张是用芦苇、麦草和木材等材料构成，主要还是木材。我国是纸张制造和使用大国，这就需要大量的木材。如果大量砍伐木材，会破坏生态环境，人类便无法生存。因此，节约用纸的意义十分重大，对学生进行节约用纸教育是从小时候培养学生的节能环保意识，使学生成为节约型消费者，并养成良好的节能环保行为习惯。

（一）加强对学生节约用纸的教育

节约用纸是建立节约型校园的重要组成部分，对学生进行节约用纸教育是从小时候培养学生的节能环保意识，使学生成为节约型消费者。对学生进行节约用纸教育，首先应让学生明白纸的来源。纸张是用芦苇、麦草和木材等造成的。如果大量砍伐木材，会破坏生态环境，人类便无法生存。这样学生就明白了节约用纸，就是保护人类的生存环境。其次，可以给学生布置节约用纸的环保作文。学生要如何做才能节约用纸，最终达到保护环境的作用呢？学生可以从身边的小事做起。不用一次性的纸杯、饭盒；用完的作业本，用反面做验算或打草稿用；使用窄体卫生纸，减少用纸量；尽量少用面巾纸，人人准备一个手绢；改掉写错作业，撕掉纸张的毛病；利用网络书写作业，并与他人沟通；爱护花草树木，种植树种草等。如果我们人人都去节约用纸，就可以减少纸张的使用量，这样就可以保护树木不被大面积的滥砍，进而保护的环境，为人类创建了适宜生存环境；同时通过作文的书写，引发学生对节约用纸和保护环境的思考、并付诸行动。最后，可以办板报或张贴标语形式宣传节约用纸。通过以上方式，可以向学生宣传节约用纸教育，让学生明白节约用纸的重要性。

（二）推进学校的无纸化办公

随着我国社会经济的高速发展，国家对教育的大力投资，教育装备逐渐配备到学校。"远程教育""班班通"以及教师的个人计算机都在教学中发挥着重要的作用。"远程教育"和"班班通"，方便了师生的教学，同时提升了教学效率；教师的个人计算机为教师课前准备、精心备课提供了便利。教师利用计算机编辑教学设计，节省了大量纸张，推进学校无纸化办公。按平时教师的教学任务去计算，一名教师每学期要用掉三本教案（每本 50 页），另外加上各种记录、计划等，是纸张消费的一个主要项目。若在教师的办公中，使用计算机以网络进行教学设计、记录和计划的书写，可以节省纸张，同时又利于扩充教学的内容。但在教学设计的过程使用无纸办公会遇到一些问题，即有些教师直接从网上复制或复制他人的成果，在一定程度上给教学质量带来影响。这就需要学校加强管理，同时要加强对教师师德师风的教育，保证规范使用教学设备，而不是投机取巧。

（三）教材和教参的循环使用

教材的循环使用，在中小学校已经实施。例如，小学中的科学、信息技术、体、美、音等教材都是循环使用。每三年的循环使用，节约了大量的纸张，同样节约了经费。教材的循环使用为建立节约型的校园奠定了基础，应作为教育的基本方针，长期实施下去。教材的循环使用具有可行性，那么教参的循环使用更具可操作性。毕竟教师是成人，具有更高理性认识，更有利于对于书的保护和管理。建议学校建立教参循环使用的模式，在教材没有变动的情况下，教参可以循环使用。学生循环使用的为三年，教师循环使用应该更长。这样在一定程度上节约了学校的办公经费，同时节约用纸，这也是建立节约型校园的有效途径。

（四）使用多功能纸张和重复使用作业本

多功能纸张是一种多次使用的学生用纸，用配套的笔可以使纸张重复使用，可以达到上万次，并且价格便宜，学生可以购买使用。多功能纸张的使用，节约了纸张和墨汁。学生的作业本写完后可以利用背面进行演算等，这样在一定程度上节约了纸张。对于多功能纸张和重复使用作业本，可以再计算和推理分析的理科作业中使用，也可以书写作文打草稿，用处广泛，这为建立节约型校园起着关键作用。通过让学生使用多功能纸张和合理使用每一张，让学生认识节约用纸的可以选择纸张的类型和使用途径，进而可以做到减少用纸使用量，这样也可以做到保护环境，并使学生养成良好的节约用纸习惯。

（五）纸张的回收再利用

校园是纸张使用较多的场所，废纸来源主要有学生的作业本、学生奶盒、教师办公用纸等。学校应进行垃圾的分类，把以上废纸品集中收集起来，由学校环卫职工回收再卖给垃圾回收站或工厂，所得费用分给各班作为班费。废纸回收可以进行再利用，具体情况为：1.纸张的再生，利用比较广泛。主要用于商品的包装，以及报纸的用纸。2.制作用品。例如，厚纸盒可以放一些日常用品；也可以作为学生科技制作的材料；用纸张制做工艺品等；这些都是对纸张的重复利用，达到了合理利用和节约纸张的作用，并且减少了家庭日常的用量。3.改善土壤土质。废纸不易腐烂，采用碎废纸屑加鸡粪和原土壤拌和来改善牧场的土质。4.以废纸为资源，获得节约和环保的双重功效。

校园节约用纸需要教师和学生的大力合作，并长期坚持下去，为创建节约型校园贡献力量。在建立节约型校园的过程中，需要对学生进行节约用纸的教育，国家对教育的大力投资推进学校无纸化办公，教材和教材的循环使用，使用多功能纸张和重复使用作业本，主张纸张的回收再利用等措施去实施。当今我国社会，资源浪费，环境污染，要想走可持续发展的道路就必须倡导节能环保，用以节约现有能源消耗量，提倡环保型新能源开发，造福社会。合理利用资源和资源的回收再利用是节约资源的必经之路，特别是资源的回收再利用需要科技创新，发挥资源利用的最大价值。

二、低碳与学生的穿衣

随着全球人口不断增长，地球上可利用的资源越来越少，建立节约型社会迫在眉睫。学生时代是受教育的最佳时期，应让学生从小建立"低碳生活"的理念，节约资源和保护环境。教育学生低碳生活就要让学生从身边的小事开始做起，利用学生穿衣教育学生如何"低碳生活"是最有效的途径。利用穿衣教育学生低碳生活，可以从先认识衣物与低碳生活的联系，理解建立节约型社会的意义，掌握衣服回收再利用的方法，让学生逐步学会如何低碳生活。教育学生低碳生活从穿衣做起，可以教育学生少买不必要的衣服，捐献旧衣物，尽量手洗服装，使用无磷洗衣粉等都能减少碳的排放量等，让学生认识到衣服的合理利用能够促进低碳生活。

（一）建立穿衣与低碳生活的联系

穿衣问题是每位学生每天都要经历的过程，但学生对衣服构成材料了解很少，更谈不上与低碳生活的联系。这样可以先从让学生了解衣服的构成材料开始，对于衣服的构成材料有所了解，可以采取的方法有：组织学生到附近的织布厂和服装厂去参观，让学生亲临织布和制衣的现场，了解衣服的构成材料及这些材料的来源；也可以上网查询衣物的构成原料等。学生通过参观和上网了解到衣服的生产需要原材料，构成衣服的材料主要是棉和人工纤维，做成布，再做成成衣，至于辅料方面，就多种多样了，金属、尼龙、塑料、纸等。

然后让学生可以科学课和品德与社会课中学到的人口与资源的关系，去认识现阶段我国的资源与人口矛盾，即总量很大，但人口众多导致人均资源匮乏，从而使学生认识到节约资源的迫切性。由于我国人口众多，就导致穿衣需要大量的原材料，而这些材料并不是取之不完，用之不尽的，甚至有些材料是不可再生资源，用完后直接威胁到的人的生存环境。大量旧衣服的存积是资源的浪费，丢弃会造成垃圾，难以溶解，污染环境。若对更新换代后的衣服进行回收和再利用，这是节约资源和保护环境，正与现在倡导的"低碳生活"相符。生活中对旧衣服的回收再利用是对耗用的能量要尽力减少，从而减低碳，特别是二氧化碳的排放量，从而减少对大气的污染，改善人类生存环境。现在全球气候变暖、极端恶劣天气的出现，都与人类破坏环境有关。因此，低碳生活与我们每个人都息息相关，学生通过穿衣联系到低碳生活，真正认识到节约资源、保护环境是每一个人的责任和义务，同时也使他们坚信旧衣服中有很多值得重新利用的价值，若能开发出来循环使用，便能节约资源，从而保护了人类生存的环境。

（二）理解建立节约型社会的重要性

让学生了解衣服的利用现状，可以做调查报告等统计和分析后再向学生说明。做衣服利用现状调查可以以问卷调查的形式进行，让学生把报告发给家长，然后再收上来交到学校。问卷的内容可以涉及购买衣服的原因，每年购买的数量，旧衣物的处理方法、以及衣物与节能环保的关系等。通过调查报告，学生了解到随着经济的不断发展，生活水平的提升，人们对时尚和奢侈品有了热衷的追求。由于现在衣服品牌和款式逐渐增多，占据了人们的审美观念和时尚理念，以至于在购买时，款式高于穿衣的需要，购买了大量衣服。衣服的更新换代，促使人们不断地购买，广大未成年的学生，除了身体增高的原因外，追求时尚也是无节制购买衣服的主要原因；特别是女性，是衣服消费的主要群体。据调查：一般情况未成年学生衣服的使用周期 0.5—1.5 年；女性购买的衣服是男性的 3—5 倍，衣服的使用周期为 1—3 年；也有女性为了赶时髦，在盲目的买衣服，买了的衣服又不一定穿，然后堆放在家里或者扔掉；也有一部分想把旧衣服捐给灾区或贫困地区，但又没有人组织，不知如何做；有的把还能穿的、质量较好的旧衣服送给亲戚和朋友，但由于生活水平的提升，他们也不愿意接受这些旧衣服；大部分人认为衣服可以回收再利用，但是没有人组织或者没有回收机构，不知道该怎么处理这些旧衣物。由于我国人口众多，人们衣服的需求量庞大，但是衣服的更新换代后造成了资源浪费，甚至衣服都变成了垃圾。通过了解衣服的利用现状，让学生结合自己的穿衣事实反思，让学生能够认识到过度穿衣是资源的浪费，浪费资源是一种不良行为。学生可以少买不必要的衣服，捐献旧衣物，尽量手洗服装，使用无磷洗衣粉等都能减少碳的排放量，真正认识到建立节约型社会的必要性。

（三）掌握低碳生活从穿衣做起的方法

衣服从购买、使用、再利用的方法是学生建立低碳生活观念的关键。若能掌握一定方法，就能提升节能环保的能力。低碳生活从穿衣做起的方法很多，有一部分方法学生可以去实现，不容易实现的方法也可以让学生多了解一下，让学生确信对衣服的合理利用能够减少碳的排放量。学生应树立低碳生活的信心，然后付之行动，付出才有收获，在行动中提升学生节能环保的能力。

首先是如何购买新衣服。爱美之心，人人都有，提倡每人少买一件不必要的衣服，就可以减少 2.5 千克的二氧化碳的排放。棉质衣服比化纤衣服排碳量少，多穿棉质衣服也是低碳生活的一部分。

其次是脏衣服处理的方法，一般情况使用洗衣粉和洗衣机处理，为了减少碳的排放量可以用手洗服装，使用无磷洗衣粉等都能减少碳的排放量，然后将洗衣用的水、涮拖把、冲厕所等。

最后是对旧衣服最好的处理方法，通常是增加旧衣服的使用寿命和旧衣服再利用制成新的产品。对于学生应该具体有：

1. 由专门回收旧衣服服务站回收旧衣服，然后必须经过严格的消毒过程，由相关人员捐赠给希望工程或者直接寄给贫困地区；2. 对质量较好，成色比较新的旧衣服可以考虑送给需要的亲戚和朋友，同时也要接受亲戚朋友赠送给自己的衣服；3. 把旧衣物洗净，然后按着一定的尺寸可以做成购物袋，不仅使旧衣服再次利用同时也能减少塑料购物袋的使用，节约材料；4. 棉质旧衣服可以做成抹布，做法将棉质衣服按需要的大小剪成若干片，如果觉得薄，可将几片缝在一起；5. 还可把旧衣服剪成细条做成拖把等，这些方法都可以让学生尝试去做。通过学习和实践，学生会掌握利用旧衣服制成新物品的方法，开发出更多的、使用的新物品，从而提升了节能环保的能力，低碳生活的理念也在头脑中形成。

总之，新衣服的购买，脏衣服的清洗，旧衣服的处理等都与低碳生活息息相关，处理好便能减少二氧化碳的排放量，并能节约资源和保护环境。由于我国人口众多，更新换代后的衣物，造成了资源浪费，甚至造成了环境污染，这就必须做好旧衣服的回收再利用，这不仅是要认识的问题，更是要落实到实际行动中。对学生进行低碳生活的教育是教育的关键，通过教育学生低碳生活从穿衣做起，让学生形成"建立节约环保型社会"的理念，从身边的小事做起减少二氧化碳的排量，让学生养成节约资源和保护环境的习惯。

第四章　探索教学管理

　　教学管理是指教学实践过程中，不断根据课堂中所遇到的问题在不断调整中改善教学效果的手段。管理技巧可以博采众长，但一定要确定属于自己的教学目标与模式，每个老师对学生的要求是不一样的，导致方法方针不尽相同。教学管理是教师必备的技能，教学管理应根据学习内容、标准、要求，还有学生的特点、能力、水平、兴趣、爱好等，采取的有针对性的管理手段，其目的就是达成教学的目标，实现学生素养的发展。

第一节　课堂管理策略

　　课堂管理策略是教师在课堂教学中经常使用的教学管理手段，其目的就是提升课堂教学实效，让学生获取基本的知识和技能。这其中包含了激励手段，媒体手段，课堂设计、作业评价等方面的策略，促进学生有效的学，但是在这就要求教师掌握这些管理策略，并在实际的课堂中要善于利用。

一、教学管理五步法

　　课堂管理和课堂教学是施教者的两大任务，而且课堂管理是实施教学的前提条件。因此，对课堂管理也是教师经常思考的问题，也是难点问题，值得我们进行思考和研究。教师该如何上好一堂课，该如何让学生在一堂课上都能学到知识、提升能力，如何科学地管理好课堂？教育家杜威先生说过："给孩子一个怎么样的教育，就意味着给孩子一个怎么样的生活。"一般在课堂教学中要求学生遵循一定的课堂规则，教师合理的处理影响教学的因素，从而使课堂教学的顺利开展，实现教学的目的，促进学生的发展。课堂管理的价值是更有效的激励学生更好地参与课堂教学活动和提高教学效率，而不是管理学生的不良行为。而教师对课堂管理趋向于后者，但这种不恰当的课堂管理不仅影响了教师与学生之间的和谐关系，也影响了学生的长远发展，阻碍了课堂上学生问题行为的有效处理。该如何运用科学的手段管理好课堂呢？根据本人从教多年的经验，认为可以从以下几个方面入手。

（一）建立合理的课堂规则

"没有规矩，不成方圆"，当然课堂也应建立课堂的秩序，学生要培养其良好的行为习惯，这样才利于今后的发展。班级事务需要学生的充分参与，当然班级规则也需要提供建议，并由学生自己实施，并实现其自我管理，课堂规则制定主要是为课堂教学服务、为促进学生发展服务，而不是仅仅是加强教师对学生的管理力度，让学生绝对服从老师。这些规则应该由教师和学生共同制定，通过参与制定规则使学生知道究竟自己该如何作为，也知道老师对自己行为的期望。在建立课堂规则中，学生要能学会自我管理，能自我管理的学生，能自觉维护课堂秩序，不会在课堂上干扰他人的学习，不会大声嬉笑、交谈、吵闹等，更不会在做作业时干扰其他同学或做出超出常规的举动。在教师与学生、学生与学生之间的交往中，要表现出良好的师生关系，让学生必须谨记："你希望别人怎样对待你，你就要怎样去对待别人。"教师应充分注意到与学生之间的这些关系需要，应尽力让学生了解一些师生交际中的一些原则，并指导学生彼此关怀、协助并给予支持。教师要能发现并肯定学生所做事情的价值，并尽量给予肯定和表扬。

我常对的学生说："好习惯是一生用不完的财富，坏习惯是今后的隐患。"良好习惯的养成是建立课堂规则的最终目的。教育学生自觉遵守，由被动消极地遵守逐渐转向主动积极地执行，由此养成良好的课堂行为习惯。小学教师一般要遵循一些比较常见、详细的课堂规则，比如出入教室规则：（1）出入教室要按照一定的次序，不可争先恐后。（2）上课时，未经老师许可，不得离开自己的座位。上课规则：（1）听见上课铃声，立即进教室，并做好课前准备。不能在教室里乱跑，不发出多余的声音。（2）上课时专心听课，不做与课堂无关的事，需要操作时，要轻拿轻放东西。（3）要养成发言前先举手的习惯，发言时要表述清楚、完整，别人发言时要注意聆听。（4）离开座位，要随手把椅子放到课桌下（轻放），桌面和学习用书要保持清洁，同时要保持班级的卫生。（5）因事要离开教室时，先起立报告，得到任课教师允许后，才能够可离开教室。（6）上课时不看与课本无关的书籍，不妨碍他人的学习。学习用品要备齐，作业要按时上交。上述规则有助于维持课堂和谐、师生之间的和谐，也有助于课堂在最愉快的环境下达到最佳的学习效果。

（二）构建良好的师生关系

良好的师生关系是开展课堂教学的前提，师生关系和谐健康，学生才会乐于接受教育，才有可能被培养成为社会需要的人才。当然这就需要教师了解、信任、关爱学生，为学生创建良好的学习氛围，学生才会热爱教师；师生之间关系和谐了，两者才会产生感情上的共鸣，从而进入教育教学的最佳境界。

1. 循序渐进地改善教师与学生之间的关系

教师面对学生的捣乱违纪行为要采取恰当的处理方式，多说肯定的话而非批评否定的语言，教师频繁的批评学生会造成学生不喜欢学校，甚至产生厌学情绪。有人会认为批评会改进学生的行为，可事实结果并非如此。在改善师生关系上教师可在以下几个方面多花点心思，去增进师生感情：多花些时间参加学生所喜爱的活动；在新学年初或特殊日子给学生写表扬信或便条；在班级内使用意见箱，鼓励学生拿出各种改善课堂学习环境的主意；定期性召开班会，在会上师生一起讨论对课堂的想法和建议等等。不管采用何种方法，只要我们当老师的能真心地征求学生的建议，接受学生的建议，对学生的建议做出积极的回应，那都是改善师生关系的有效办法。

2. 了解学生的基本需求。如果教师希望更好地激发、管理自己的学生，就必须了解和理解学生的基本需要。现在的学生一般都有被老师和同学接受和认可的需要，最重要的是需要安全感。每一个基本需求对于老师来讲不可能同时满足学生，但作为教师你必须要关注学生这些需求，学生是不能被忽视的。被认可和接受，有安全感的学生会以积极的态度面对生活和学习，他们的潜力得到释放，更有可能取得成功。积极的信念会加强学生"我能做、我能行"的态度。

3. 用正确的态度对待学生

用正确的态度对待学生是师生深入沟通的前提，教师应放下尊师的架子，在人格上去尊重学生，用真诚的心去热爱学生、欣赏学生。唐代诗人白居易说："感人之心者，莫先乎情"，这真实地道出感情是在沟通中建立的。如果教师想与学生之间建立真挚的情感，这就要求在说话的时候要注意一些语言艺术，要避免拒绝性、排斥性的语言，在与学生沟通上要能控制和管理自己的喜、怒、哀、乐的情感。在对学生违纪捣乱方面要多一些有效表扬，少一些无效的批评。批评不是为了出气和压服，而是为了帮助学生认识并改正错误，所以教师在批评中应注意"七不"，即不要厉声训斥、不要变相体罚、不要当众揭丑、不要无凭无据、不要唠唠叨叨、不要言行不一、不要主观臆断。①

4. 多倾听学生的心声

教师要舍得去花时间，并愿意去倾听学生的倾诉。在倾听过程中教师要认真、仔细，同时不要轻易地去打断学生的谈话，要让学生把话说完，把意思表达清楚。要让学生知道你对他们的话感兴趣，一定要让你的面部表情、眼神以及身体的姿势全都在和学生进行适当的感情交流中。在听的过程中还要注意观察学生一系列表情动作反应，要留心非语言的暗示和行为，尽量去领悟隐藏在学生话语背后的感受和意义。

（三）以学生的自主学习为中心

随着新课改的不断深入，培养学生的目标也更加明确，侧重点也由过去以丰富学生知识，解决学习中的问题为主，逐渐转向对学生能力的培养和提升，特别是学生合作探究以展示交流等能力，也就是学生综合素养的培养和提升。

1. 课堂由"讲堂"变"展堂"

在传统的教学理念中都这样认为"课堂是学生学习的主阵地"，在这样的课堂上学生大多时候是学生坐在自己的座位上听站在讲台上教师的"讲课"，这时

①　孙百娥等著.小学教育发展新论[M].九州出版社,2019（3）.41-43.

我们可以强烈的感觉课堂就是教师讲解知识的舞台——教师的"讲堂"。

课改的课堂中，学生站到了讲台，站到了全体师生面前去"展示，交流"，去尽情地展示他们学习的成果、他们对学习内容的观点、疑惑。可以说课堂变成了学生学习的展示的舞台——学生的"展堂"。

2. 学生由"听众"变"主角"

传统的课堂中，教师虽然在课堂中要求学生要用眼睛去观察，用耳朵去听讲，用手中笔记，用大脑去思考，去嘴巴去回答提问。但在实际的操作中学生用得最多的是"耳朵"，他们用耳朵去听教师的讲课，可以说学生此时的角色是教师讲课的"听众"。

课改的课堂中，学生的角色是多种的，时而是听众——倾听同学或老师的展示，时而是主讲——在课堂用多种方式去展示自己的观点，时而是演员——将学习的内容表演给师生。但无论是哪种角色我们都能感觉到学生此时是课堂的"主角"。

3. 方式由"个体"变"团队"

传统课堂中，大部分教师都认为学生是不能随便和周围的同学说话，更不能随便离开自己的座位，这都会被视为是违反纪律。教师要求每个学生必须要坐在固定的座位上安静地听讲，这样才会有良好学习氛围。"不让学生和周围同学说话"的课堂中，学生的学习是以"个体"为单位进行。这样的课堂学生学到的是教师所灌输单一思维、单一方法，难以实现思维的碰撞以实现创新。

现在的课堂中，学生学习从以前的单打独斗到现在的小组合作探究，通过团队的形式实现每个同学的共同学习。学生在团队合作交流中实现了方法的共享、方法的优化、思维的碰撞，得到多元的思维为其实现创新打下基础。

4. 教师由"主讲"变"导演"

传统课堂中，教师是课堂的主角，是主讲。课堂的每个四十分钟内教师几乎有三十五分钟都在讲。而在课改的课堂中，教师的角色发生了很大的改变，教师是整个四十分钟课堂的"导演"，当然这只是教师的角色之一。还是学习活动参与者，学生学习的帮助者，是课堂四十分钟的策划人。

（四）提升教师管理和执行教学的能力

有效的课堂教学，教师需要激发学生的学习积极性，必须在学生想学的基础上开展实施，才会达到事半功倍的效果。教师要采用学生易于接受的方式进行教学，这一方面是教师在教学过程中通过自己的言行、借助一定的教学技巧和策略，使学生易于掌握学习的内容，另一方面，通过与学生之间构建良好的师生关系，通过师生互动与多方面交往，使学生在有效的课堂管理中更加愿意去学习，积极主动学习，从而达到高效的课堂学习。有效课堂管理的关键是教师能否实行有效的课堂管理和执行教学的能力。在这一层面上，需要教师从以下几方面入手。

1. 把握教学目标。这要求教师首先要了解学生学习状况，认真钻研教材，对教材内容进行增补调整和创造性加工。从学生的已有知识水平和学生的个人情感、思维方向和他们的个性心理的实际出发去深思、去把握，从而制定出一个科学有效、有针对性的教学目标。

2. 制定教学教案。在制定教案时教师要抓住教学的关键点，形成一条适合学生的学习主线。明确整个教学过程从哪里切入新的教学点，怎样在课堂中展开教学，再怎样深入教学，最后是让师生达到一个怎样的学习目的，只有这样去制定教学教案才能做到在课堂教学中要点清晰，重点、难点突出，师生才能在和谐的课堂教学中愉悦、有效地完成教学任务。

3. 导入新课的方式。在导入新课方面教师要建立新旧知识之间的联系，可设计提出问题，随着学生逐步解答的深入，把新旧知识衔接起来，从而引入新课知识；也可以在练习和分析实际问题中进行渗透，逐步使新问题明了，准备好接受新知识；还可以在回顾、描述原有知识的基础上，深化知识，从而引入新课。

4. 教师要注重教态。教师的教态能表达出教师所要表达的意志和传递的信息，对于课堂中不同的情况，教师要表达出不同的教态，让教师的教态影响学生的心理活动以及肢体活动。这样就能增强教学效果，调控好课堂教学，发挥教师的主导作用。教学过程其实是师生情感的交流过程，教师的面部表情、目光接触和身体姿态的变化等方面对激发学生的情感都具有重要作用。教师的一个小小的微笑或皱眉、期望或关怀、不满或愤怒、摇头或点头等等，都会传递给学生，并引起学生相应的反应。如果教师能很好地利用教态，就会调动学生在课堂中学习的激情，从而提升课堂教学的实效。

（五）采取有效的课堂教学模式

我们可以通过近几年的课改轨迹总结："实践—问题—讨论—规范"。简单地说就是我们每一位教师在专家的引领下对课改进行实践，在实践中发现问题，特别学生学情的具体问题，然后全校展开讨论寻找解决措施，在专家的指引下，再次修订做出规范。最后才真正产生了符合了学校的课堂模式。

1. 有效展示，有效课堂

在刚刚开始的课改课堂中，很多课堂为了展示而展示，呈现的完美的展示，一团和气的展示、只有掌声的展示，由教师一言堂变成了学生群言堂。没有主体，没有是非判断、没有问题、没有质疑的课堂我们认为是低效的课堂。要想真正地实现有效课堂，就必须要是有效的展示。

我校对有效展示进行界定，有效展示必须是：基于问题的展示、有争论的展示、有质疑的展示、有追问的展示、有评价的展示。有效展示的前提是要在课堂上树立学生的主体地位：让所有学生积极主动参与学习，规律让学生去发现，知识让学生去探究、方法让学生去寻找，问题让学生去解决。这样学生才真正地有了展示的亮点。学生才能展示出自己质疑、提问、分析和解决问题的方法和思路，从而给其他同学以启示，学生在这样的环境中，才能提升自己，才是高效的课堂。

问题就成为课堂展示的核心，所有的展示都要基于问题，展示学生对问题的思考、理解、分析。通过问题展示产生争论、质疑。而每个问题的展示必须要有来自小组、教师的评价。展示问题有两部分组成：一是教师根据本课题的重点、难点所设置的问题；二是学生结构化预习中产生的问题。每个40分钟的课堂每个小组都要对承担展示任务，绝不能用试题代替问题。

2. 多元展示，精彩课堂

课堂展示方式较为单一，是现在课改校所面临的一个课题。所谓多元课堂展示，我校做出这样的界定：多元展示形式、多元展示工具。多元展示形式可以有：讲解、绘图、演讲、辩论、歌曲、情景剧、模拟实验、课本剧、游戏、小品、提问、质疑等多种。多元展示工具有：板书（目前运用较多）展示、板图展示、课件展示、投影展示、实验展示等多种展示工具。多元展示赋予展示新的内涵，在这样的课堂中学生不仅学到了知识，而且展示提高了他们创新能力、交际能力、领导能力、指挥调控能力。这样的课堂不仅是有效的课堂，而且是精彩的课堂。

3. 质疑追问，高效课堂

质疑的课堂、争论的课堂才是真正的高效的课堂。在打造高效课堂方面，我们也采取了很多的方法和技巧。方法一：典型引路。在班级树立质疑典型，并可以在班级内作经验交流，或班级间的经验交流，这一方法目前是可以说是最有效的方法。方法二：营造竞争氛围在小组间开展示竞赛，看一节课哪个组质疑次数多，质量高，并制定相对应的奖罚机制。

4. 教师引导，升华课堂

在课改的课堂中，教师要定位好自己的角色这样才能使课堂真正得到升华。教师在课改的课堂中是倾听者、引导者、评价者。教师的引导可以说是课堂的升华和重点，他让学生明确本节课的重点、难点。帮助学生建立本节课的知识体系。

课堂管理是一门教学艺术，是一切教学活动的基础，有效科学的课堂管理是教学顺利实施的基本保障。课改实施给学生的学习、教师的教学与管理所带来的深刻变革。在课堂教学中教师与学生遵循一定的课堂规则，教师有效地处理课堂上影响教学的诸多因素，使课堂教学顺利进行，实现课堂教学目的，促进学生的发展。

二、运用鼓励机制

随着社会经济的不断发展，同时也带来了教育的均衡问题，大班额教学班的出现导致了教育质量下滑。主要原因是我国财政对教育投资不足，这已经与我们要享受优质的教育相矛盾。因此，提升大班额教学班的教学效率是当今教育的主要任务之一，除了加大教育的投资力度，同时也要激发学生的求知欲望，提升参与教学的度和班级的管理水平。建立激励机制，就是通过激发学生的学习兴趣，挖掘学生的潜能，促进学生自主参与到教学和班级管理，这样能够树立良好的班风，激发学生的参与课堂教学的兴趣，提升课堂教学效率，同时也能保护学生的自尊心，增强学生的自信心。大多数学生为留守儿童，家庭教育跟不上，就要依靠课堂教学，因此，只有搞好教学质量和班级管理，学生才能获取知识，培养学生的技能，促进学生全面发展。鼓励机制是多种多样，如集卡制、积分制、责任制等，都能为提升课堂教学效率和班级管理水平发挥着重要的作用。

（一）集卡制

集卡制是为学生准备激励卡进行奖励。学生在品德、行为、学习、劳动等的每一个方面，只要有进步都可以获得一张激励卡。老师的兜里都装有激励卡，学生在课堂上有一个精彩的回答可以获得一张激励卡，提出一个有价值的问题可以获得一张激励卡，作业完成有进步可以获得一张激励卡，考试名次有所提升也可以获得一张激励卡。激励卡从低到高分为"起航卡""扬帆卡"和"致远卡"。卡的正面有卡名和校名，背面是祝贺、激励学生的一段话。如：祝贺你获得"起航卡"！希望你扬起前进的风帆…… 祝贺你获得"扬帆卡"！希望你能达到更远…… 祝贺你获得"致远卡"！希望你能成为一名文明学生、优秀学生……"起航卡"是基础卡，主要采用班主任授予、课任老师授予、获奖授予、随机授予等。"扬帆卡"比"起航卡"高一个级别，5 张"起航卡"方可换取 1 张"扬帆卡"。授予他们"周文明学生"的称号，并将名单在宣传栏上公布，还要大力宣传他们的竞卡事迹。"致远卡"是此组卡中级别最高的卡，3 张"扬帆卡"才可换取 1 张"致远卡"。获得 3 张"致远卡"的学生就可以成为本学期的"文明学生或三好学生"，在期中考试表彰会或新学期开学典礼上颁发文明学生和三好学生奖状。学校还把获得"致远卡"最多的学生作为县级"文明学生或三好学生"的候选人，向上一级推荐。此项活动的开展体现了对学生激励的全面性、时效性和连续性。

（二）积分制

积分制是根据学生在课堂中的表现情况给学生计分，课堂表现主要有遵守纪律的情况和解决问题的能力。大班额中学生较多，教学的过程中有同学说话、做小动作会影响其他同学学习，甚至影响到教学开展，因此纪律是提升课堂教学效率的保证，若没有良好的纪律，开展好教学便是空谈。解决问题的能力包括回答问题的质量和学习成果评价等，回答问题的质量分为两级，一般和质量较高；学习成果是指课堂活动过程和结果的情况进行计分，也分为一般和优秀。这就要求教师在课堂中要起到监督的作用，用分去管理学生。具体做法：每位学生每期可以给底分 100 分，违反课堂纪律一次扣 1 分，持续一星期纪律良好加 1 分；回答对问题一次加 1 分，质量较高加 2 分，回答错不扣也不加；积极参与小组合作学习加一分，学习成果优秀可加一分，并且计入小组的得分等，然后每星期、每月、每期进行评比，包括小组和个人得分。小组评出最佳课堂表现小组，个人评出三好学生、文明学生，并向学校和上一级部门推荐，以此鼓励学生。这样不仅课堂井然有序，而且激发了学生的学习兴趣和挖掘了学生的潜力，从而提升课堂教学的效率。

（三）责任制

建立鼓励机制中的责任制是指教学与管理中教师和学生都要承担一定任务，以任务为驱动，激发学习的动力，师生共同参与管理班级，提升大班额的教学质量和管理水平。作为教师，应当尽可能多地要求每一个学生，为他们设定一个即是可能达到的但又是较高的目标，正如需要跳起来才能摘到桃子的道理，激发他们奋发向上的动力，努力去追求美好的前景。让学生参与班级工作，也是一种重要的鼓励方式。参与可以激励学生的主人翁精神，使他们自觉地为班级出点子，想办法，积极主动地完成分配的任务。参与激励要求班主任有高度民主的精神，信任学生，认真听取学生的意见和建议，并能放手让他们去干，以此激励使他们前进。

1.教师肩负着以爱和宽容使学生快乐的责任

没有爱就没有教育。爱是教师教育学生的思想基础。爱学生，最难的是爱后进学生。要想做好后进生的转化工作，必须克服教师对后进生感情上的障碍，不厌恶，不嫌弃，不疏远。相反，要满腔热情地帮助他们，要像园林工人对弱苗一样的呵护，给予更多的关心和扶植，才能促其健康成长。孩子，无论乖巧的、调皮的、成绩优异的，还是落后的、积极活泼的，或是默不作声的，你若仔细观察，用心理解，就会发现他们眼中都充满爱的渴望。所以在课堂上、午间、课间，只要有机会，我就会和他们说上一两句话，或开个小玩笑，有时远远地注视着他们，有时微笑着轻轻摸一下他们的头，他们的那种兴奋、得意劲立即溢于言表，因为他们感觉到了老师的爱，知道老师一直关心着他们。恰如人们所说"比天空和大海更宽阔的是人的胸怀"，教师就必须有这样的胸怀，包容孩子所有的错误和过失，而教师的宽容也会在潜移默化中给孩子带来影响。教师行为中的宽容是孩子们学习的最佳榜样，因此，教师要大方地表现他的宽容，特别是对那些屡屡犯错的孩子，更要以宽容的心待之。

2. 教师肩负发现学生优点和潜力的责任

学困生往往虚荣心强，意志薄弱，自控力差，情绪易波动，行为反复无常。要想改变非一日工夫，不能急于求成，恨铁不成钢。遇到后进生不良行为反复出现，班主任一定要有耐心客观分析不良行为反复出现的原因，要及时关注，及时发现，及时诱导。班级中的学困生的问题，开学以后，可以在第一次召开班干部会议时，特地邀请他们参加，共同商讨班级工作。这样出乎意料的举动大大满足了这些孩子的自尊心。会上，他们争先恐后地提出了许多建议，教师不但要接受了他们的合理建议，还根据他们的特长与能力委以重任。因此，这些学生渐渐把精力移到班级工作上，也不再惹是生非了。

3. 建立学生管理班级责任制

激发每位学生的潜能，培养学生的管理能力。想办法让每个学生都有机会为班级做点事，为班级其他的同学服务，肩负着一种责任，同时又能体会到这是一份荣耀。比如在班级中实施"值日班长大循环""班干部轮流制""个人岗位责任制"等等，让每个学生参与班级管理，以任务为驱动，让他们体会到参与的乐趣，时刻意识到自己是集体的一员，为集体做事光荣，这样就提高了学生的集体责任感和荣誉感，从而也形成良好的班风，提升了班级管理的水平；创建班级良好的班风，同时为大班额教学的顺利开展提供了保证；良好的班风就意味着良好的课堂纪律，也是为学生创设良好学习环境作保证；学生听从老师统一指挥，步调一致，积极参与教学活动，这样才有可能提升大班额课堂教学效率。

总之，教学质量的提升除了需要政府的大力投资，同时也需要内因的释放。在当今大班额教学班中，建立鼓励机制能够较深的挖掘每个学生的潜能，激发学生积极参与教学的热情，这样才有可能提升教学的效率；给予学生一定的任务，让学生参加班级管理，能够培养学生的管理能力，让学生在班级中肩负起一定的责任，从而转化成一种热爱班集体动力，进而为树立良好班风奠定了基础；同时教师要用一颗真诚关爱的心去开启不同学生心房的门锁，定能给学生捎去和煦的春风，给班级带来亮丽的风景。

三、利用博客助学

博客就是一种以网络为依托，可以迅速快捷地发布个人思想和言论，发布内容按时间顺序排列，提供丰富的超链接和回复、评论功能，并且不断更新的出版方式。博客成为一种新的文化现象，并且在很多方面都有一定的影响。在教育教学中，也起到了很大的作用。随着"博客""微博""微信""校讯通"等词深入人们的日常生活，很多教师建立自己的博客。博客作为网络学习，上传教育叙事，下载、归类、管理文章的工具，并应用到教育教学工作中。教师上传学习资源、与学生进行思想与学习的交流，教师之间的交流协作、开展教科研活动以及把博客建成一个知识宝库等，因此博客成为教育教学的得力助手，促进了教学的有效开展，促进师生的共同成长。

（一）博客是教学的平台

博客平台具有平等、开发、共享的发布机制。因此，教师可以在博客中上传教学资源，以及学生需要的学习信息。这样有利于学生的学习以及教师之间的合作。教师在教学中及时掌握学生的学情，进行有效施教；并进行扎实网络教研，提升自己的教学、教研水平；并且让学生在撰写和反思中积累经验、丰富知识，提升学习的效率。

1.利用博客辅助课堂教学

教师可以把每一课时的课标要求、教学设计、作业布置都在博客中展示，并及时为学生提供与本课时有关的资源或网站信息，供学生阅读、下载学习等。学生从教师的博客中了解学习的信息，获取了指导自己的学习方法，从而丰富知识、拓宽视野，并把自己的思想和想法在教师的博客中留言，这样课任教师就可以了解学生学习状况、思想动态，并进行及时的回复，并与学生进行沟通，从而掌握了学生的基本学情，为下面的教学提供有效的参考。在课堂教学中，教师可以利用博客展示教学资源，丰富课堂信息，并为学生设置专题训练，在线测试等，为了学生的学习提供了有利条件，也提升了课堂教学的实效。

2.利用博客促进教师合作

博客平台具有平等、开发、共享的发布机制。以前教师之间的交流与协助，主要是通过教研组实地开展教研活动进行的，由于受时间和空间的限制，这种合作模式缺乏实时性和广泛性，阻碍了教研实效的提升。而建立博客群，便能及时了解每位老师的备课和上课情况，老师之间可以分享、交流与协助，这样就提升教师的教学与教研水平。例如，新教师成长网，教师可以在网站中申请自己的博客，这样就形成了一个博客群，而管理员也把全国名师的博客也链接到了网站中，这样教师就可以在网站博客中进行分享、学习、交流、合作、成长。在教研组活动中，可以利用博客进行备课研讨活动，如"我议公开课"栏目，由备课组长公布研讨的时间，由公开课的执教者在博客中公布自己的教学设计、公开课录像以及教后反思等，不仅本校的教师可以参与讨论交流，进行二次备课、深层次的教研，而且外校的同学科教师也能参与其中，这样教师在合作中提升了自己的教研水平，促进了专业发展。

3.利用博客平台丰富学生知识

在以往的网络教学中，网络提供给学生大量的信息，学习过程主要是接收信息的过程，而博客不仅提供了大量的信息，还提供了一个写与录的平台，发布日志是写作和记录的过程。学生在接收外来信息时，会与已有的知识产生冲突或融合。在写下自己的感想或者记录他们所要收集的资料时，他们会调动自己的语言文字组织能力、思维能力和判断能力等，加深对所接收知识的理解和运用，从而实现知识的建构和进行自我反思。

（二）博客是交流的平台

博客最强大的功能之一就是实现实时交流。在教育教学中也可以博客进行博友的交流、与教师的交流、学生交流，以及学生与学生的交流等，通过交流丰富知识、拓宽视野、活跃思想。

1. 博客为自己与博友们提供了交流的平台

大家可以在博客中发表自己最对教育的一些看法，也可以就热点教育话题谈论自己的想法。阅读其他教师的博文，尤其是看到一些优秀博文，真是给自己的心灵一次彻底的洗礼，比如，学思不至、花开的音符、行知、教育的根等，还有窦桂梅、李镇西、魏书生、薛法根等名师的博客，这些博友和名师的博客中的文章都给过我很大的帮助，有时他们给我的博文写的评价，不管是表扬还是鼓励都让自己有足够的信心把写博坚持下去，使自己的专业素养不断提高。博客能让自己和全国各地的很多热爱教育的优秀的同行成为好朋友，大家在相互的激励和欣赏中更加坚定地走在教育之路上，共同感受到教育生活的幸福。

2. 博客为教师和学生提供了交流的渠道

教师可以在博客记录班级中学生平时的表现，有好的也有不好的，还有他们每次的征文作品，手工作品、书画作品等以图片的格式存放在博客里，学生也经常读教师的博文并且留言与教师进行交流。例如，看到表扬自己的学生，第二天会很兴奋地跟我说，老师，看到你写的文章，我很高兴！记得有次我写着："看着他们的手抄报、绘画、儿歌，觉得孩子们真的很不错！加油！你们永远是最棒的！"一个孩子马上写到，老师，是说我们1班吧！因为没有特指的话，孩子们害怕写的是以前毕业生的。我说，当然是，必须的！他发个笑脸说，我们真是太谢谢您了！每次总是鼓励我们，从来不吵我们！看着孩子们稚嫩的语言，觉得作为老师，和他们成为朋友，真是一件特别幸福的事情。博客增进了我们师生间的相互理解，促进了师生关系的和谐发展。有一位教育专家说过："师生关系就是教学质量。"我认为非常有道理。作为现代化媒体手段,博客为我们提供了一个越来越便捷的自由交流渠道。

3. 博客让班级管理更具实效

在博客中,将主题班会所用的图片、相关资料以网志的形式存放,在教室上主题班会课时就可直接打开运用。创设情景,让学生参与到其中,进行讨论和交流。学生可以直接在博客上浏览、阅读、发表评论。还将相关知识以及相关网站地址放在网址上,激励学生班会课后阅读。比如:在开展《优秀传统文化进班级》主题班会中,在网志上开辟了"如何让优秀传统文化走进班级"的主题讨论。学生参加的积极性非常高,有学生还邀请自己的家长一起参加。讨论后,让学生发表"优秀传统文化进班级"的倡议书。

(三)博客是反思的工具

教学反思是教师对自己教学生活的抽身反省与自我观察,是教师专业发展和自我成长的核心因素。相比微博、微信等"浅阅读"的方式,博客在思考教育问题方面更加有深度、有内涵。因此,教师在博客上书写自己的教育故事,记下自己的教学心得,将内容和同行分享,一起对教育教学行为进行诊断,从而不断促进自身的成长。这一过程既为别人提供思考的原材料,也是帮助自己检讨教育教学行为,发展和提高自身的教育教学能力。记得朱永新说过,"一位教师写十年教案,不大可能成为名师,但要坚持写十年教育反思,肯定能成为名师",充分体现出教育反思对于教师专业成长的重要作用。

1. 教育博客,恰恰为教师撰写反思提供了展示平台

练习撰写教育教学文章,还可以培养自己的深度思维能力、书面语言的表达能力、正确表述自我观点的能力、遣词造句的能力、甘于钻研的优秀品质。因此,教师博客是教师成长的舞台。在教育教学中的一些精彩的瞬间记录在的博客中。设置了教育空间、心灵驿站、教育叙事、随心随悟等专栏。通过一段时间的记录,就会发现还减轻了平常的工作中的负担。

2. 撰写博客,提升了教师的教研能力

在写博客的过程中,自己也有了很大的进步,写多了对教育的理解也更透彻,

再加上自己的教学实践，撰写博客也能让自己的文章形成经验型的文章，让写作达到由理论引入、到教育教学的策略研究、再到用教育实践的例证进行分析和验证、最后进行效果的评价等，这就是对教育教学的系统研究，为开展课题研究和撰写科研论文奠定了基础。教师做教科研是靠平时的点滴积累，教师不要总以时间不充足为理由，要随时记录生活中有意义的事情。

（四）博客是知识的仓库

博客也是借用网络的功能，可以把文字、图片、音乐、视频等材料进行储存和共享，这样就形成了一个宝贵的知识库，无论是学习新知识的教学资源，还是复习旧知识的材料以及学生的优秀作品都可以储存到博客中，进行展示和学习，这样就便是名副其实的知识仓库。

1. 博客让我们收藏一些精品文章时更加方便简捷

教师在网上看到的有价值的论文、先进的教育教学思想、专家讲座等网络学习资源，按照栏目归类，并且不占用电脑硬盘。现在互联网上关于教育教学的科学方法真是数不胜数，我们看到好的收藏下来，孩子们和他的家长们有空也可以看看，为孩子的全面进步提供更好的平台！

2. 博客可以成为展示学生作品的平台

孩子们在学校生活，肯定有许许多多可记录的精彩瞬间，或者一些特别有意义的事情，我们帮他们记录下来，等他们毕业后或者长大后看见自己儿童时代的影像资料，肯定也会觉得非常珍贵！比如：学校运动会、班级元旦文艺汇演，每期的黑板报，有意义的手抄报我都会给他们拍摄下来，放在博客上，他们看见自己的东西放在互联网上，都会特别开心，而他们的开心就是我幸福的源泉！

3. 博客可以使我们的许多重要资料归类整理。

教学中可以把我们的电子教案、导学案、教学计划、教学总结、课件、包括我们的继续教育远程学习、孩子的成长记录等内容可以永久保存。回头看自己经历过的点点滴滴，就像看自己的沉甸甸的档案袋一样，感觉特别充实！比如每次公开课的教案设计，讲完课后的教学反思，我们都记录下来！教师就是在不断的反思中不断进步的。

　　总之，将博客应用于教育教学中，会减轻教师的许多负担。把一些原本觉得比较难操作的内容，直接发在博客上，让更多的博友帮自己出主意，想方法。那么教师自己的教育思想和教学方法就会在博友、其他教师、家长、学生们的帮助下更加完善、科学。这样教师教育教学会更加轻松，教学实效就会得到提升，同时教师教学和教研水平就会得到提升，促进了教师的专业成长。

第二节　教学实践经验

　　教学实践经验是课堂教学中获取的体会，我们通过梳理与总结，就能成为今后指导课堂教学的理论依据。作为一线教师要善于从课堂中获取有用的经验，从而不断提升我们的教学技能和管理水平，进而更好的服务课堂。

一、优质课优在五点

　　优质课是与教师紧密相关的话题，无论是校级的优质课竞赛还是上级主管部门组织的优质课大赛，都吸引了众多老师的参与。优质课除了是晋级职称的必备条件，也是教师应具备的专业素养，同时也是有个人魅力的体现。教学设计的理念是优质课的关键，教师知识的储备和教态是优质课的保证；教学内容与教学形式的完美结合是优质课的重要组成部分；多媒体手段的合理使用彰显优质课的时代特征；学生在课堂的精彩生成瞬间是优质课的成果。

（一）优质课优在设计的理念

　　一节优秀的课，除了与教师的课堂的执行力和临场应变能力有关之外，其中最关键一个因素就是设计的理念。一节课你要解决的问题是什么，用什么方法解决，你的课堂亮点是什么？都要经过深思熟虑后，进行合理、科学设计，才能在课堂中实施。因此，教学设计是课堂教学的关键，也是课堂教学前提条件。在教学设计中，要把我们的设计理念融入进去，然后在课堂教学中再展示出来。设计过程包括设计的问题、设计的意图以及各个问题和内容的衔接方法等都要明确并形成书面的设计方案，然后与同组老师进行交流讨论，然后再进行修改，从而制定最终上课的方案。其中，设计意图是最核心的一环，设计意图不仅要上升的理论高度，而且要穿插到教学实践的过程中，把理论与实践结合起来。教师要能做到这一步就能吃透课标、教材，知道了怎样教，为什么这样教，为课堂教学实施提供理论支撑。

（二）优质课优在教师的潜能

课堂教学能实现知识、能力、情感态度价值观的并重，才能体现教师魅力。因此，这就要求教师拥有先进的教学理念，丰富教学方法和驾驭课堂的能力，具备了这些潜能，才有可能成功。课堂需要什么，教师就能设计和执行什么。一堂好课，要上好。首先要准备好，学生学习和掌握的内容，教师要先进行下水实验，教师要熟悉课的编排意图，明白教师要在教学中为学生提供哪些服务，如何才能让学生自主学习，互助学习，达到高校课堂；其次就是教师在课堂中能够表现得游刃有余，有精彩的生成和学生乐学的场面；最后就是有潜能的教师要有亲切的教态。常言说，喜欢老师，才能喜欢老师的课堂，我们对学生有一种亲和力，才能与学生深入交流，了解学生，制定的方法。这样不仅与学生建立平等关系，也能因材施教，在动态的课堂中，把握时机，合理处理问题，让课堂变的高效、和谐。

（三）优质课优在教学的和谐

什么是和谐的教学，无论是"先学后教，当堂训练"，还是"学讲计划"，再到现在的"翻转课堂"，无不体现在一个学"字"，学生学好了，那课堂就和谐了。因此，和谐的教学就是以学生的自主学习为中心，让学生互助学习，教师只做必要的引导、指导、精讲。要做到这些，就要让课堂的内容和教学过程要能吸引学生，激发兴趣；教师要把课堂变成学生的部分生活或者模拟成学生的生活场景，让课堂教学与学生的生活实际有机结合起来；在学生的自主学习和互助学习中培养学生的个性与学生之间合作的学习方式融为一体；教师要做好课堂的组织者，布置学生自学的任务、课堂练习，重点引导和讲解学生辅助学习解决不了的问题，把课堂中的大部分时间交给学生，让学生自主学习，互助学习。教学的和谐，看学生课堂的表现，学生学好了，那么这就是一节成功的课，也是一节优秀的课。

（四）优质课优在手段的更新

随着科技的不断发展，现代教育技术已经融入了课堂教学之中，教师合理使用现代教育技术是必备的素养。那么如何把教育技术与课堂有机结合起来，促进高效课堂，培养学生的素质呢？首先，我们认识到现代教育技术的优越性，其能够扩大课堂容量，形象直观教学，利于合作交流，但毕竟是一种教学的手段，我们要把这些优点与学科融合起来。按照说正常的课堂，上课是要使用多媒体的。那么如何用才是合理、科学的呢？首先，多媒体课件的设计与学生需要有多大联系，是否能够方便教学、是否有利于学生观察与思考。其次，多媒体的呈现的时机是否恰当，是否能串联在教学过程，与和课堂教学融为一体。最后，教师是否将多媒体与传统的教学模式相结合，展示课堂的魅力，激发学生学习的主动性。信息技术手段的合理、恰当的利用能增长学生的知识，活跃学生的思维，提升课堂教学的质量，是优质课不可或缺的一部分。

（五）优质课优在学生的风采

课堂中学生的表现关系到了一节课成败，我们评课要从评教师转向评学生，从学生的表现评价优质课。其主要就是指学生的学习活动，即学生的自主学习是否都得到落实，学生的个性是否都得到张扬，学生情感态度与价值观的发展是否体现。优质课能让学生的脸上满含笑意，让他们享受课堂。优质课让学生眼里盈满泪水，让他们流连于作品而忘返，让学生从文本走向生活。优质课让学生妙语连珠，老师把课堂变成智慧生成的孵化器，给孩子一个平台，孩子还给了老师一个个惊奇。优质课让孩子享受教育的幸福，让孩子展现从成功走向成功的精彩。当我们在课堂中对学生的表现不太清楚的时候，可以在课下询问学生课堂中的表现，了解学生的内心视野，从而发现学生对学习的真实感受，这样就更有利于我们从学生身上探知优质课的魅力。

总之，上好优质课是教师具备专业素养和个人魅力的体现，教师在不断实践和研究中，创造新的教学理念和方法，是自我超越的集中展示。同时也是教师持之以恒的读书，思考，实践，不断优化，提升专业精神与品质的见证。

二、作业批改七要诀

作业是检测学生对课堂知识掌握情况的最基本的途径。不少教师整日批改的作业量大，认为批改作业无非就是批一下对错、写个等级、标个日期等，仅把它当作一种固定的任务来完成，殊不知这样一种就事做事的方法却浪费了给自己教学管理增加筹码的条件。其实，教师改完的作业与学生的心理存在着一定的关联。教师如果对学生翻看作业时的心理关注得不够，也就错失了利用批改作业与学生心理的微妙关系来开展组织教学的机会。对于正处成长期的学生而言，自主学习的积极性正在逐渐培养当中，每一次的作业批改情况对他们学习的自觉性有着潜移默化的影响。根据教育心理学中维果斯基的"最近发展区"理论，不难推断，作业批改得越认真，越契合学生心理特点，越富于特色，那么学生对作业的书写也越具有兴趣，越充满热情，越利于保对改错，这无形中就给教师的常规教学提供了一种促进的力量。久而久之，学生在教师的引导下养成良好的作业习惯，还逐渐增强了自主学习的能力。

（一）作业批改要明确意识、坚持不懈

每一次作业交上来的时候，教师在心里先回顾一下这一次学生作业的内容，通过这次作业学生要达到的训练目标是什么，提醒自己批改时要注意区别对待，不能仅批下对错、写个等级、标个日期；当自己要批改作业时，要先端正一下意识，批改时要认真，争取改出成效、特色，利于学生的身心发展，能够获得家长的认可。另外，能够有效地、富于特色地批改作业是一种优化教学管理的方式，如果将这种方式变为一种习惯，那必是有百利而无一害的。将学生的作业批改好，是教师遵守职业特点的重要体现，是自我学习的一种过程，更是对学生学习负责的表现。因此，批改作业需认真，需仔细，需从学生的心理特点出发，需坚持不懈。

（二）作业批改要赏识教育、精神奖励

学生喜欢表扬与鼓励，荣誉感很强。因此，批改作业要注意顾及学生的年龄特点，当他们作业认真进步了，可以采取的方法是在作业本子上打上相应的等

级，画上鲜红的苹果或草莓，它们的多少，大小，反映了学生作业进步大小。对此，学生非常高兴。常见学生在一起比谁的苹果大，苹果多，小小的红苹果，明显的起促进作用了。即使学生愉快的接受老师对他们的作业的评价，更鞭策他们将下一次作业做得更认真。班里有位学生，写起字来很潦草，错别字很多，特别粗心。嘿，有次我当面批改作业见他个别字写得很好，我对他说："你看，这几个字写得多好。想不想要大苹果？"他有点害羞地说："想。"于是我在那几个字的旁边给他画了苹果，他开心地笑了。从此，他的字一天比一天好了。

再如，对一些作业完成较好的作业本上写上"作业完成得很好，继续保持！""画一个奖励性的图案。"（如小花、小红旗等）或者"贴上一个奖励性的小贴画。""印上激励语言"以此来表扬优生，但也不能责骂后进生，相反，应抓住其闪光点，适时给予鼓励。如"有进步，老师为你加油！""看到你在进步，老师真为你骄傲，继续努力！""进步很大，老师相信你能赶上大家的。"这样学生感到了老师对他的关心和赞赏，学生心中充满了希望，激发了学习的动力。

（三）作业批改要因材施教、因人而异

批改作业最令教师不容小觑的表现则是它始终贯穿于因材施教的教学方法之中。一个班级的学生虽然都处在相同或相似的年龄阶段，但具体到个人，他们的性格特征、心理状况则呈现出各不相同的姿态。不同学生的作业，横向地和其他学生来比较，好差很容易见分晓，而纵向地和自身来比较，则很难发现学生在前后学习阶段的进步与否。如果教师在批改作业中注重因材施教这一元素的注入，按照学生的心理发展特点，适当地引导学生，鼓励学生，那么学生自然喜爱听教师的话，一步一步地把作业做好，这样学生本人在前后学习阶段的情况在作业本上便会有一个直观的体现。这种做法是教师基于学生的个性特点，从细节方面着手，达到激发学生学习兴趣、树立学生学习信心、促进学生全面发展的目标。

每一本作业都是学生劳动的成果，教师首先应尊重学生的劳动。打开学生的作业时，先仔细评改正误，再根据学生的个人特点进行点评，可以对照他们的优点进行赞扬，也可以对照他们的不足进行引导、鼓励，但一定要适合学生本人的心理发展特征，并随着学生个性的发展而变化；切忌在学生作业上批出"重写一

遍""把字写好""别再乱画了"等之类的强制性祈使性词句；就算要给学生的作业评判等级，也应三思而后行。看看每一次的等级是不是应该只按照作业书写的情况来评判。笔者曾遇到过这样一种情况，学生甲的作业书写一直都很工整、规范，虚荣心有些高，每一次老师都给他作业评个"优"的时候，他就十分得意，简直是喜不自胜。鉴于此种情况，笔者就刻意减少了对他的作业进行"优"这一等级的评判，隔段时间再写几句引导评语，久之，他的性格也变得谦虚、低调了，而其作业依然工整如初。区别的对待学生的作业，一方面是要认真地批改，另一方面是要根据他的心理、性格特点进行合理的引导、鼓励，还可以促进学生在综合素质方面的提高，这无疑是一种促进教学管理的有效方法之一。

（四）作业批改要坚持两不、促进发展

1. 不轻易打"满分"

批改学生作业，我总是细心地用红笔在做得好的作业下画上红旗，优秀的多画几面或是写上"认真、进步、好真棒、真能干、了不起、很好"等批语，但是不打满分，我的目的是：在表扬鼓励的同时提醒他们，还须努力。特别是对基础好的学生，我时常叮嘱他们要一丝不苟，提高每一次作业的质量，以免他们停滞不前，有自满情绪。

2. 不打"不合格"等级

我们知道鼓励是学生进步的基石，因为自尊心和自信心受到伤害，往往是学生走下坡路的开始，由此学生会走向厌学。所以，作为孩子们的奠基石，我们看到一份不能打合格等级的作业，先不要生气，用慧眼去发现优点，然后给他指出错误，并告诉他"我会给你这次作业打合格，希望你下次不会让老师失望。"最后耐心开导他，甚至手把手教他，开始挺辛苦的，但看到孩子们的进步，作为老师会感到无比的自豪。

（五）作业批改要形式多样、注重实效

对于学生的作业要及时批改，这是对每一位教师的基本要求。传统的作业批改大多数情况下只是老师批，学生改。批的内容也只是判出对错，结尾加一个阅号（等级和日期）。认为对于作业的批改应使批改方式多样化。只要效果好，批改的方式可以不拘一格。可以个别批改，也可以集体批改。

1. 老师批

如果仍是老师批改作业，就要在内容上要灵活处理。要改变过去单一的对错的批改形式，应该运用多样的形式。例如，对于学生出现的错误用简短的语言提示学生找出错误的原因或批语中直接指出错误的原因，让学生更正。另外在批改作业的末尾要写上几句，可以是激励、期望或交流等等。让作业成为教师交流的有效平台

2. 学生自己改，互相批

批改作业的过程实际也是学习的过程。批改自己的作业是找出自己的不足与缺点，使升华的过程。批改别人的作业是找出别人的长处为我所用。要认识到，适当地让学生批改作业不是加重学生的负担，而合理地指导学生批改作业有利于学生的长远发展，能够增强学生自信心，是激发学生学习兴趣的有效途径。

3. 小组或考核组评价

对于一些需要动手或者是社会实践的作业，可以采取小组或班级考核组评价的方式来批改。由老师领头分成小组或由学生选举组成考核小组，由小组或考核组对每一位学生的作业做出评价，老师再加以指导，形成正确的评价。让学生在互相评价的过程中认识到自己的不足，找出完善的方法，从而促进每个人的发展。

（六）作业批改要加强监督，语言辅之

当面对发下来的作业，学生当时的心理确实十分关注，老师改的一对一错、评语中的一词一句，他们大都会细心地看一遍。教师的点评说到他们心坎中的方面，他们自然会暗下决心，准备改正。可是随着时间的推移，学生的记忆淡化，自觉性跟不上来，出现遗忘也是正常的现象，这就需要教师在教学管理中用语言加以辅助。对学生进行个别教育时不妨提一提他们的作业，有没有按照教师指出的方面进行改正。学生在听到这些语言时，记忆的大门便会突然打开，原来以前出现过这样的问题，也有了改正的明确方向，看样子是该好好地改一改了。

（七）作业批改要家长参与，家校合作

在家长对孩子学习的监督过程中，作业一直是绕不开的一道关卡。家长不仅要看孩子当天的作业的完成情况，还会关注老师对孩子上一次作业批改的情况。批改得到位的，有特色的，家长不仅会称赞教师的认真负责，而且可以把教师在作业批改中出现的亮点拿来作为教育孩子的书面参考；而批改中出现不足的地方，而且又被家长的"法眼"发现了，这难免会遭到家长的唏嘘或不齿。从这种层面上讲，学生的作业犹如一座桥梁，连接着家庭和学校。教师对学生作业批改的情况直接影响着家校关系的细微变化。

总之，要提升批改作业的有效性，就要针对批改作业过程中出现的问题进行了浅层次的剖析，要明确批改作业在教学过程中的重要性，并把新的教学理念渗入到作业批改中，完善批改作业的方法，从而促进学生发展。

第五章 创新课堂模式

创新教学模式主要指利用现有的教学方法和模式不能解决现代出现的问题时就需要进行技巧的改进与创新，进而实现教学开展和效率的提升。在课堂教学中，我们对不利于教学开展的问题，就要动脑思考，根据实际情况，在利用好现有教学资源的同时，进行教学方法和手段的创新，从而形成新的教学技巧和技能，提升教学实效，促进教学的有效开展。

第一节 差异课堂教学

差异课堂教学主要是指学科差异或课堂条件差异所进行的课堂教学。由于我国应试教育的根深蒂固，不是升学考试科目在课堂教学方面存在课堂纪律、课堂深度和课堂效率的问题；还有当前城市化建设而出现的大班额问题，都与标准课堂存在差异。搞好差异课堂，是考验教师智慧的时刻，同时也需要办学部门在班额均衡和学科均衡方面下功夫。

一、薄弱学科教学技巧

课堂纪律是教学顺利开展，提升教学效率的保证。由于应试教育的影响，小学综合学科不是升学考试科目，受不到学生和家长的重视，综合学科课堂纪律差。又随着城镇大班额教学班的出现，综合学科课堂教学更是难以组织，教学效果不佳。但是，由于小学综合学科是培养学生综合素质的重要组成部分，特别是对学生的逻辑思维能力、实践能力和创新能力的培养发挥着重要的作用。发展素质教育是当今教育的需要，培养全面发展的人才，也是现阶段教育的主要任务。管理好小学综合学科课堂要注重技巧，要依据教育规律，学生特点以及教学的实际情况，对学生进行合理的鼓励和引导，让学生养成良好的行为习惯。

（一）教师行为的示范作用

教师在对学生教育中具有示范作用，特别是学生的早期的教育，教师的一言一行直接影响着学生的发展。小学生的模仿能力特别强，老师的行为影响学生的举动，如老师在上课之前来到教室，那么学生也会在上课之前到教室，而不是打完上课铃之后才匆忙向教室跑去，这样就保证了课堂的纪律，是教师行为示范的作用。教师提前到达教室让学生感觉到是马上要上课了，老师为了给我们上课才这样做的，这样学生会对教师有敬仰之心，就自然回到教室准备上课。课后老师应该晚走，这样可以和学生谈心，课上不能交流的，可以课下交流，拉近和学生的关系，和学生成为朋友。若一个教师，下课铃刚响就匆忙离开教师，会让学生感觉到这位教师不够热心，不够敬业，也许学生课后还有问题请教，无论是学习上的问题还是生活上的问题，只要学生提出来，教师都应给予学生指导和帮助，我们应给学生交流机会，这样才不愧教书育人，为人师表。教师的早入教室和晚出教室的行为，使学生体会到老师是真心教育自己和关心自己，然后会对老师尊重；尊重老师，也会尊重老师的课堂。

（二）教学从学生的兴趣入手

学生的兴趣能使学生进行持久、深入地学习。教师要根据学生已有的知识和经验、年龄特征以及教材和教参的要求，按着实际情况，以学生的兴趣着手设计和实施教学。让学生的注意力投入到教学活动中，进行扎实、有效地学习。学生把热情投入到学习当中，自然无心去搞其他的事情，课堂纪律自然会变好，这样就会提升课堂教学效率。小学综合学科包括思品、科学、健康等学科，其实这些学科都有学生感兴趣的内容，只要教师注重教学方法的多样，设计新颖的教学内容，进行合理的引导和指导，那么学生就会喜欢上这些课。如思品课，教学内容不能脱离社会和生活，更不能照本宣科，应丰富教学内容，拓展教学资源，把现代社会气息引进来，凝聚学生的注意力，感觉新鲜，同时老师要结合课堂，结合学校实际进行教学。科学课，可以让学做实验，动手操作实验仪器和制作教具，把课堂交给学生，在动手中学习知识。健康课，教学内容涉及生活习惯、合理饮食、锻炼身体等，这些内容可从学生的实际生活入手，让学生把实践中的经验带到班里交流，然后再用健康的要求和标准去规范学生的行为和习惯，深化已有知识和经验。①

（三）利用鼓励调动学生

鼓励是最好的激励学生的方法，激励学生内在的动力，引导学生向正确的方向发展。被鼓励学生会对老师格外的尊重，调皮的学生不再调皮，这样课堂就会是一个适宜的学习环境。一般情况下，上课违反纪律的学生，要给予改过的机会。但是由于课堂上老师没有太多时间去教育违纪的学生，大部分老师对多次违反纪律的学生会采取即点名警告、在原位站立、在讲台前站立、课后综合学科教师教育，交给班主任教育，请家长等。虽然这种方法是有效的，但不是最好的方法，我们要因材施教，对学生的教育要采取的鼓励和引导，而不是体罚或变相体罚。对于违纪的学生可以给予改过的机会，在课堂中可以采取违反纪律的学生由任课教师点名，由小组长把名字记录下来，累计三次以上要去老师办公室进行思想教育。到老师办公室，显然有的同学不愿意，在没有超过三次之前可以让回答问题抵消违纪次数，回答对一次就可以抵消违纪一次，当然老师也应多提问这些违纪的学生，让他们把精力投入的学习当中，长期下来学生会养成爱思考的习惯，班级纪律自然会变好。用鼓励和引导的方式转变违纪的学生，符合教育要求和学生发展的规律。

（四）引用纪律口令自律

综合学科课堂乱，甚至有多人次捣乱纪律的现象，让很多综合学科教师为此伤透了脑筋。对于纪律性不强的班级，确实难以管理，可又不能用体罚方式管理。往往这些现象会出现小学中低年级，由于学生年龄小，长辈溺爱，导致了一部分的学生到了学校以后也不好管教。遇到这种情况，教师可以根据实际情况采

---

① 李中国等著. 科学磨课设计与实践 [M],科学出版社 ,2017（6）:78-81.

取有效的措施，采取编写纪律口令，教师起头，学生朗诵，纪律效果明显好转。学生从自己口中说出来的话，自然会意识到下一步该怎样，用意志控制行为，这样学生就可以进行自律，学生在课堂中的违纪行为得到规范。若不然，大范围的纪律乱，就只能停止教学或体罚学生，这样的做法显然是不符合教育发展的规律。学生引用口令能搞好课堂纪律，改进学生的不当行为。如，某小学一位综合学科教师编的纪律口令来约束低年级的学生，"一、二、三请坐端，四、五、六手背后，七、八、九闭上口。"这些纪律口令简单，容易识记，同时学生的课堂纪律规范贯穿其中。纪律乱时，教师喊数字，全班同学跟着背诵纪律口令，学生的声音统一后，纪律条令深入学生的脑海中，这样就规范了学生的行为习惯。

（五）赋予重任转变思想

赋予任务激发个人能动性，适合对学生的教育。特别是一些纪律差、不听管教的同学，应该给予一定的任务，让其行动起来为班级服务，让其感受到是班级中一员的重要性，为班级服务光荣。让捣乱纪律的同学为班级工作服务，让学生会把捣乱纪律的精力转化到为班级服务的热情，教师的工作轻松了，班级纪律也搞好了。对于这些纪律差，不听管教的同学，综合学科教师可以任命其为本学科的课代表，为本班收发作业和书本，监督本班的课堂纪律等。让这样的同学认识到课代表的标准是本科学习好、遵守纪律，乐于为大家服务的，而老师却选择了自己，是对自己的信任。这样学生感动后，自己的行为就会向好的方向发展，思想也会积极向上，长期下去会养成良好的学习习惯。对于赋予任务，可以轮流让违纪的同学去担当，等到做得很好，让学生从思想上把自己不当的行为进行转变。除了让这些学生担任课代表之外，也可以让他们筹备本学科所开展的各项活动，发挥其特长，搞好班级工作。

总之，搞好薄弱学科课堂管理是一项长期、复杂的任务，要根据教学实际情况和学生的动态及时调整教育的策略。对于不同的学生，不同的班级，针对他们不同的情况采取不同形式和手段，让学生真正认识到个人的行为影响着班集体的荣誉，从而形成尊重老师，热爱班集体的高尚品质。

二、大班额班教学技巧

随着社会的经济的不断发展，农村人口向城镇聚集，而城镇学校发展滞后，导致城镇学校班额过大，让教学质量受到影响。针对以上情况，除了实施分片入学外，还应在教学管理和实施教学方面进行调整，从而提升教学管理的水平，实现关注每一位学生，使学生得到充分的发展。

（一）抓班级纪律

纪律是学习的保证，没有良好的班级纪律就无法开展教学和提升教学质量。创设良好的学习环境需要班级中各位同学的积极配合，遵守学校和班级的规章制度，聆听各位课任教师的循循善诱的教导，还需要班干部做好老师的助手。具体可以这样做：在班主任的指导下，认真学习《小学生守则》和《中小学生日常行为规范》，以提升集体荣誉感，规范自己的行为；结合学校和班级的实际情况制定班级公约，进一步明确自己在班级中的义务和责任；确立健全的班干部队伍，班长全面负责，在为同学服务中提高自己的管理水平，让班干部真正成为老师的助手；班主任要配合本班任课教师教育违纪学生，各科教师互相配合共同管理班级，以提升班级管理的实效。应尝试让违纪学生参与管理班级进行转化，让其感受到集体责任感，明白自己的行为关系到班级的荣誉，以此反省自己，提升集体意识，养成遵守纪律的习惯。

（二）按层次排位

基于班级人数过多情况，排位也要注重一定的技巧。一个学生的成绩好坏还与座位有关。排位的重要原因就是同学之间的互相影响，由于小学生年龄小，认识和分析问题的能力不强，很容易受身边环境的影响，因此什么样的学生坐什么位置是非常关键的，我们根据学生品质的好坏、学习基础、兴趣爱好等给学生排位，尽量把学困生与学习好的放在一起，兴趣爱好相同的放在一起、品德好的与差的放在一起，在排位的时候兼顾这些，让学生去带动学生，形成一帮一。学习能力不同的学生在一起，以便于开展合作探讨与互助学习活动。无论是课堂上还是在课下都能用好生带动差生，以此弥补学生不足，老师无法顾及每位学生的不足，这样差生的成绩能提升，而好生的知识更加牢固，教师的精力就可以放在精心备课、课堂教学、批改作业上，而不是课堂管纪律、课后再辅导和教育，这样就把老师从繁忙的工作中解放出来，从而提升了课堂教学的效率。

（三）设 VIP 小组

消费场所为了刺激消费，会给一些常客或特殊身份的客户办理 VIP 卡，有卡就算是其 VIP 会员，持卡消费有打折优惠。在网络中，注册办理晋升为某网站的 VIP 会员，也有下载等某方面的优惠。学生也明白其中的含义，也想在消费中得到优惠，而这正好在教学中也可以使用。虽然老师不能给学生什么优惠，但这是一种鼓励，也是学生喜欢的名号，因此激励学生遵守纪律、认真学习、团结协作等。当该小组获取 VIP 小组后，优惠就是有些作业可以不做（自己认为会的），但是要想被老师授予 VIP 小组是有要求的。小组分组以该科的好中差，按 6—8 名学生为一组。评价的标准是该小组成员课堂违纪情况，回答问题数量和质量，单元考试成绩和差生成绩进步情况，参加课外活动数量等方面进行计分，每月评价一次，最高分的小组可以获取 VIP 小组称号。VIP 小组的成员可以在下一个月内，该科布置的作业认为会做的可以不做。同学之间喜欢竞争，更兼血气方刚求胜心切，哪怕是教师一句不经意的口头表扬，对他们来讲也许是弥足珍贵的，他们也会从中体会到自己努力后被赏识与肯定欣喜。若能将这种赏识与肯定逐步跟进并假以时日予以巩固，学生会更加自信，且努力加倍，并形成良性循环。"VIP 小组"其实就是一种赏识，一种激励，一种精神，更是一份责任一份良苦用心！

（三）用电教手段

随着现代教育技术与学科之间的整合，优化了课堂教学。特别是我们教学中用电子白板，利用电子白板能够丰富教学内容，提升学生的学习兴趣；同还有利于学生的互动交流，从而提升了课堂教学效率。使用电子白板，老师可以把事先准备好的课件、视屏在课堂上使用，以丰富教学内容，拓展学生的视野；电子白板可以对教学内容做标记，这样可以引起学生的注意，加深记忆；利用电子白板中绘图工具绘图非常方便，数学课中的图行和美术绘图教学都能使用；电子白板中的放大镜、探照灯能把图片放大、照亮，便于学生观察和理解；回放功能，能够辅助学习复习旧知，加深印象。特别是对大班额教学时，充分利用电教手段，丰富课堂内容，直观形象教学，能够提升教学效率。

提升大班额教学效率是一项复杂的任务，在班级管理和教学实施并进的情况下，才能提升教学的效率。班级管理考虑学生的年龄特征，进行纪律教育和养成教育，以确保教学顺利的实施；而在教学的实施中应根据实际情况，采取多种形式，使同位、小组之间的合作学习、互帮互助、提醒督促已蔚然成风，帮助提高、当堂达标，从而提升了教学管理的效率，促进了学生的全面发展。

第二节　素质教育课堂

素质教育是指一种以提高受教育者诸方面素质为目标的教育模式。它重视人的思想道德素质、能力培养、个性发展、身体健康和心理健康教育。素质教育不进行是学生知识的丰富，而是一种着眼于发展、着力于打基础的教育，其根本任务是为每一个学生今后的发展和成长奠定坚实而稳固的基础。素质教育课题的内涵十分丰富，包括思想品德素质、科学文化素质、身体心理素质、劳动技能素质、审美素质等。

一、健康教育融入课堂

心理健康教育是提高学生心理素质的教育，是实施素质教育的重要内容。其具体是指开展心理健康教育有利于促进学生身心健康，有利于学生形成健全的人格，有利于提高学生适应能力；同时开展心理健康教育，有利于实现教育目标，有利于减轻学习负担，有利于实施创新教育。由此，我们可知学校开展心理健康的重要性，为适应新的教育形势，促进心理健康教育工作的有效开展，学校确立"以人为本、教育引导、学科浸透、个别咨询、家庭参与"的心理健康教育总体思路，为提升学生的心理素质和促进学生的全面发展进行了探索。

（一）高度重视 创设环境

良好的心理素质是人的素质中重要的组成部分。在学校中开展心理健康教育，其最终目的是让学生具有良好的心理素质，促进学生健康成长，同时也是素质教育的要求。随着社会的不断发展，教育改革的不断推进，但是也伴随着一系列的问题，包括学生心理健康疾病以及心理健康问题引发的社会问题等。这就要求广大教育工作者以及教师要高度重视学生的心理健康教育，在上级的统一设计和部署下，加强心理健康教育，并建立心理咨询室等。把心理健康教育作为学校工作的一个重要组成部分，通过开展多种形式的心理健康教育，增强学生的心理保健意识，逐步实现"提高心理素质，促进主动发展"的心理教育目标，让学生形成稳定的情绪、健全的人格、良好的人际交往和社会适应能力。为此，学校成立了"心理健康教育领导小组"，校长任组长，德育主任任副组长，各位班主任任组员，并规定划分了相应的职责；学校建立心理咨询室和放松室，对相关教师进行专业心理健康知识培训；设置学校"知心姐姐"心理信箱，开设学生说"悄悄话"的渠道。

学校内部心理环境建设是实施心理健康教育的基础，学校和班级的环境对学生心理健康有一种潜移默化的影响。因此，学校对环境进行了优化，修建了学校道路以及运动场地；栽种各种树木和各种花草；教学楼走廊挂上了具有启发引导作用的名人名言和具有心理暗示作用的图画。学校主环境，以崭新面貌出现，良好的学习生活环境，会让学生感到学校的温暖，会有幸福感、安全感，从而为学校心理健康教育奠定了基础。

（二）加强培训 提升师资

提高教育的质量首先必须提高教师的素养。学校首先应重视教师自身的心理健康，要求教师要有极强的自我调节情绪的能力，用科学知识调整自己心态，使自己始终处于积极乐观、平和稳定、健康的状态，以旺盛的经历、丰富的情感、健康的情绪投入教育教学工作中去。同时要求教师掌握一定的心理健康教育的理论知识，理论联系实际开展工作。

1. 集中培训，提高素质。学校聘请心理咨询师先后进行了《做一个心理健康的人》《如何认识学校的心理咨询室》等讲座，负责本校健康教育的教师面向全体教师做了《小学儿童感觉和知觉的发展》《儿童情感的发展》等专题的集中培训辅导，全体教师普遍掌握了一定的心理教育理论，增强了做好心理健康教育的责任意识和工作的主动意识。

2. 加强自身的理论学习。以《情感教学心理学》这一本书为基点，发动、鼓励教师学习，并做一定数量的摘记，以及写一些学习心得等，以提高自身的理论水平。学校购买了《小学生心理健康训练》《儿童心理治疗》《小学生心理健康教育》等书籍提供给教师自学。同时鼓励教师提高自身的业务素质，参加国家心理咨询师资格证考试和认证等。

3. 通过"班主任例会"，组织教师们定期学习教育心理学的有关知识。如心理辅导的基本原则和目标等，把相关材料发到教师手中，进行研讨和学习，并要求教师在平时工作时进行运用。强调在教育过程中，从"情"字入手，注重和学生的交流，特别是问题进行个别辅导，反思和总结心理教育的经验，从而提升教师进行心理健康教育的能力，从而完善学生的人格。

4. 指导教师进行学科渗透。要求教师备课时，要把心理健康教育的内容融入学科教学中。在教学过程中注重学生的特点、因材施教，把心理健康教育与学科教学有机结合起来，从而有效培养和发展学生良好的心理品质。在教学中，要求教师做到"三个一"，即：给学生一个微笑；一声鼓励；一句深切的问候。通过多学科渗透对学生进行心理健康教育，从而达到提升学生心理素质的目的。

（三）利用两室 排忧解难

为了更好地开展心理健康教育和向学生提供心理咨询，学校组建了心理咨询室和师生放松室。心理咨询室的主要工作是根据小学生的心理特点，有针对性地讲授心理健康知识，开展辅导与咨询活动，帮助学生树立心理健康意识，优化心理品质，预防和缓解心理问题。心理咨询室同时指导和管理学校心育工作，保证了学校全面心育的有效落实。师生放松室是师生调节自我、缓解压力的空间，辅助心理咨询室的工作。

1. 利用心理咨询室开展日常心理健康教育工作

心理咨询室一成立，就明确自己职责并制订了咨询人员工作制度。为确保心理咨询工作科学、规范、有效，心理咨询中心还制订了心理咨询员工作守则。心理咨询室主要做以下工作：

（1）做好心理咨询工作。提供两个方面的心理咨询服务，即：学习咨询和生活咨询。学习咨询：接受学生有关学习问题的咨询，指导学生解决学习中的困难和问题，养成良好的学生习惯；并针对有特殊困难的学生进行咨询指导。生活咨询：接受学生有关生活和心理问题的咨询，指导学生解决在生活中困难和问题；帮助学生了解自己的性格，人格特征，完善自我意识，培养自信心，增进心理健康为主；并学会适应学校、家庭和社会生活，培养社交能力。在日常心理咨询中，主要是以面谈的方式进行，同时学生也可以通过书信或直接交流等方式与心理老师联系。

（2）实施心理危机干预。若发现学生发作心理危机时，在第一时间安排紧急干预，尽力使危机缓解和消除。据不完全统计，在心理咨询室进行个案咨询500多人，发现有特殊心理问题的学生3人，我们及时进行了转介。

（3）建立心理健康档案。心理档案设计一共七页组成：第一页封面上有学生班级、姓名、编号，里面前两页是学生个人分析，后三页分别是学生在低、中、高年级的最优秀表现并附当时照片一张，同时用一种植物或动物代表当时的自己；最后一页是成长快乐曲线图，代表着从1岁到12岁的快乐程度，用曲线的形式表现出来。通过这样的心理档案不仅了解到学生的家庭、个人基础材料之个，同时了解学生的烦恼与困惑，而且在档案中也体现了学生快乐心理成长的过程，为对以后学生的心理训练和个案辅导作为铺垫。

（4）对学生进行心理训练。对学生进行针对性心理训练，锻炼学生的情绪控制能力，增强心理压力的承受能力。如：个性心理训练，《做个快乐孩子》目的是引导孩子认识不良情绪对自己生活、学习所带来的危害，引导孩子寻找缓解和消除不良情绪的几种方法，帮助孩子增强对自己情绪的调控能力，做自己的主人。现在已经面向全体进行三次心理活动训练，对个别有问题的学生做个别相关心理测量并对结果进行反馈。

（5）开设心理健康讲座。根据心理健康教育的需要，不定期对学生开设心理健康讲座。如《学习什么是挫折教育，面对挫折如何正确对待》《认识常见心理问题并如何克服》《如何克服心理障碍，学会建立和发展良好的人际关系》等健康教育讲座，其主要目的是让学生解了一些的心理常识，培养自信、自省、自控、自我调节能力，实现优化心理品质的目的。

2. 利用师生放松室为师生生活和学习减压

为了给师生提供一处调节自我、缓解压力的空间，更好配合心理咨询室工作的开展，学校新建立了师生放松室。这是一个十几平方米的小房间，悬挂了一个大沙袋，旁边放有拳击手套。角落里还堆满了毛绒玩具、泡沫块和充气塑料锤等。师生们可以在心理老师的指导下进行宣泄压抑，释放心情，还可以在放松室里和心理老师进行情境表演，在表演中及时发现问题及时解决，同时还可以在放松室进行放松疗法的训练，之后再进行适当的心理辅导，帮助师生学会面对压力和平衡心理的方法，使心理咨询工作取得事半功倍的好效果。

（四）开展活动 共同教育

小学生的思维模式主要是以具体的，形象的思维为主，课堂中说教效果不是太好，因此开展丰富多彩活动是很有必要的，同时也可以让学生在课堂中学到的心理健康知识得到运用，从而提升学生的心理素质。活动的开展不要仅仅局限于校内，还要进行校外活动，让学校、家庭、社会齐抓共管学生的心理健康教育，让学生在活动中快乐地成长。

（1）开展丰富多彩的活动寓教于乐。校园的生活的是多样的，特别是举行的各种活动，让学生参与其中，展示学生的能力，增强学生自信心。为此学校创办了"星星"校园广播站，活跃校园，并伴有心理幽默、心理趣味等话题，丰富多彩，深受学生欢迎；学校设立了"点播信箱"；每年学校都开展拔河比赛、跳绳比赛等体育竞技；小百花艺术节、校园集体舞比赛、演讲比赛等活动陶冶学生的情操；各班不定期出"心理健康手抄报"，使同学在参与的过程中，丰富心理健康知识，达到了自育的目的。让学生在活动中开阔视野，增长知识，使学生对学校生活不再感到枯燥、乏味，对学习充满了兴趣，从而促进心理的健康成长和发展。

（2）学校、家庭、社会要齐抓共管。心理素质的培养通过学校的整体机制实施，不能只凭借某一项的活动和学习来完成。学校除了通过学科教学有机渗透心理素质教育以外，还要课外、校外机会，开展一些有利于培养学生心理素质的活动。如"学雷锋，献爱心"、"知识竞赛"、"辩论会"、"诗歌朗诵"、社会调查、社区服务、生产劳动、军政训练以及勤工俭学等社会实践活动，让他们在课外活动和社会实践中理论联系实践，培养竞争意识，吃苦耐劳意识，让学生在社会中得到锻炼，从而提高社交能力，从而认识社会、了解国情，增强责任意识；同时在各种交往中保持一种融洽，正常的心境，促使他们个性的健康发展。

总之，心理健康教育是一项新兴的、系统而复杂的工程，需要我们在工作中不断反思总结成功与失败，不断完善，找出一条适合学生年龄心理特征的路径和方法，不断探索，找出这项工作的规律以指导今后的工作，使学校心理健康教育工作更有指向性、时效性，在学校教育工作中真正发挥作用。心理健康教育工作也是长期的、潜移默化的过程。我们将发挥"凝聚诞生希望，团结产生力量"的精神，共同努力，使心理健康教育工作成为师生沟通的桥梁，为学生心灵撑起一片蓝色的天空。

二、安全教育融入课堂

学生安全，牵动万家。而当今生活环境的不断变化，社会诸多的不确定因素，家庭的过多保护，使许多学生面对具体问题时显得束手无策。无论是学校、家庭或社会等，都不可能给任何孩子安全一生的承诺和保护，只有学生自身具备了安全意识和能力，才能为安全提供保证。因此，学校的安全教育的重心是培养学生的安全意识，形成自救自护能力。作为教育者应该采取多种有效手段，认真做好学校的安全教育和防范工作，将工作做深、做细，为学生创设良好环境，使学生安全、健康、快乐地成长。

（一）利用校集和班会进行安全教育增强学生安全意识

校集和班会是对学生安全教育的主要形式，也是行之有效的手段。校集和班会每星期都要举行，学校利用大环境进行安全教育，班级利用小集体。随着安全问题日益突出，安全工作已经成为学校教学工作的首要任务，每周周一学校应举行校集，除了总结和安排日常工作；另外，要安排或强调安全工作，以达到提醒师生时刻注意安全，处处注意安全。校集进行安全教育时，可以由校长或副校长（分管安全的工作）分析当前安全教育的形式，根据实际情况制定安全措施，对学生进行安全教育和管理。

学校应根据上级安全教育的有关精神，应部署班主任和课任教师将安全教育渗透每一堂课当中，特别是在班会中进行。利用班会进行安全教育的形式可以是多样的，可以诵读安全常识，也可以让学生讲一讲关于安全小故事。例如，一次班会上某位同学的现身说法，老师经常讲时刻要注意安全，这位同学联想到前段时间在电视上看到节目，现在很多坏人冒充家长的亲戚朋友或水电和天然气的检修工，白天实施盗窃，特别是小朋友自己在家里应注意防盗。这位同学根据节目谈了自己一个人在家该如何保护好自己和家里的财产，现在偷盗的事也是经常有的，每次一个人在家的时候，有陌生人敲门时，先用猫眼看看认不认识，再问问是干什么的，以判断是否让其进来，回家和出去时检查门是否锁好等，如果发现有撬门窗的现象，应及时给家长打电话或打110。同学们都一致赞成这问同学讲的安全做法，这样大家的安全意识都得到了提升。

再如，班会上让学生进行"写安全、读安全"活动。由学生安全监督员进行书写、领读或写在黑板上全班齐读安全知识；典型学生个人书写、领读或写在黑板上全班齐读；随机抽学生说一句，要求不能与前面学生所说一样，必须有所改变；安全教育接力，由一个小组或大组成员一个一个接着说，刚开始是让学生站在自己位置上说，现在要求学生一个个到讲台上说，学生能面对很多听众会讲安全，真正让安全教育深入到学生的思想。运用多样化方式进行安全教育，能使安全理念真正深入人心，落到实处，让每个学生能树立珍惜生命，远离隐患的安全意识。

（二）学习安全常识规范学生行为习惯

学习安全常识为学生自身的安全提供保证，安全常识平常接触的都是些零散的，要想系统的学习必须开展相关课程。为学生开设安全教育课已经是学校教育的需要，这样可以让学生学习系统的安全知识，规范学生的行为习惯。安全教育课的内容非常广泛，其中包括突发事件及意外伤害应急教育，交通安全、消防安全常识教育，用电安全知识教育，防水安全知识教育，饮食安全常识教育，防盗、防爆常识教育，思想安全教育，校园活动安全教育，防自然灾害教育等方面。以上安全教育常识在安全教育课堂中开展，同时其他学科也可以渗透安全教育。

1. 突发事件及意外伤害应急教育

如在课堂上有学生鼻子出血是常有的事，其中应讲解如何预防鼻子出血以及应对措施。预防鼻子出血方法：注意保持平和的心态，避免暴怒；春季饮食宜清淡，多饮水，多吃蔬菜、水果，少吃辛辣刺激与燥热之品，以免助热生火；此外应重视预防感冒，以免因咳嗽、喷嚏，引发与加重出血；不要用手或其他物品放进鼻孔，以免破坏鼻腔组织。应对鼻子出血措施：（1）坐下。（2）捏住鼻子一段时间，这时用嘴呼吸。（3）出血停止后，可以用湿布盖住脸和鼻子。（4）如果出血不停止，应往出血的鼻孔里填塞纱条，不能塞得太深（便于取出）并用手捏住鼻孔。（5）若鼻腔内有血凝块，应马上用力呼气将其呼出。（6）过半个小时后应将填塞鼻孔的纱条取出。

再如，有同学在削铅笔时不小心把手割伤或者铅笔尖把手扎破，对于这些问题，很多低年级的学生跑进班主任的办公室请求老师的帮助；有同学上体育课，不小心脚上擦破了皮，或者扭伤了脚等，都去找老师解决，学生完全没有自救的意识。针对这一点，在安全教育课上，老师应该给学生讲解一些如何自救及处理一些小伤痛，培养学生的应急自救能力。具体措施：可在教室内准备一些消毒药水及包扎伤口用的纱布，让学生可以自己处理小伤口。这样班中的学生在校园中发生的一些小意外，能自行简单的处理，并在处理时同学们团结互助，共同感受了自救、互救经过。学生有了这些知识和经验，当事故发生时，就能很好应对，同时也规范了自己的行为习惯。

2. 交通安全教育

交通安全教育是让学生要懂得最基本的交通规则，安全教育课中可以把中小学生交通安全、交通法规教育列为安全课的教学内容，对学生进行系统的安全教育。班会课以及其他学科中，将每学期学生交通违法情况作为对学生品行评比、评优的依据。同时，学校与公安交通管理部门密切协作，以开展"珍爱生命、平安回家"活动为载体，推广学生交通安全路队制，"开办少年交通安全夏令营"，开展交通安全知识竞赛和演讲比赛，"小手牵大手等活动"，以提高学生自我保护能力。

3. 用电安全知识教育

最常见的用电和使用电器的安全，对这方面的教育可以参照《小学生用电常识》和《电器使用说明》。用电时，应学会两点：学会看安全用电标志和安全用电的注意事项。使用电器时，先阅读说明书，读懂注意事项；弄清所有按钮的用处及具体操作程序再接通电源；电器使用完毕，要关闭总开关，切断电源。

通过开展安全课和活动，丰富了学生的安全知识、提高了学生的安全意识，同时规范了学生的行为习惯，这样才能把安全事故的发生率降到最低。

（三）开展安全教育活动提高学生自救自护能力

对学生的安全教育可以开展多种形式的安全教育活动，在活动中培养学生的安全意识和能力。可以开展的活动有办安全教育板报、以邀请交警到学生做交通安全报告、组织学生进行安全知识竞赛、举行演讲比赛、举行了防火避震逃生演习、观看安全教育影片等。通过安全教育活动的开展，学生掌握了一定的理论常识，为进一步加强安全知识教育，提高学生的安全防范意识和自救自护能力。

1. 办安全教育板报。各班每学期办两次以上的有关安全教育的板报，以起到宣传安全教育，警示学生注意安全的目的。办安全教育板报的形式要求多样化，版面可以设置为安全故事、安全歌、安全警示语，以文字和图片的形式等形式展示。也可以以某一主题的形式举办，如：交通安全、防溺水、防火灾、防电、防雪灾等主题。根据实际情况进行办板报，例如，开学初，办一期全面的安全教育板报，以敲响学校安全的警钟；夏季到来之际，应办防火灾和防溺水等主题的板报，因为夏季温度高容易发生火灾、学生去池塘戏耍容易溺水；冬季到来之际，应办防雪灾、防滑等主题的板报，提示学生注意恶劣天气的安全防护。

2. 开展安全知识竞赛。以学校或年级为单位开展安全知识竞赛，这样可以了解学生安全知识程度，便于查漏补缺；激励学生争做安全卫士，提高安全意识。安全知识竞赛要定期举行，给优秀者给予适当的物质或精神上奖励，学生的动力来自鼓励。竞赛知识可以是采取试卷考试也可以采取，问答抢答等方式，通过这样的互相学习，进而可以提升学生学习安全知识的兴趣和提升学生的安全意识。试卷内容可以通过填空、选择、判断、简答和案例分析等，这样能检查学生学习水平和锻炼学生的思维。例如，一次试卷的内容填空题为：火警电话（　），匪警电话（　）急救电话（　）；案例题为：近期有同学在校园内穿暴走鞋，有些同学认为是时尚、好玩的，纷纷效仿，试问应不应该，有什么危害？这些问题能够及时地判断学生对安全知识掌握多少。对于暴走鞋问题是应及时处理的问题，暴走鞋行走在学校、路上有一定的安全隐患，小学生不能穿，不能光顾时尚，而丢掉安全。在问答抢答的竞技中更激烈，能反映学生的辩证水平和及时处理问题的能力，这同样都为安全教育的开展提供帮助。

3. 利用"安全教育日"举行了防火避震逃生演习。加强安全演练，能够提升应对安全事故的能力。演练中，全体同学捂住口鼻，蹲在桌子旁边保护好自己的头部，在班主任的带领下，有序跑出教室来到安全的地方，演练使全体同学学会了地震逃生的方法，同时也让学生感受到了生命的可贵。

4. 组织全体学生到多媒体教室观看《地震科普知识教育片》，这样特殊的教育方式以地震科普知识和灾害发生前后应该如何作为主题，为学生展示的是用知识守护生命的道理，倡议小学生都进行应急避险教育。通过观看，不仅让师生学会了避险知识，还提高了师生的生命意识和应对突发事件的能力。

因此，开展多种形式的安全教育活动的作用显著，应该长期开展下去，让学生真正学到保卫的能力，以减少甚至避免安全事故的发生。

（四）实行安全责任制促进安全效能

安全责任到人，安全责任更明确，有利于有效的处理问题和管理事务。学校应建立以学校校长为主要领导和部分教师为组员的安全小组，分地点、分时段、分任务等责任到人的安全机制，实施安全管理。安全责任制使得分工又合作的方式共同管理学生的安全工作，促进安全效能。根据有关法规文件结合实际，应建立以下制度：

1. 建立完善法制副校（园）长制度，有针对性地开展师生法制和安全教育，增强师生的自防、自卫、自救技能，提高师生的法制意识、防范意识和自我保护能力。

2. 强化门卫管理，严格落实外来人员、车辆、物品进出校园询问和登记制度，严格落实学生外出登记、销假制度，严格落实校园24小时巡查制度。这时门岗在校园安全中的作用十分重要，学生没有按学校的规定时间不能进入学校，同时要安排安全小组人员管理校门口学生的安全。没有特殊情况的家长是不能到学校，学校无关人员禁止入校，来访人员要登记核实身份，得到允许才能进入。

3. 建立在上学、放学时段值班领导、教师和保安到校门口迎送学生的护导制度，在明确学生到校时间的前提下，值班人员要提前到位，让学生随到随进。例如：学生的早来和晚走给学校带来了安全隐患，学生有一个来到学校，这时就应该有安全小组的人员在位，教师也要积极教育学生按时来校、按时离校，以减小安全问题给校园带来的压力。下课时，每层楼梯口安排一名教师搞好保卫，保卫教师督促学生不能在楼道、楼梯上打闹；放学时，除了安排楼梯有人保卫外，大门口和大门内各派两名以上安保人员。

4. 警察在校园安全也承担着责任，在学生上学、放学时，警察协调学校管理好校门口交通安全，以及学生的人生和财产安全，力争把安全事故发生率降低到零。

在实行安全责任制后，学校的安全工作做得更细、更深入、效果更佳。这样的上课、下课、放学为一体的无缝安全措施，以确保学生的安全，创建优良的育人环境。

校园安全问题责任重大，应对学生进行安全教育和安全管理，促进学生自觉学习安全知识，以提高安全意识，增强自救自护能力。学校安全无小事，只有学生、教师都树立起安全责任重于泰山的意识，特别是领导正确指导、班主任及其课任教师要明确自己的安全管理责任，正确实施学校安全管理方法，创新安全管理模式，构建起学校、家庭、社会三位一体的安全管理体系，才能真正确保学生的安全，创建安全校园，优化育人环境，促使学生茁壮成长！

三、环保教育融入课堂

随着社会经济的不断发展，地球人口不断增加，地球资源的不断消耗，节能环保问题已成社会的问题，也是迫在眉头要解决的问题。解决问题要从源头抓起，校园节能环保正起着这样的作用。校园节能环保主要是通过学校教育培养学生节约资源和爱护环境的意识。校园节能环保常见问题有节约用水、节约用电、节约用纸和废品的回收利用。根据经验，培养学生的节能环保意识要从小开始，从小事做起，使学生成为节约型消费者，并养成良好的行为习惯。

（一）提倡节约用水用电培养学生节能环保意识

学生在学校用水的地方很多，有饮用水、上完厕所冲洗用水、拖地用水等。用水的地方之多，可见用水量也是很大的。用电的地方也很广，包括由于天气原因需开灯、开电扇、开空调和教育技术装备用电等。那么如何做好节约用水、用电呢？首先，做好宣传教育工作，特别在科学课中向学生渗透节约用水、用电的理念。例如，可以向学生介绍我国西北的干旱地区，由于水之源的不足，人们饮水、做饭用水都不够用，从思想让学生认识到我国水资源的不足，如果这样不节制用水，到时候地球上无水可用了；对于用电问题，可以向学生解释，我们华北地区大部分的电是火力发电，这样就用掉了大量的煤，煤是不可再生资源，如果无节制地用电，到一定的时候，煤用尽，就没办法发电了。有学生认为可以水力发电和太阳能利用，可以缓解用电，但是水力发电在华北地区的使用不太现实，这里离三峡和小浪底都太远，至于太阳能等新能源还要看研究的程度，在一定程度上，难以代替电力的使用。对于节约用水、用电还以定期让学生在教室以板报形式或者学校制定节能环保宣传栏，定期对节能环保进行宣传。其次，对于浪费水、电的行为进行及时制止和纠正。造成水浪费的原因很多，及时解决才是有效的办法。有些学生开水龙头忘记关，这时看到的同学应提醒其人，或者自己去关；有些学生用拖把拖地不弄干，就去涮拖把，结果浪费了很多水，对于拖地用的水，可以储存起来去浇花或者冲厕所用；还有些低年级的小学生喜欢效仿，看到别的同学喝水，都比着喝，不渴也去喝，这样就造成了上课经常要去厕所，无法进行上课，对于这样的行为，教师应该及时教育，小学低年级的学生应该定时定量的饮水。对于浪费电的行为也是常有的，下课时，有些学生游戏，累的是满头大汗，然后回到教室就把电扇开开，其实这个时候根本就不是用电扇的季节，这种行为不仅浪费电，还可能把别的同学吹感冒，发现这种行为，老师或者是其他同学要及时制止，给予批评教育。有时候由于天气的原因，需要用电，教师的电灯忘记关上，这时发现者应该及时关掉，放学后教室的教育技术装备忘记关，这也是浪费电和电器损坏的行为，对于与教室或学校的电器的使用应该采取责任制，把工作分配到人，具体事具体的人去管理，这样就大大地提高了工作的效率。最后，从节能环保校园过渡到家庭、社会。有些同学在学校表现得很好，但是在家中家长的溺爱，在家中做起事就忘了方寸。对于这种行为，教师要提醒学生在家庭中节能环保很重要，自己的东西都浪费，还能去关心别人的吗？教育学生校园和家庭节能环保就是建立节约型社会，我们都要做节约型消费者，最终号召大家都这样做，作为小学生应该从学校和家庭做起，然后再走向社会。家庭中的节能环保除了节约用水、用电外，还应该节约粮食。对于节约粮食的问题，要向学生讲明白，我们吃的大米、白面是经过多少工序做出来的，不仅是农民的汗水，还有父母的辛勤工作换来的，吃饭不能浪费，在世界一些贫困地区，还有人吃不饱饭、没衣服穿、没房子住。通过对学生的宣传教育，行为的指导，然后过渡到家庭和社会的节能环保，学生在思想上认识到节约用水、用电的重要，并行动起来。

（二）提倡节约用纸提高学生节能环保能力

学习用纸的看起来非常平常，要做作业用的草纸、画画用的素描纸以及制作用的卡纸等。纸的使用之广、量之大，同样留下了很多废品，就是我们说的垃圾。学校是一平清净之地，纸片到处飞造成了不和谐。那么如何减少用纸和对废品的态度是建立节能环保校园的关键。对于减少用纸，通常的办法有：1.把用过的纸背面当验算纸使用；2.使用涂改液或者橡皮，错字用涂改液或橡皮后，修正后不用把错字的纸张撕掉；3.验算需要大量的纸，可以够买多次使用的纸；这样在一定程度上节约了用纸。对于废纸的处理也有很的方法，可以在教室或学校使用分类垃圾箱，这样纸被收集起来，让造纸企业来回收，造纸企业回收以后做成再生纸，还可以做瓦楞板箱子，切成细丝还可以用在石灰膏中抹墙面。废纸回收再利用的好处很多，例如：1.利用回收造纸，可以大大减少林木、水、电消耗和污染物排放。据专家介绍，回收一吨废纸能生产0.8吨再生造纸纤维，可以少砍17棵大树，节省3立方米的垃圾填埋场空间。2.废纸被称为森林资源，因为无论是废旧的报纸、书刊纸、办公用纸，还是牛皮纸、纸匣、瓦楞纸等，都是宝贵的纤维原料。3.用废纸造纸，能耗低、环保处理费低、单位原料成本低，在我国用废纸生产的新闻纸，比用原生木浆生产成本可降低300元/吨，还可减少环境污染，人们把利用回收纤维生产的纸和纸板称为绿色产品。由此可见以废纸为资源获节约环保双赢，从而体现了节约用纸和回收利用在建设节能环保校园在的重要意义。

（三）废品回收再利用促进节能环保最优化

废品中最多就是包装袋和盒，在学校出现的这类垃圾大部分是零食的包装袋和学生奶的奶盒。这两种垃圾物品有个共性，都是包装食品的，上面有一些油脂，或者甜的东西在上面，特别是在夏天的时候，温度高容易产生细菌，还有蚊子和苍蝇在活动。对于这些垃圾我们应该及时清理，运到校外垃圾场。垃圾场怎么处理这些垃圾呢，有些人认为可以焚烧或者掩埋，但是事实证明这样是不行的，这些垃圾上面都有塑料纸（薄膜），所以焚烧时会造成大气污染，掩埋需要很久才能分解，最好的办法依然是回收利用。废旧塑料回收后再生方法有：熔融再生，热裂解，能量回收，回收化工原料及其他方法。但是这些方法需要专业的工厂去完成。采用回收再用的方法，由于耗费人工，回收成本高，且缺乏相应的回收渠道，但因世界上资源有限，从节约地球资源的角度考虑，废旧塑料回收加工具有重大的意义。为此，目前世界各国都投入大量人力、物力，开发各种废旧塑料回收利用的关键技术，致力于降低废旧塑料回收再用的成本并开发其合适的应用领域。

总之，养成节能环保的意识和行为，是教育工作者的责任，在培养学生成为节约型消费者和建设节约型校园方面，要坚持不懈。在能源日显缺乏的今天，节能环保要行动起来。引导学生从身边的小事做起，可以利用生活中的每一个教育环节，积极施教，从节约用水、用电、节约粮食和做好垃圾处理等做起，使学生从小养成节能环保的好习惯。

四、传统文化融入课堂

人无德不立，国无德不强。加强中小学生道德教育，全面提高青少年道德素质，培养 21 世纪德才兼备的健康人才，一直是我国教育工作者所面临的重大课题。如今在传统文化教育的引领下，各校要打造独特的校园文化，开展"读经典，唱经典，经典教育伴我行"活动，促使广大师生人人立志、个个争先。致力于形成科学教育为头、健康教育为保证、道德修养为旗帜的良好教育教学风尚。

下面我们以《弟子规》为例谈传统文化教育。

《弟子规》是以孔孟学说为代表的中国传统文化的根，是依据至圣先师孔子的教诲编成的生活规范。教育小学生学好《弟子规》，就是从小给他们扎好中国传统文化的根，打好做人做事做学问的基础。为深入贯彻落实党的"加强中华优秀文化传统教育""建设中华民族共有精神家园"的要求，引导学生传承中华优秀传统文化的精粹，弘扬中华民族的良好道德风尚。同时落实党中央"育人为本，德育为先"的教育方针，建设"和谐校园"，推进学生思想道德建设工作。因此在小学生阶段中开展传统文化《弟子规》教育具有重要的意义和现实作用。

（一）读中感悟

"书读百遍其义自见"，这就强调了读的作用，在读中感悟。特别是传统文化的学习，有些是难以理解的，一时理解不了不要紧，多读就自然会打通。再加上小学生处于识记的最佳时期，多让学生识记、背诵传统文化，理解其中的精髓，便能够增加学生的人文素养，培养学生的德育素养。

1.朗读

中国古籍《礼记·学记》有云："建国君民，教学为先。"教育是强国富民之本，而教育应该从儿童着手，儿童在十三岁之前，天真未泯，记忆力最强，最容易教导，也最需要教导，所谓"先入为主"。指导朗读活动的老师对《弟子规》的深入学习，老师自己能正音、利用每周两节"人文教育"课的时间读诵。朗读活动与学校的教育教学有机融合，开展朗读活动。在朗读中潜移默化地熏陶道德思想。通过学习，学生基本能够朗读《弟子规》。

2. 诵读

在诵读中感受和养成文明礼仪。通过诵读经典，让孩子与经典融合在一起，沉醉其中，让孩子们的内心变得宁静和谐；我们期望孩子们通过诵读，生命变得阳光、自信、积极、睿智。我们期望孩子们通过诵读，成为知书达理的君子。指导老师先要背诵，以身作则。通过学习，学生基本上能够背诵《弟子规》。

（二）注重理解

传统文化《弟子规》的学习，不仅仅限于《弟子规》的学习，也可以利用其他资源进行辅助学习。这要求指导老师能理解深义，内化践行经典，从而提升学生素养。

丰富《弟子规》视频资源，观看《中华德育故事》，从百度搜寻"中国传统文化公益论坛"节目中选择适合小学生观看的讲座，下载了《帮妈妈洗脚》《天堂午餐》《感恩的心》《妈妈您知道吗》等公益广告和朗诵视频，《母亲》《感恩一切》《我爱我的家》等歌曲，辅助学生理解《弟子规》。通过学习学生能够基本领会《弟子规》的大意。学生明白了"或饮食，或坐走，长者先，幼者后"，长幼有序；明白了"若衣服，若饮食，不如人，勿生戚"，勤俭节约不虚荣攀比；学生明白了"凡是人，皆需爱，天同覆，地同载"，仁者爱人；学生明白了"缓揭帘，勿有声，宽转弯，勿触楞"，做事谨慎；学生明白了"父母呼，应勿缓，父母命，行勿懒"，孝顺父母等道理。

（三）落实行动

言要落实在行，言和行统一起来，才能产生效果。传统文化《弟子规》学习，不仅仅是学习、理解，关键是按照里面的要求做，落实到行动当中。同时也要求指导老师身先示范，教育学生。指导老师能在生活中逐步落实《弟子规》中所讲的规范，以身教去润泽学生，师生共同在实践中修养道德心灵，能够慢慢落实《弟子规》。学生以德为本，德以孝为本。班上一位男孩在小作文《我的妈妈》里写"看着妈妈脸上的皱纹越来越多，我的心里难受极了。"一位女孩写"尤其是妈妈上夜班回来，看上去实在太累了，有时回来饭都不吃一口。为了我们姐妹俩过上幸福的日子，就这样一天天地在外打工挣钱。"还有一位男孩在家吃饭时，能把妈妈的凳子摆好，晚上给妈妈端洗脚水。学生基本能孝顺父母，孝敬长辈，友爱兄弟姐妹，做事谨慎小心，为人处世言而有信，对身边的人、事、物平等仁爱，亲近仁德之人，刻苦认真学习。

（四）学以致用

在学习过程中，我们要以守则和规范为主线，吸收《弟子规》的精华，古为今用，活学活用。引导学生把《弟子规》化为自觉的行动，在日常生活、学习活动中努力去践行，让学生学会感悟和反省，深刻体会《弟子规》的精髓。在小学开展"晨读一节、日行一善、周明一理、月养一习"的《弟子规》学习实践活动。以"读书、明理、行善、反思"为主线，引导学生每天学习一条《弟子规》的名言警句，学习做人的道理；每天做一件善事，反思好、记录好善行、恶行日记。在自己的日常生活中养成良好的行为习惯，将道德认知与道德行为紧密结合起来，达到知行并进，全面提升学生的道德素质。

我们在教学中渗透传统文化《弟子规》教育，共同学习实践圣贤的智慧，熏习教导我们的学生，从而增强学生的人文素养，提升学生的德育素养。"少成若天成，习惯成自然"，日积月累，必将奠定学生一生为人处世、成家立业、幸福成功的基础，为师生身心和谐，家庭和谐，社会和谐打好坚实的基础。

第六章　务实教育教研

教研即教育研究，是指总结教学经验，发现教学问题，研究教学方法。对于一线教师来讲，就是通过教研活动而进行的教育探索。通常的教研活动有四课活动，有网络研修，校本研修等，这些都是以研究教学问题为抓手，而进行了教学研究，其目的就是改进教学质量，同时也促进了教师业务能力的提升。教研是教育主要内容，教师必须搞好教研，才能更好地去教学生，进而提升教育教学质量。

第一节　教育教研技巧

掌握教研技巧，才能有效地开展教研活动。同时我们在教研时，都要创新教研形式，提升教研效果，从而促进教师的专业成长。教研是搞好课堂教学的先决条件，教师具有一定的教研技巧，就能很好地解决课堂中存在的问题，在通过研究后，获取解决解决方法，然后再指导课堂实践，从而提升课堂教学实效，教师的教学经验和课堂应变能力也能提升。

一、教师听课做好四步

我们把备课、授课、听课、评课称为"四课"活动，"四课"活动是常规教研中的主要形式，其中听课也是四课活动中的基本环节。教师通过听课，观察他人的课堂，进行反思和研究，就能够取长补短，促进成长。但是在进行听课活动中，部分教师认识不到听课的作用，缺乏研究的意识，这样就导致了听课效果的低效。针对这一现状，除了有教学管理方面的原因，另外就是教师的内因问题。因此在听课活动时，应调动教师的主动参与的意识，培训和学习有效听课的方法，从而提升教师听课的有效性，促进教师的专业成长。

（一）听课前做准备

有备无患，教师教学之前要备好课，同样教师听课也应做好充分准备。面对当前听课活动低效的局面，这就要求教师在听课之前做好准备。做好听课准备，可以在听课时做到把握课堂，并有所收获。因此，在进行听课前，做好准备，有助于我们熟悉教材、理解教者意图，提升听课实效。同时做好听课前的准备也是主动参与教研的表现，也促进了教科研活动的有效开展。

1.听课前，教研组应按学期初制定的教研工作计划，安排听课任务，在听课的前一周由学校教导处公布听课的时间、听课的主题、授课人、听课地点、听课人员等，若有临时调到，也应提前通知，这样听课教师就可以提前做好听课的准备，也为听课活动的开展奠定的基础。

2.听课前，听课教师要先了解听课的内容，看一看有关本课的课标要求，阅读教参和教材。其中包含了教材的背景、教学的主要内容，教学的重难点、教学的三维目标以及有可能在教学中采取的教学方法等。

3.听课前，要了解执教老师的基本情况，其中包含了执教教师的教学特点及研究方向等，特别是执教教师以前是如何上课的。掌握这些情况，就有利于听课中揣摩教学思路及设计意图，缩短了与执教者的距离，有效地洞察教师在课堂教学动态中有价值的经验和智慧，不仅能拓展自己的视野，而且促进了与授课教师的思维的碰撞，从而取长补短，利于成长。

（二）听课中观、思、记

如果认为听课只是简单的听听而已，那就大错特错了。听课的目的是从别人的课中汲取有利于自己专业发展的知识和经验，找出他人与自己不同地方或认为他人不足的地方，并提出合理的建议。因此，听课中要多观察、多思考、并做好笔记，利用身体的各种感觉去感知课堂，在动态中捕捉精彩的生成和灵动的智慧，从而达到拓宽视野，丰富教学经验，促进专业成长的目的。只有在听课中观察、思考、记录，才能提升听课的实效，每位听课教师才有所收获。

1. 观，观察课堂的动态

观即观看、观察的意思，听课中的观察即为观课。对于教师而言，要观察教师的教态、教法；学生，我们要观察学生的各种表现，包括肢体动作、表情、学生状态等。随着新课改的不断深入，教学中我们确立了"以学生的学习为中心"的教学理念，那么在听课中，我们也应多观察学生的表现，利用学生的表现，去了解和评价老师在教学水平和能力。即以学论教，客观的反映教学情况，从而实现以学生的为主体为教育宗旨。若课堂中，学生发言积极、善于合作交流，在互助合作中进行学习，那么就是一节成功的课。因此听课中，要注重对课堂的观察、对老师的观察，更要观察学生的学。对于学生的观察，除了在课堂中的进行，也可以在课下询问学生，从而了解学生真实的内心世界和感受。

2. 思，带着思想去听课

听课中，除了认真聆听、观察，也要进行思考，用自己的思想去分析执教者的课堂教学。听课教师用自己的思想对教的言行举止进行价值判断，琢磨教者语言和思维的含义及意义。对课堂的教学环节，听课教师都应该认真思考，特别是教学设计的意图，还有没有其他的方案，还有没有更好的方案，如果是自己讲这节课，应该如何设计，听课教师与授课教师进行思维的碰撞，有融合也有排斥，汲取有用的知识和经验，促进自己教学能力的生长。在听课过程中，会有不同的观点，有不赞同的地方，那么可以保留看法；在课下再进行交流和辩论，这样授课教师和听课教师可以深入的进行思维和思想的展示与交流，那么教师之间在听课中教学相长，也达到了听课的目的。

3. 记，记录精彩与反思

听课时，教师要集中精力的投入其中，聆听、观察、思考课堂教学的同时也要做好记录。记录课堂中有效的教学方法，精彩的课堂教学以及自己的课堂教学的看法和观点，都要及时记录下来，这样不仅能加深听课的印象，也便于课后的整理与研究。课堂精彩片段的撰写，这里面包含了对教师的教学环节、教学方法、学生的表现等；另外，对与课堂中精彩生成的记录，并对此进行评价，好在哪里，教学目标完成了哪些，符合哪些课标要求，促进了学生哪方面的发展，这些要进行及时评价并记录下来。最后，就是记录对本节课的整体评价，也就是总评，要提出自己的意见和建议。总评是在听完课后的及时撰写，也可以放在课后再进行研究再撰写。为课堂教学写建设的意见是十分有必要的，课堂没有最好，只有更好，只有在不断的反思和改进中完善。听课中及时记好记录，不仅记录课堂的过程，还记下了自己的主观感受和想法。

（三）听课后查、议、研

听完课后，不代表听课活动的结束，听完后的继续分析和研究，才能进行课堂诊断，也是打造高效的有效途径。因为听课时，自己的思考与分析是代表自己的建议，是不是科学、合理的，还有进行分析和论证。只有在课后与其他老师进行讨论，听课记录的整理、分析和研究，才能得出本堂课的正确的优缺点。同时对于出现的共性问题，可以以课题的形式进行研究，人人参与。这样就形成了以评促教、以评促研的教科研模式，从而打造高效课堂，提升课堂教学实效，教师在不断的实践和研究，提升教学能力和科研水平。

1.查，查与评课有关的资料

听完课后，我们然后要回到新课标中去，进行深入、系统地论证。听课教师要带着问问题，再次去查阅课标、去查阅相关的资料、再一次阅读自己的听课记录，反复思考、推敲，把自己的想法和感悟总结出来，形成文章，要做到有理有据、意义深刻的评析，以便于评课与授课教师、其他听课教师在评课中进行议课、辨课。

2.评，全员参与课后的评课

评课，是听完课后对课堂教学的针对性地诊断，找出教学中成功的地方和不足地方，并探究其原因。在评课时，一般情况是听课的教师都参与，在每周的固定时间进行的。评课人分为主评人和组员参与评价。主评人是对授课教师的课堂进行全面、深入、客观的整体评价，要做到有理论高度，有事实依据。然后其他的听课老师再进行点评，不再重复主评人的观点，要提出自己的独特见解，这样一是节省时间，二是提升评课的实效。这对于敷衍听课和评课的情况是一剂妙药。同一种事物、同一个问题，每人都有不同的看法，要达到人人都有独特的见解，那么就要建立在思考的基础。如果听课时，不认真听，不记笔记、不写反思，在评课时肯定是滥竽充数。因此，在课后评课中，要求教师展示自己的思想和观点，并对课堂的诊断问题提升合理、有效方法。这样教师在评课中进行思想、情感以及教学方法的交流，定能促进教师之间的合作与发展。

3. 研，共性问题变课题研究

通过听课后的评课，我们教师也会遇到课堂教学中存在着同类的问题。对与这些共性的问题，也是课堂教学中的难点问题，需要教师齐心协力，共同研究，突破难点，打造高效课堂，促进学生成长。就当前教育模式在课堂教学中的运用，老师们都结合了本班的实际进行了实践。其中有两种模式在实践，一种和谐互助课堂，即为先学后教，当堂训练；第二种是翻转课堂，即为学生学习知识在课外，课堂只讨论和交流生成的东西。两种教学模式都强调了学生的学，那么学生自主学习的度如何把握，通过进课堂听课，进行课堂观察，然后进行评课，发现这一棘手的问题。就此问题，学校确立了"和谐互助课堂与翻转课堂中学生自主学习的对比研究"这一课题。无论是学校的语文教师、数学教师、英语教师还是综合学科的教师都能参与的本课题的研究当中，因为我们在实施课堂教学中，都遇到了学生自主的度的问题的，面对这一问题，不是在一次、两次的评课中能解决的，必须进行深入的思考和研究，从根本上解决。

（四）不同课学特长

"三人行必有我师焉"，每个老师的课堂都有自己的特点，因此，不同课，也可以进行听课活动，只要时间允许的条件，可以交叉学科听课，这样不仅可以拓宽视野，也能从其他学科中积累有用的经验从而促进自己的专业发展。非语文教师去听语文课，我们从其课堂中感悟到语言的优美；非数学教师去听数学课，我们可以从中感悟到语言的简练；非科学教师去听科学课，我们可以从中感悟到科学的严谨性，并学到如何培养学生的动手能力等。每一学科都有学不完的知识和技能，只要我们留心，就能找到我们需要的东西。①

_____

① 李中国等著 . 科学磨课设计与实践 [M]. 科学出版社 ,2017（6）:92-98.

另外，小学综合学科教师听课也存在一定的问题，很多学校体育、美术、音乐、科学、思品等学科的老师，同一学科只有 1—2 名，这就导致了无法进行听课活动，学校便于管理把这些学科的老师分成一个组，叫综合组，人数是够了，但是教师的专业和学科却不一样。为了搞好听课活动，其关键还是听课的内容要选好，如果是同一主题，就算不同的学科，老师也能进行听课和议课。因此，可以采取听课内容主题化的模式，如以"春天"为主题，每位老师讲一节教研课，体育老师可以讲"咏春拳"；美术老师可以讲"画春天"；音乐老师可以讲"春天在哪里"；科学老师可以讲"种子发芽实验"；思品老师可以讲"春天来了"……这样，以同一个主题，选不同学科进行授课、听课、议课，也能有效开展教研活动，让不同学科教师有共同话题和语言，那么促使了各位教师在听课过程中认真观察、思考、记录等，在听课中有所收获。

总之，听课是开展教科研的基础，通过观察他人的课堂，汲取知识和经验，从而提升自己的教学能力。但是，听课不是简单的听，而是要注重方法和策略。教师听课不仅仅只是听，还需要去看、去想、去问、去说、去辩，去研。特别是要注重听课后的议和研，让校本教研逐步走以议促教，以议促研的模式。只有不断提升听课、议课的实效性，才能促进教师的专业发展和学生的成长。

二、常规教学教研技巧

常规教研是我们搞好教研活动，提升课堂教学质量的保证。通过多种教研活动，各学科教师对教育教学方法问题、课堂教学流程设计、提高课堂教学效率的方法以及课题的共同研究等。常规教研促进了教师之间相互沟通，使教师拥有了更多展示自我的平台，拥有了更多共享交流的空间；且共研的主题鲜明，研讨中真正实现头脑风暴，在共同研讨中探索解决的策略，有效解决了教学中的问题，提升研修实效。

（一）加强理论学习

教育理论是指导教学实践的法宝，也是我们进行课堂教学的依据和指导思想。不学习教育教学理论，进行教科研活动等于大海捞针，缺乏方向和目标。理论学习的开展也有讲座、研讨、培训、自学等形式的学习。进行理论学习的同时要求教师做好笔记，写出心得，结合教研教学实际，合理利用，使所学知识和技能指导自己的教学实践。但是自学才是学习理论的长期、有效的方式，**教师要把学习理论当成一种自觉行为**。自学教育理论不仅仅局限与从课标、教材、教材中，其主要来源是教育教学理论书籍，也可以是各科的专业杂志。既可以从中了解到最新的教学理念，又可以从一线教育专家的做法中积累教学经验和方法，然后再根据自己的教学实际，进行思考和加工，最终形成自己的教学方法和理念，提升自己的专业素养。

（二）开展集体备课

集体备课是校本教科研的重要形式之一，因此要提高集体备课的有效性。集体备课除了备课标、教材、教法外，我们还努力做到三备：一备学科建设的长远规划。积极探索、逐步构建并形成本校的学科教学特色，应当成为开展校本教研活动的目标。先把本校学科建设的长远规划，细化分解，再把与当前工作重点、教师专业成长、教学实际需求结合起来，使集体备课活动每一个阶段有研究探讨的重点，既扎实有效、务实具体，又抬头看路、始终瞄准努力的大方向。二备学生，备学生学习基础与已有经验，分析学生的学习心里与情感倾向，研究学生的学习过程特点，探讨教学过程设计与实施方案，只有这样，才能做到备课是基于学生的"学"，为了学生的"学"。三备反思，对上一次教学设计以及教学实践中出现的问题或困惑，与同行进行交流，找出应对措施，反思不足，分享成果，从而提升教师的教研能力。

（三）进行教研赛课

教研赛课主要是指每位教师，每学期在本教研组内上 1—2 节课，其中还包含说课和评课。开展教研赛课，一是为了促使教师深入备课，**提高教师的自身素质**；二是为了促使教师间互研互学，增强教研，教改意识；三是为了鼓励教师勇于参与教改，勤于探索、锐意进取。通过说课和授课的形式进行，可采取先说课后上课的形式，用课堂教学来验证说课的理论与设想；也可采取先上课后说课的形式，通过说课找出课堂教学中存在的不足及改进措施。然后让各科教研组的成员进行评课，对该教师的教学能力进行公平、公正的评价，作为检验该教师在本学期业务水平，并把结果存入《教师业务档案》；组织好评课活动，通过上课、说课和评课达到共同提高、共同进步的目的。公开课的教学要体现层次性，体现各个所长。教学能力强、经验丰富的老教师上示范课或研讨课，使他们在教学中真正起到示范作用。青年教师的教研课要上成优质课，与课堂教学改革同步；新教师要上好达标课，把上课当成历练，并汲取经验、反思促成长。

（四）运用教育叙事

教育叙事研究作为校本教研的载体，以"通俗易懂、入门不难"，以及故事所特有的感染性特点，受到中、小学教师的欢迎。教育叙事研究主要是指教师对教育的理解和看法，不仅是自己心路历程的反映，也是其他教师借以反思的基础。我们在开展教育叙事研究时，努力做到：第一，善于积累素材。素材指的是承载一定教学理念的故事或经验。为了积累素材，我们积极参加课程改革，努力把现代教学理念转变为教学行为，在这个过程中，会发生以往常规教学中不曾经历过的故事，而现代的教育理念则内隐于其中，因此故事往往具有研究价值。第二，善于发现问题并进行思考。发现问题是开展教育叙事研究的前提。结合有关的教育教学理论对故事进行提炼，挖掘故事现象背后蕴涵的具有价值的教育教学问题，并把"问题"上升为教研主题。第三，善于表达。对故事的叙述采用描述的方法，通过对故事的客观描述，既要把教育教学"典型事件"如实、详尽地展现在读者面前，使读者身临其境，又要分析隐藏在教育现象背后的教育本质，使平凡的教育故事蕴藏不平凡的教育智慧。同时文风要朴实，用词要鲜活，对人们的阅读有吸引力。第四，善于揭示故事中深藏的教育意义。教育叙事的价值在于通过叙述故事来揭示隐藏于故事背后的教育思想，发现和揭示教育规律、教育本质，成为引领教师专业发展的一种动力。

（五）坚持教学反思

教学反思是对教学实践进行总结、梳理和研究，从而积累教学经验和技能。通过反思教师对自己的教学历程更加清晰、对教学的诊断更加准确，从而有利于教师认识到自己的不足，找出问题进行研究，从而提升教学实践的有效性。教学反思除了进行日常教会反思或对出现的某一问题进行研究。同时也可以把反思推向更系统、科学的研究。以课题为引导，把反思的问题作为研究课题内，通过课题研究，然后进行实践、总结、梳理、创新，以撰写论文的形式作为课题的研究成果，并发表在教育期刊上。对于论文的撰写其要求较高：文章的切入点要小，理论联系实际，立意要创新，能解决教育教学中的实际问题等。因此，写好的后文章要坚持修改，不断地完善。例如：我们确立"农村小学科学学具开发与应用研究"，课题组成员从不同角度、深入、系统的论述学具的开发和利用，并撰写出论文发表在教育期刊上。《再议科学学具的开发和利用》是从整体上论述学具的作用，开发与利用的途径和方法等，统领课题；《在制作中体验 在体验中验证——降水量的测量教学设计与反思》是以教学设计的形式进行学具的研究，把学具与教学紧密联系起来，利用学具的设计、制作和使用提升课堂教学的实效，培养学生的动手能力和创新能力；《筷子与科学》《制作光的传播验证器》、和《纸张的妙用》分别从学具制作的具体方法、作用、优点进行论述，是教师创新之作。

（六）实行网络管理

曾经的科研处里，曾是一摞摞、一柜柜的文本材料，查找困难，使用费尽，登记入库，造册编录等一系列烦琐而费力的工作浪费了不少宝贵的时间。随着无纸化办公的深入开展，学校的科研工作也进入了信息化时代。在局域网，校园网，互联网上开辟了三块阵地：首先是学校局域网，其中专设文件夹，分类、分时间、分课题、分内容、分级别进行细致化管理，将老师们的科研成果和过程性材料进行电子化保存。其次是校园网，学校的科研工作在校园网上自己的一席之地，通过这块阵地，科研处将学校的科研信息、科研动态及时上传到网络上，请社会各界与大家分享科研工作取得成功与喜悦，与各个兄弟学校开展互动交流。最后，科研处又组织学校中青年骨干教师在网络上建立个人博客，并组建学校的教师网络博客群。学校也将电子博客作为了学校特色的教师基本功，得到了教师们的大力支持。网络上的这块时尚宝地，则是教师们展示自我的舞台，教学案例、教学后记、学习体会、课题实施心得等等尽展现在这片网络天空里。大家除了自己发博客，同事之间还相互点评，各抒己见，各展其能。真正的营造了互动、共研、共进的学习氛围。

总之，加强常规教研是保证课堂教学质量的保证，是提升教师研修能力主要途径和方法。因此，我们要开展形式多样的教研活动，并加强对教研管理，从而激发教师参与教研的兴趣，提升研修实效，并促进专业发展。

三、薄弱学科教研技巧

教研活动是提升教师专业素养，提高教育教学质量的基石。而综合学科各单学科中一个年级或两个年级只有一个老师授课，从而导致了相同学科的科任教师太少，构不成专业的教研组，而是很多综合学科各学科的教师共同构成了一个综合学科教研组。这样不是同一学科的教研组，无法进行针对性教研活动，甚至教研活动无法正常开展。但是综合学科教学是培养学生综合素质的重要组成部分，其中包括学生的逻辑思维能力和创新能力。当今的教育正向素质教育和创新教育迈进，而综合学科教研活动能够提升教学质量，培养学生的综合能力。因此，开展好综合学科教研活动是非常必要的，各校要根据教学实际，采取不同的手段，创新教研的方法，使综合学科各科教学教研形成合力，以提升小学综合学科教研活动的效率。

（一）将综合学科教研组再进行分组

随着素质教育的不断深入，国家对小学综合学科教师的配备也在实施当中，这样充分体现了综合学科教育的重要性。按现在的教学课程安排，小学综合学科分为思品、科学、体育、美术、音乐、信息技术等，县城各小学和乡镇中心校已经配齐的各个综合学科专业教师或兼职教师，为正常的素质教育开展奠定了基础。但由于综合学科科目多，单独学科的科任教师较少，本学科的教研活动难以开展。教研活动一般是以备课、说课、授课、评课，如集体备课可以把这些学科一个年级为一个老师进行授课，而集体备课只能是一人备课，所以教研活动中只能开展说课和评课。为了更好地推动教研活动，可以把综合学科教研组，按学科相近原则，可以把思品、科学、信息技术组成综合组，体育、美术、音乐组成体艺组。这样开展教研活动时，教研组成员可以全员参与，而不是没关系的学科不活动，这样就把各教研组成员的积极性调动起来，推动了综合学科教研的开展。同时把综合学科再进行分组教研，更能体现各学科的专业性，细化教研组可以提升本教研组的教研实效。

（二）评课时选同科教师为主评

综合学科同学科教研活动若以校为单位进行开展，进行最多的就是对综合学科教师授课后的评课。而到评课的时候，老师发言的很少，大多都不愿意去发言，因为综合学科教研组内大部分都不是本学科教师，是凑够教研组的人数组合在一起的，教研活动的大多效果不好。在城区的小学某一综合学科的教师基本是一个年级一个，而在乡镇中心校是两个年级一个，甚至是三个年级一个，这样就造成了评课时，大部分教师是旁观者，老师教研的积极性不高，产生不了共鸣。若要进行扎实教研，评课时必须在该课找一名主评人，对授课的效果进行全面、深入的评价，这样有利于该授课教师的认识到自己的优点和不足，并对不足的地方进行反思，以提升教学实践的有效性；在进行综合学科再分组的基础上，相同学科或相近学科必须发言。这样就实现了教研组全员参与活动，积极互动交流。而不是过去像教研时的评课随便说两句，不深入的教研，走形式的教研，浪费时间而又没有效果。

（三）各个综合学科之间可团结协作

综合学科教师批改学生的作业较少，教学研究的时间很多，这样可以进行课题研究和撰写论文。但是综合学科中单一学科太少无法成为一个课题组，这样就可以把其他相关学科的教师吸引过来，共同组合课题小组，由主要学科的教师担当课题主持人或做课题研究的主要任务。例如：某校开展的科学课题《农村小学科学 DV 资源的开发》，这样除了科学教师完成主要的课题研究任务，其他的课题任务可以吸引其他教师参与其中。可以让美术老师参与课题中的摄影取景，让信息技术教师参与科学 DV 的后期的光盘制作，这样就充分利用综合学科中老师的特长进行课题研究，促进教研活动开展，使老师团结起来，促进专业的共同发展。

撰写论文可以进行跨学科研究，利用学科交融，提升教学实践的有效性。如，科学教师和语文教师撰写的教研论文《科学课与作文相得益彰》，科学知识和现象为学生的作为提供的素材，充实学生的作文，使作文更具实践性；学生写作又能加深学生科学知识和现象的理解和记忆；科学让学生走进生活，作文让学生从生活中进行提炼而又高于生活；科学的学习形式主要是以探究方式进行的，而学生作文时将科学知识和科学实验运用其中，也是科学探究的一种方式，因此作文与科学是相互联系的。科学教师和语文教师合作研究，能够反思教学，促进自己的专业发展。

随着现代教育技术的发展，注重学科之间的整合，特别是学科与教育技术的整合，各学科可以向信息技术学科的教师请教，特别是教育设备的使用和管理。这样各学科教师之间的合作研究，互动交流，促进了教研活动的有效开展，同时也提升了各科教师的专业技能。

（四）开展"主题"教研活动

主题教研活动是各科以同时某一主题开展教研活动，对课例进行互动研讨、评课，使各学科教学形成合力，共同教研。开展"主题"教研活动，能够开发利用校本教材，尝试新的教学模式，在新理念的指引下，提出以实施课堂的有效教学行为，提升课堂效率为追求目标。如，以"春"为主题的授课和评课活动，音乐老师带来了"郊游"，美术老师教学生"画春天"，品德老师讲的"春天来了"，科学老师讲的"植物的生长条件"等课，从不同形式和角度进行"春"主题授课。同一主题，把各科有机的集合起来，教师跨学科认同感增强，综合学科组的凝聚力进一步提升；各教师的责任感增强，能够促进社团活动、才艺大赛等活动有序推进；对课堂的质量意识增强，打造精品课堂，综合教研组的活动有序、有效地开展；合作意识进一步增强，一方面是备课组成员之间，另一方面是各学科之间，集全体教师智慧。通过主题教研活动的开展使综合学科组的全体教师突破了经验的行为模式，突破了狭隘的学科范围，用全新的教学理念来诠释课堂的有效教学行为，起到了很好的示范、导向作用，并对综合学科组在今后的课堂教学提出了更高的要求。

（五）把校连成片教研提升实效

单一学校同一学科的综合学科教师人数过少，教研时不能进行集思广益，无法进行扎实的教研。针对综合学科教研中的普遍现象，可以进行把众多学校连片的教研形式，就是把校址较近的学校组成一个片，这样综合学科单一学科的教研组的规模变大，一般每科在10—20人之间，这样就能像学校的主科那样正常、扎实的开展教研活动。把校连成一个片的范围开展教研活动，可以由县教研室牵头组合和监督。如，某县的综合学科各科教研组的组合，全县综合学科教研组以学科为单位，共划分全部的小学划分为五个片，城区小学为一个片，其余的乡镇中心校，以校址的就近原则，以每三到四个乡镇中心校化为一个片，这样全县的小学综合学科各教研组分为城区片、东片、西片、南片、北片，这样就形成了把校连成片的形式开展教研，从而推动了小学综合学科教研顺利、有效的开展。

总之，开展教研活动室提升教育教学质量的主要途径，同时也能教师在教研活动中，通过交流学习，反思不足，吸取经验，以提升教师的专业水平。开展好综合学科教研需要校与校之间的密切合作，各综合学科科任教师的积极参与。特别是这种各校连成片的方式，更能推动综合学科教研的开展，各校要轮流在本校开展教研活动，给予各位综合学科教师积极的配合，这样才能促进综合学科教研活动的开展，提升教研活动的实效。

四、科研与教研相结合

校本教科研是学校深化教育改革、提升教育质量、实现内涵发展的必然选择，把日常教学工作与教育科学研究融为一体，这是解决教学中出现的问题唯一途径。学校要树立"科研兴教，科研兴校、科研兴师"的思想，在实践中进行探索与反思，提升教师教学水平和科研能力，从而提高学校教育教学质量，凸显学校的办学特色。

（一）校本教研为课题研究提供载体

教师做研究并不是搞发明，只是针对教育教学的困惑及问题找到合适的答案或办法。所以我校校本科研课题直接来源于学校和教师的需求，即学校中出现的问题是研究起点，解决这些问题是课题的归宿，以教师为校本教研研究的主体，研究的过程是教师的课堂教学实践，研究的方法是行动研究的校本教研思路，体现在"一立足、三为本、多元评价"上。"一立足"是立足课堂，让课堂成为科研的主阵地。在不断反思实践中，着眼于课堂，将教师在教学过程和自我反思中发现的困惑和问题，与年组成员进行交流探讨，把具有典型意义、有探讨研究价值的问题进行归类、分析、综合、确立为课题进行研究。"三为本"即：把科研工作锁定在"校本培训、校本教研、校本课程"上。

1. 校本培训，多元立体，百花齐放

校本培训是教师提高专业化发展的重要途径，是提高教科研能力的保证。实现"立体式校本培训"的模式，做到：培训内容合理预设，量身定做，科学生成；如：根据需要举办专题讲座、教学质量论坛（通过分析性检测，讨论、分析、总结教学得失）或个人特长项目培训（内容：普通话、三笔字、简笔画、说课、评课、现代教育技术培训、班主任工作、主题班会活动、综合实践活动课程的培训等）。培训形式百花齐放，交叉确立。尝试采用：同伴互助式的学习研究、智慧碰撞式的课题研讨、专业引领式的系列讲座、自主发展式的个别自学和资源共享式的校际联动等多种形式。

2. 校本教研，以人为本，特色活动

学校的校本教研着眼于教学活动的改进和教学质量的提高，把行动研究法作为基本研究方法，积极开展教学研究活动。开展了"高效课堂教学模式构建活动"；"走进名师工程活动"；"搭建'读书实践、反思、论坛、展示'"系列活动。活动以调研课题研究中问题为线索，以研究者的身份置于教学中，必须把教室作为教学的"研究室"，必须以研究的眼光审视和分析教学实践中的各种问题。从课题研究中的问题入手，设计教学过程。变"学习型备课"为"研究型备课"，"变个体备课为群体备课"。通过课题研究，采取"同课异构""双备双上——反思"的途径，本组骨干教师上示范课，青年教师上研讨课，要有集体备课记录和研讨记录。要求教师把教学中的得失及时记录下来，通过反思、提炼、交流，发掘课堂教学实践中典型问题，展开专题研究。在研究活动中，让不同的思想、观念、方法发生碰撞，使教研活动成了教师提升自身业务素质的平台。

3. 校本课程，科学探索，勇于实践

校本课程开发的基本任务主要是培养和提高教师的课程意识，满足学生个性发展的需要，形成并体现学校的办学特色。学校在经过认真思考和科学论证之后，开发了校本课程"七巧板创意构图设计"，将科学、美术、艺术学科整合。[①]引领我们全校师生与读写为友，与图画对话，与同伴交流，这一校本课程处处都洋溢着生命的活力，时时都在滋养着儿童的精神世界，使他们获得全面的发展，它是实施素质教育的有效途径之一。而且事实证明，这些积极的教育价值也正是学校校本课程开发所追求的。

"多元评价"：学校把科研成果转化为学校发展和学生综合素质提高上。对每一位学生进行综合素质评定，为学生建立科学的成长袋。主要收集学生在学习过程中产生的一些质性资料，生成的各种作品，描述学生学习的过程与方法，反映学生学习的态度与情感，如："成长快乐""七彩童年""闪光的脚印"等。

（二）通过课题研究解决教育教学中的实际问题

校本科研立足自己学校实际，解决的是学校比较具有个性或特殊性的问题。那么也可以把教学中的问题或困惑，进行集中讨论，找出解决问题的方法，这样可以把要解决的问题变为课题，进行深入的研究，把研究的成果在今后的实践中运用和推广。

1. 组织教师把自己在实践中遇到的问题作为研究对象，将问题上升为课题，发挥集体的力量联合攻关，在互学互动中共同成长。要求教师每上完一节课都要针对教学情况进行反思，每学期结束都要将个人最感困惑的问题提出来，找出亟待解决的几个问题并撰写学期教学反思上交教研组，由教研组对共性的问题进行归纳提炼并上升为课题。例如，科学学科中的开展的省级课题"农村小学科学学具的开发与利用"和"小学科学 DV 实践与研究"，为科学教学在实验器材不足的情况下进行了教学资源的开发，从而解决了教学中的实际问题。

2. 把课题进行分解，成为若干子课题，让教师根据自己的实际情况选择研究。

---

① 窦青 . 论中国风格钢琴练习曲创作的体系性构建 [J]. 音乐研究 ,2017（6）:81-89.

教师可以围绕课题，查阅资料，学习相关的知识，反思自己的教学实践，对教学进行深入的剖析和研究。利用课堂研究，教师能够解决教学中的一些问题，提高业务水平，同时也提升了自己的教科研能力，促进了自己的专业发展。

3. 每一个课题都有具体的研究方案，有专人负责，研究人员不仅是本学科教师，学校领导也加入课题研究中去，亲自部署、安排、指导课题研究工作，和课题组成员共同研究、编辑、整理、打印课题研究成果资料。学校应给与大力的支持，这样就能调动教师进行教学研究的积极性和创造，形成了人人都参与的校本科研机制，从而解决教学中的问题。

（三）以课题研究为突破口，带动学校的特色发展

学校可以把学校特色与教育科研有机结合，以"特色学校、特长学生、特点教师"为宗旨，彰显办学特色。学校要千方百计地创造适合学生的教育，根据学生的个性，创造适合学生发展的教育，以课题研究为突破口，同时开展课外兴趣小组，促进学校的办学特色。

1. "书香溢满校园"读书特色：以"书香溢满校园"为线索，把"读书工程"读经典书—说普通话—写规范字—做图配文—演课本剧，贯穿此项目之中。将成果体现在校报上，这一项目师生共同参与。

2. "口头作文"、"图配文"校本课程智能特色："口头作文"和"图配文"是学生会倾听、会说话、会交流的有效途径，不仅有助于写好书面作文，而且对学生将来的发展有重要意义。

3. 以"素质为本，活动见长"体艺特色：开展阳光体育运动，开展体育艺术2+1活动，开展"哑铃健身操"运动，开展古诗词吟唱、京剧进课堂活动。为学生提供更多展示机会，张扬学生个性，促进学生个性发展。

4. 开展"校园文化隐形"课程，陶情导行：一是创建读书长廊、感恩长廊、班级读书角、南侧生态园，教学楼植物实践基地，彰显人本主义。二是校内走廊、教室、校园音响系统增设人文提示，展示细节育人情怀。

5. 开辟"学耕园"劳动实践基地，使学生在参与实践中亲身体验种植、除草、灌溉、收获的乐趣，培养学生劳动实践能力。

6.创建"生态园"：学生们通过参观、喂养、搜集并交流和动物有关的资料，更加了解、爱护动物，促进了人与动物和谐相处。

同时学校应建立各种兴趣小组，通过开展活动，让学生的个性特长明显发展，分析理解能力、综合实践能力、语言表达能力、合作协调能力等综合素质有了显著的提高。同时也拓宽、深化了学生的学科课程学习，学生的学业成绩不断提高。

教育科研为学校注入了鲜活的生命力，促进了各项工作的发展。因此，要进一步加大教育科研工作的力度，注重科学、规范的科研管理，立足校本研究，继续抓实生态课堂、有效教学工作，坚持走教育科研强校之路，力促师资队伍建设，进一步推动学校内涵的长足发展。

第二节　教育教研活动

教研以教育活动为基础，通常有集体备课、讲课、听课、评课等，当前还有其他形式的教育活动，其他目的就是通过教育活动改善教学方法，提升教学效率，并发展教师的业务能力。教研活动是教师专业成长的有效途径，也是推进教育改革的有效手段。作为一线教师要积极参与教研活动，探索有效的教研技巧和方法，提升教研实效。

一、有效开展四课活动

四课活动主要是指常规教研中研课中的一种形式，每学期每位教师至少要完成一次以备课、授课、说课和评课为一体的研课活动，作为本期教学能力水平的指标之一，以此来激发教师的教研热情和动机，提升教研实效，促进专业成长。四课活动是根据教研组计划，按照一定的时间和内容进行的集体活动，要求参与教师，认真准备、扎实研究，提升能力。其中，备课是指教师在授课之前进行的准备，也是教研的第一步；授课是指教研活动中的主要过程，体现了师生课堂上的状态；说课是说出自己教学设计和实施的依据，刨根问底，寻找教学理论依据；评课是通过他人对自己教学的看法和意见，从而查漏补缺，吸取经验。基于四课活动开展的流程以及作用，只有充分准备、积极实践、认真总结，才能增强教研的实效，助推教师的专业成长。

（一）备课备扎实

备课是开展教研活动的第一步，充分做好准备，才能在课堂上得心应手。教师备课很多都是教教材、教教参，没有按照课标的要，创新地用教材和教参。教材和教参只是我们教学的参考资料，我们要进行变通和整理，形成符合学生发展的教学设计。因此，在备课时，我们要认真研读课标、教材和教参，并上网查询需要资料，并调查学生的学情，然后形成初步的设计思想和理念，然后把教学中学生活动，教师活动和过渡语等设计完成，从而就形成了有序的教学设计。

在备课时，我们把教学设计按照表格的形式进行细化和完善，编写清楚。分别从课题、教学目的、教学重难点、教学具、教学过程、板书设计等内容一一列举出来。除了整体上把握教学，还有从具体教学过程设计制定可实施的方案，其中教师活动和学生活动是一一对应的，有什么样教师活动，就应该有什么样的学生活动相呼应。这样就形成了详细的、有序的教学设计，同时为课堂教学开展奠定了良好的基础。

教学过程设计是备课的重点，也是我们授课的依据。因此，我们要扎实研究，精心设计，形成可行的方案。我们在备课时要充分考虑，不仅要从大局把握，还有注重细节，把每一个教学环节设计好。例如：小学科学课中的探究性实验教学过程的设计，在导入新课之后，我们就要引导学生根据现象提出问题、猜测、分组实验设计、修改方案、实验验证、展示交流、得出结论、拓展运用等，这些就是我们要设计的过程，要做到如何才能让学生切入实验的过程中，我们要充分地考虑，做到严谨设计，以学生自主学习和互助学习为主，这样就能让学生的学习更高效。

（二）授课做变通

我们常说课堂要成为一池活水，也就是说课堂是动态的，是不可完全控制的。因此，在执行教学设计时，要根据课堂的实际情况进行变通，及时改进教学策略，促进课堂生成，培养学生能力。四课活动中的授课活动，是在听课教师面前展现本堂课教师和学生风采的，也主要体现了教师课堂的驾驭能力和授课水平。再加上课堂中教师有一定的压力，但在课堂中要善于调控促进教学的有效开展。这些都是我们在课堂中应具备的基本技能。因此，我们在课堂教学中要善于变通，及时处理课堂中的突发问题。

调控课堂教学的过程，其实就是要做到变通授课，有效促进教学开展。因为在教学设计和实施过程中存在着一定的差异，同时实践也是检验我们理论设计的基石。当我们发现教学中存在问题，要及时修正，从而学生发展角度调控教学策略，从学生自主学习、互助学习的角度调整教学策略。过去的课堂要求学生绝对服从教师，现在我们要以学生的学习调整教学策略，其目的就是从学生长远的发展角度育人，落实以生为本的教学理念，这样才能实现我们育人的目的，促进学生和谐全面的成长。

教师作为学生学习的指导者和引导者，我们更应该全面掌控课堂的动态，捕捉课堂中的信息，并根据这些信息及时处理。例如：学习科学课中《光是怎么传播》这一课，学生做实验时，需要在卡纸上同一个位置做同样大小的小孔。学生在操作时，发现在利用圆规在卡纸上画圆时，铅笔总是会断，画不出来。六组同学，只有一组勉强画好。我分析一下原因，主要是卡纸比较粗糙，现在的圆规都是带的自动铅笔，因此会有频繁断铅的现象。基于这种情况，我提示学生，有没有其他方法画圆呢？结果他们想到了可以利用硬币，画完一个，用小刀裁掉，然后把另外一张纸覆盖上去画，以此类推。这样就顺利地完成了操作。因此，在授课时，我们要善于观察学生的表现，根据实际情况，采取必要的教学策略，进行补救，从而找到解决问题的方法，促进了教学的有效开展，同时也展示了教师的教学功底。

（三）说课找根源

说课是对教学设计寻找理论理论依据，这也教研活动的难点。因为一线教师缺乏的就是教育理论以及运用方法。说课主要是说一说自己教学设计的设计意图和依据是什么，必须要上升到理论的高度。从知道这样做到为什么要这样做。每一步的教学设计，都要有充分的依据，这样才能做到设计有理，思路清晰。另外也包含了说课题、教材分析、学情分析、说教学目标、说教学重难点、说教学思路、说教学方法、说教学过程以及相应的设计意图和依据。例如：说教材，主要是对教材作用和地位的分析，是对本课教材的解读，前后联系和地位分析，从而从全局把握教材。这样在用的时候才能游刃有余，掌握大的方向，以至于我们在教师实施的时候才能不偏离设计的意图，实现教学的目标。另外，我们教师只有理解了教材，才能为学生做好指导和引导。学情分析，对多生已有知识和经验的调查与分析。因材施教，才能提升育人的实效。因此，教学中我们要了解学生的学情，然后结合教学目标和内容，制定可行的方法与措施。一个班里的学生的情况是不一样的，我们根据学生的情况进行分层教学。如果不了解学生，就很难达到理想的状态。因此，学情分析，我们主要是分析学生的心理状态、兴趣、爱好、特点与能力等，我们为此要先进行调查与分析。

另外教学过程作为我们说课的重点内容来做，我们首先要理清教学过程的流程，根据教学每一步、每一个问题或每一个活动，都要说出他的理论依据是什么，因此，我们从教育理论和课标的内容，通过与教学过程建立练习，从而确立我们要表达意图，把理论运用到说课之中，这也是找到教育的根源。我们设计的过程要符合教育理论和课标的要求，才能证明我们的设计是有依据的，是正确的。说课是教师从教育实践向理论研究的关键，我们要利用说课的机会，研究教育理论，把教育理论用到课堂教学中，从而促进教育实践的有效性。

（四）评课促成长

评课对授课者的作用不言而喻。授课者从评课者的建议中吸取有用知识和经验，从而弥补自己的不足，为今后的教学指明了方向。授课者通过虚心接受评课者意见，从而找到自己的不足，即找到了自己的问题所在，然后为日后进行分析和研究奠定了基础。通过评课人的指导和评价，我们知道自己是哪方面的不足，可以从语言组织能力，心理素质、课堂应变能力、教学设计等方面去挖掘自己的潜力。另外授课之后，教师要先对自己的这堂课进行反思，说一说自己的设计意图，说一说自己课堂秩序状况，说一说不足，说一说优点等，全面地对自己的课进行思考和研究。让评课者对自己的课有更深的了解，从而让评课者准确、恰当地评价自己的课。同时也是自己对课的再一次研究，从而加深了理解。

通过评课，我们发现了自己的不足，然后对现有的问题进行补救。再一次研究自己的课，其目的就是要提升自己的业务能力，看一看可以从哪些方面去努力，并找到合适方向和方法，教学拓展广度和深度，这样才能在专业领域有所作为。这也是我们作为一名教师应该努力的方向，学习无止境，教育更是如此，我们只有多学习、多研究、多思考、才能创新、才能服务好课堂，助推教育改革。为此我们要做几点的努力：1.认真研读教育理论和新课标，包括教育学、心理学、课标、教材、教参，也可以多收集和研究别人的同堂异构的教学设计，吸取有用的东西。2.主动进行观课活动，可以多听听学科带头的人随堂课，多学习和研究；也可以到网上观看他人的课例，特别是名师的课堂，看看他们是如何上课的，吸取优点，让自己的课堂更高效。3.评完课之后，要认真撰写反思，写出自己的不足和成功的地方，找出不足的原因，并探索改进的对策；也可以写成教学设计与教后反思，也可以与同伴合作写出教学实录与评析。以上种种的研究，其作用就是促进教师的专业成长。

总之，四课活动是提升教育实效的有效途径，同时也促进了教师的专业成长。诚然，我们只有扎实开展四课活动，把每一个环节有机地链接起来，发挥其自主探究、扎实实践、有效引领、反思成长的功效。四课活动不是普通的研课，而是从而课例设计、实践、研究和提升为整理的课例研究，从理论和实践方面进行有机的结合，从而促进教师在课例研究方面进行创新，打造高效课堂，促进专业发展。

二、网络研修实践活动

随着教育信息化的不断推进，教育技术在教研活动中也得到应用，特别是网络与教研的结合，让教学的形式更加灵活，让教研的空间得到拓展，让教学质量得到提升。网络教研中，我们充分利用网络的互动性、共享性、实效性等特点，让教研活动能够集中大家的智慧，高效地进行教学研究。特别是在不受时间、空间方面，能够让教师之间进行互动交流，节省了时间，为教研注入了活力，从而提升了教研的实效，让课堂教学有了强大的支柱；同时教师在研究和实践的过程中不断丰富知识，提升教研水平，促进了自己的专业发展。

（一）网络集体备课促进教研实效

备课时上课的基础，而集体备课更容易集大家的智慧促进教学和教研的开展。而随着教研信息化的发展，集体备课与网络技术相结合，从而促进了集体备课实效。在教研中我们进行网络集体备课，可以打破时间和空间的限制。我们不仅能够利用网络查阅资料，还可以进行交流、讨论等，这样在备课中就可以充分利用课余时间进行研究和辩论。以网络为平台，大家可以不用见面进行互动，不能当面讲的，可以用网络符号进行表达，让每位教师的潜能得到释放。通过网络集体备课，教师参与教研的兴趣更浓，他们把自己的真实看法在网上进行展示，同时通过吸收别人建议而提升自己的教研水平。

在网络集体备课中，我们通过一备私下进行，二备网络集中，三备个性发展等三步，让集体备课在群策的环境下开展。一备，是年级学科备课规定的内容下，提前进行私下备课，年级学科成员都要进行，这样才能在集中诊断时发挥作用，这一备课主要是让教师了解教材、课标，但是主备人要写出具体的教学方案以备集中讨论。在二备课中，我们集中对主备人的展示在网络上的教学方案进行研究和分析，从而进行针对性的诊断，再把有效的建议反馈给主备人，和主备人以及学科组老师进行讨论和交流，从而完善教学设计，把大家的意见真正的融为一体，从而形成可行的方案；三备中，我们根据主备人的方法，按照自己的教学方法与特长，形成有个性的教学设计，由于我们每个的教学思想和个性不同，然后对教学方案的设计也略有不同。网络集体备课，我们充分利用了 QQ 教研群、微信教研群等平台进行，在这些平台中可以上传和下载资源，进行交流和评价，非常方便，又不受时间的限制，这样就大大提升了教研的实效。

（二）建设网络教学资源辅助课堂

平时我们在教学前，通常要查阅一些信息和材料进行备课，还要在制作一些课件在课堂中使用。这都需就要在网上进行搜索，但是网站上的信息不能直接获取，很多需要上传资料进行交换，还有要支付费用才能下载等，这样就给我们对网络资料的下载和使用带来了麻烦。为此，可以在学校教务处的倡导下建立学校的教学资源库，通过服务器空间和建立网站开展这项工程。大家整合的资源都放在教学资源库中，以便需要使用时进行下载。为此学校可以开展每人每学期进行一次课堂资源整理活动，这里面包含了教学设计、教学课件、习题以及教学课录像，是在学科教研课的基础上进行整理而来的，然后上传到学校的教学资源库。

另外，老师们的教学反思、教学论文和教学随感等也可以发到教学资源库，以备各位教师参考和使用。通过这样一系列的活动，日积月累，就能逐步形成资源库，进行资源的共享。比如，我们也可以借助"一师一优课、一课一名师"活动，把老师们的网络自由赛课结合起来，特别是要与电教馆建立联系，把这些获奖的教学资源拷贝到我校的教学资源库，以此丰富教学资料，更好地为教师教研和教学服务。资源库的建立，让老师能够便利的吸取有用营养，并散播给学生，从而提升课堂教学质量。教学资源库是借助网络的功能，把教师的智慧集中起来，然后再惠及老师和学生，让老师的研变得轻松，让老师的教变得有效，让学生的学变得的丰富。

（三）利用教育博客进行教学反思

随着信息技术的不断普及，教师都有自己的博客。我们可以利用博客，上网上传资源，并且能够撰写文章等，无论是文字、图片和视频都上传到博客空间。这样就可以让更多的朋友阅读自己的文章，并得到的回复和评价。因此，教师可以利用博客平台，在博客空间撰写教后反思、教学论文和教育叙事等，把学生管理和教学的问题和想写出来，发布到博客，以此促进自己的对教育教学的反思。

利用博客撰写教学反思能够得到其他教育专家、教师的认可，并能得到好的建议，这样就能与网上天南海北的同行共话教育，让教育思想得到碰撞和提升。教育博客具有上传资源和互动的功能，同样不受时间和空间的限制，教师可以充分利用课余时间撰写自己的教育博客，记录自己的教育历程，让自己的不断的反思中，促进专业成长。教师的教育博客相当于网络日记，教师利用博客的功能把发表个人的教学方法、思想历程，也可以发表自己对教育实事的评论，这样就能提升自己的理论水平，让自己的教学实践更加有效。

另外博客中的评论信息，这也是海量的，如果一位教师的博客有了一定知名度之后，当自己的观点和思想就会到大量的回复，这样就有利于教师利用这些建议，不断丰富知识的知识和理论水平，从而提升自己的专业素养。教育博客为教师提供了自我展示和发展的平台，让教师能够在网络的海洋中找到自己专业的知己，与网络的朋友高谈阔论，从而活跃了思想，促进教师在教学中的创新。

（四）借助主题网站提升专业素养

随着信息化的发展，网络技术已经得到了普及，特别是一些网络资源共享让人受益匪浅。比如教育方面出现了一些学科网站或一些专业知识网站，这样就能为进行这方面学习的人提供了帮助。我们也把这些网站称为主题网站，有些网站是免费提供服务，而有些则需要提供资源交换或者购买分值再进行下载，无论是怎么样的形式，这些网站都能为学习者提供服务，促进学习者的专业成长。教师作为学习者，无疑也需要主题网站丰富知识，提升技能，从而更好地为课堂教学服务。

比如，教学中，教师需要做课件，那么就要涉及有关文字编辑和图像编辑软件，那么我们就可以到专业的软件教学视频去学习，就要寻找这些主题网站进行学习，或留言询问有关技术问题，这样教师在学习的过程中就能提升自己的专业素养，信息技术方面的专业知识也是教师教学必备的。

另外还有一些学科方面的知识，需要到网站上进行搜索和下载，比如，教师为了搞好课堂教学，需要进行教具方面知识，制作教具完成教学内容，就可以到有关教具的主题网站，搜索别人的方法和制作视频，进行比较研究，最终制作自己需要的教具。主题网站能够为我们提供详细的方法和技巧，特别是视频课程方面，这样就能大大的促进教师的专业技能的提升，然后教师再利用学习到知识开展课堂教学，从而提升了教学的质量。

最后，各个市县的教育信息网和学校的网站，也会收藏一些专业学科方面的资料，在一定程度也能解决教师在学习和教学上需求。利用主题网站进行教研、学习，也充分说明了教师的研修的多样化，体现了这个社会的多元化，我们都应该向网络学习，向社会学习，让自己更加完善。

（五）巧用微信平台增强职业幸福感

微信已经得到了普及，特别是在日常生活中应用非常广泛，在工作中也会利用其完成一些任务。学校有了微信公众号，可以向教师传统学校工作安排，教研组的微信群可以进行教研信息的发布和互动，班级家长群，教师与家长可以及时沟通。而教师自己的微信平台，也可以发表自己的一些信息，包含生活、工作方面的。特别是工作中的一些成果可以展示出来，让大家一起分享。因为自己的朋友圈中有好友、同事、亲戚、学生家长等，教师可以把自己的教学中困惑以及思路发布出来，征求大家的意见；可以把自己的撰写教育随感、教育叙事、教学论文等展示出来，让大家都能体会到教育的艰辛以及教学果实的甜美。教师需要职业幸福感，如果自己做到事情，大家都不知道，那么也就失去了展示自己的机会，利用微信平台让大家分享自己教育成果，也是教师获取职业幸福感的有效途径。

另外教师还可以把自己辅导的学生作品通过微信平台展示出来，这同样也是自己的劳动成果，没有师，就没有学生。学生的成果展示有学生的作文、艺术作品、科技小论文、学具作品以及科技 DV 等，这些成果是在老师的积极引导和指导下完成。在微信平台展示，不仅仅能够增强育人的信心，自己的职业幸福感也会得到提升。当然，有展示，就有评论，有积极的赞美，当然也有很好的建议，我们要在不同的心声中不断完善自己，让自己的教育实践更高效。

总之，网络教研是促进教师专业发展的有效途径，教师在学习专业知识和研究教学问题的过程中，让自己的教学水平得到提升，这样就为课堂教学的开展奠定了基础。网络教研中，我们充分利用网络平台，让网络与教研、与我们的生活紧密联系起来，以此发挥信息技术带来的优势。网络教研以丰富的资源、开阔的视野、超越时空和快捷实时的特点，为教师迈向光明的世界打开了大门，为教育注入了新的活力。我们通过网络教研，体验到探索带来的快乐，品味着创造带来的收获，同时也让每位教师茁壮成长。

三、一师一优课活动

在《国家教育信息化十年发展规划》的精神指导下，省市县三级开展了"一师一优课、一课一名师"活动，要求每位教师利用信息技术和优质数字教育资源至少上好一堂课；每堂课至少有一位优秀教师能够利用信息技术和优质数字教育资源讲授。教师需要在省基础教育资源网实名注册，获取管理账户和空间，然后把自己的课堂实录、教学设计、教学课件上传，活动分为网上赛课和评选优质课。其作用是形成课例的资源库，实现资源共享；有效开展网络教研，提升教研实效；以活动为载体，提升教师的信息素养。

（一）激发教师网研兴趣

"一师一优课、一课一名师"活动是一种开放、动态、交互的网络教研平台，对教学过程、课例资源、课例评价、课例管理等方面，实现资源的交流与共享，以教育信息化推动教育现代化的理论和实践。以"一师一优课、一课一名师"活动形式开展网上赛课、网上评课、互动交流等，这样就为教师提供一个广阔的发展平台，符合一线教师需求，从而激发了教师的研修兴趣。

1. 建立自信需要

"一师一优课、一课一名师"活动分为两项，其中一项就是网上赛课。所赛的课是经过精心的设计与实践的教研课，然后上传基础教育资源网作为参赛作品。这些课例都是在名师组的指导下的每位教师的代表之作，教师们纷纷参加赛课，则体现了其自信心。教师对赛课具有的自信，是源于自己充分的准备、积极的磨课以及对网络研修的兴趣；其次是赛课有很多的自由度，在经过设计、磨课之后，在录播室上的一节课，由于准备充公，相对来讲又是封闭录课，在教态以及课堂掌控方面游刃有余，是展示师生风采的精品之作。因此赛课教师自信心足，教师对这种活动兴趣较浓。

2. 获取荣誉需要

"一师一优课、一课一名师"活动的第二项是评选"优课"，在网上评出评选出省、市、县的一、二、三等奖的优质课，颁发优质课证书，充分体现上级部门对这次活动的重视，以及对信息化教研推进作用。根据我省中小学教师职称评定方案规定，中小学城市学校教师评选正高级职称需要省级优质一等奖一节，副高级职称需要市级优质课二等奖以上的课一节，一级职称需要县级优质课二等奖以上的课一节，农村学校减一档次以此类推。由此可见，优质课是教师晋升职称的必备条件，也充分体现了教师的业务水平。评课中规定原则上每个学科每个年级每个版本每堂课只能有 1 个"优课"推荐参与上一级评选；同一教师原则上只推荐 1 个"优课"参评。可见获取优质课的概率是很小的，但是我们网上赛课与评课是一种活动，重在参与，体验其过程。教师若能要能获得此荣誉，充分体现了其能力，是实至名归；没有获得也是一次教研磨炼，也是有收获的。

3. 自我提升需要

人是在不断追求，不断创新中发展的，当然工作也需要做得更好。作为教师具有精湛教学教研能力，能充分体现出人生的价值。提升自己的专业素养，也是教书育人的必备条件。因此开展"一师一优课、一课一名师"活动，进行课的研讨，能够让教师从设计课堂、指导改进、形成方案、录播实录等方面锻炼自己的业务能力。课堂设计要把教学理念与教学内容进行有机的融合；指导改进能够聆听到名师的诊断，吸取教学的精华；形成方案，自己经过反思后进行改进，提升设计高度；录播实录能够锻炼自己的课堂调控能力以及媒体的应用水平。网上赛课，需要教师在网下进行充分的实践和研究，最后形成可行的教学设计和课堂实录，让教师从备课、研课到授课经过严密、深入的研究，从而提升研课的能力，促进了教师的专业成长。

（二）培养教师网络技能

"一师一优课、一课一名师"活动需要教师具有一定的网络技能，网络技能包括了网络资源的运用，信息共享与管理及网络的管理等。网络研课给教师提出要求，同时在研课中锻炼了教师的网络技能。以"一师一优课、一课一名师"活动中的赛课、评课、互动交流，需要利用网络进行操作与管理。特别是在赛课前的教学设计和制作课件都要利用网络收集信息和素材，进行甄别、整理、融合到教学当中。因此，这一活动的开展让教师网络技能得到锻炼和培养。

1. 网络搜索能力

网上赛课，最先做的事情就是教学设计。教学设计时，我们要查阅资料，除了教材、教参和课标等纸质材料外，我们的信息和资源主要来自网络，我们通过网络搜索教学需要的材料，比如别人的教学设计，教学课件等，我们可以参考。特别是多媒体课件的制作，也需要教师从网上查找素材。例如，需要搜索文字素材、图片素材以及音影素材等，然后做成图文音影具备的课件。但是我们在课件制作的过程中，也会遇到技术上的困难，除了向同行请教之外，我们可以利用网络搜索解决问题的方法，如制作 flash 动画，对一般的老师是有困难的，我们可以上网搜索有关的视频教程，也可以在百度里面搜索解题问题的文档。教学设计以及设计中的课件是我们进行课堂教学必须准备的内容，我们利用网络拓展设计的高度和内容，不仅提升教学设计的质量，还提升了教师的网络搜索能力。

2. 网络管理能力

"一师一优课、一课一名师"活动的开展，需要教师在省基础教育资源网上实名注册个人信息，这就相当于，我们每个人有了一个客户端，等于就有了我们上传资源空间，除了高级管理员，他人无法进入自己的空间上传资料，别人只有浏览、评价等权限，自己才是这个空间的管理者。因此，教师必须学会进行网络管理，如，上传文档、上传影像、修改内容，进行评论，投票等一系列的活动。以本次活动为契机管理赛课资源，进行评课、评价和投票。从而培养教师的网络管理能力，为在日常生活中运用博客，以及 QQ 平台中进行管理任务奠定了基础，从网络教研到实际生活，我们利用网络管理我们信息空间，网络管理能力在不断实践中得到提升。

3. 网络交际能力

网络交际能力是指利用网络进行人际交往，通过聊天、留言、评论、视频进行沟通，从而促进思想和行动的通达。基础教育资源网中，给每位用户设计了评论的功能，教师可以通过观课，浏览教学设计和课件的同时可以进行评论，可以提优点，也可以提一些建设性的意见，也可以是提出的问题，然后授课老师能得到及时的反馈，并与评论老师进行交流，探讨教学中的问题，也可以与网上的其他更多的老师进行课例的研讨，从而提升教研能力。这样通过网络进行课例的研究，需要留言、发帖和上传资源等，这样教师之间的沟通就会日益密切。同时可以延伸到日常生活中，在各大网站论坛上评论或发帖等，如成长论坛中进行读书与投稿的交流，在 QQ 平台中，与网友进行生活上交流，在博客撰写文章与博友进行交流等。以"一师一优课、一课一名师"活动进行与各位教师的研课交流，引入生活中的其他方面的网上交流，从而提升了教师的网络交际能力。

（三）提升教师信息素养

信息技术素养不仅包括利用信息工具和信息资源的能力，还包括选择获取识别信息、加工、处理、传递信息并创造信息的能力。信息技术素养是在教学中对教师信息技术应用能力的要求。对于教师的网络研课，要求教师要具有信息技术服务教学的理念，会课件制作（办公软件和绘图软件的使用）、会使用电子白板以及网络操作等。"一师一优课、一课一名师"活动规定，教师赛课中的课例要与信息技术融合，突出展现数字教育资源的课堂应用。利用信息技术服务课堂、教研，并在不断的实践中锻炼和培养教师的信息素养。

1. 信息技术理念

"一师一优课、一课一名师"活动中规定，赛课要"体现学科特点和信息技术应用的融合性，突出展现数字教育资源的课堂应用及如何利用信息技术和数字教育资源创新教学方法、有效解决教育教学的重难点等课堂教学内容。"基于这一要求，我们必须"树立学科教学中融合信息技术，利用信息技术服务课堂"的理念，也就是说教师要有信息技术的理念。我们在设计教学中，通常是利用信息技术创设情境、丰富资源、模拟实验、课堂训练、互动交流等。创设情境中，我们主要是创设导入的情境，解决问题的情境，这样有利于学生思考问题和解决问题；丰富资源，主要是课堂上为学生提供与课堂内容相关的阅读材料，包括文字、图片、声音、视频等，通过直观、形象的资源，调动学生的各种感官，激活思维；模拟实验，主要是指受条件限制无法进行实验操作，只能通过动画演示，让学生观察，从而探知事物的本质，主要适用于与小学的科学学科和中学的物理、化学、生物学科。课堂训练，是指练习的内容设计到课件当中，可以是普通文档，也可以是游戏等，其主要增加练习的形式和趣味性，从而深化练习，提升练习效率，巩固知识。互动交流，主要利用网络的功能，收集资料，网上交流与学习等，拓展了学生的学习通道。

2. 课件制作水平

赛课中规定要上传课件与其他资源。因此，要形成一节完整的课堂教学，制作多媒体课件是不可缺少部分，利用课件辅助课堂教学，从而提升学科教学的实效。大部分老师的课件制作水平只处于利用简单的文字和图片做成的 PPT 幻灯片，有些老师是直接在网上下载的课件进行使用，因此课件制作水平比较低。与我们要求的做成交互、动态的课件是有差距的，这里主要是指会使用 authorware、flash、photoshop、3dmax 等。这也是现代教育对教师信息素养的基本要求。因此，当今教师的课件制作水平是困扰信息化教学的主要因素，因此提升当前教师的课件制作水平是当务之急。根据教师教学水平的现状，结合信息技术的特点以及各校的实际，可以做两方面的努力，一是，整合信息资源包括人力和物力，县级中小学可以本校为单位，各个乡镇学校以中心校为单位，以专业的信息技术老师为讲师负责对本定期开展课件制作讲座。二是，青年教师与老教师进行一对一结对，由于青年教师知识水平高，精力旺盛，学习能力强，容易掌握课件的制作技巧，然后帮助自己结对老教师学习，共同研讨，共同进步。三是，进行自学，由于网络的普及，教师可以利用网络学习课件制作课程，利用网络搜索课件制作中遇到问题的解决方法等。

3. 电子白板运用水平

由于中小学信息资源工程的推进，电子白板已经逐渐普及，这为信息化教学奠定了基础。网上赛课中规定，课堂教学必须运用信息技术手段，这就要求老师所讲的课要运到电子白板。电子白板的不能局限于会播放课件，会网络搜索，其最主要是会运用到电子白板的功能，如标记、绘图、变换图片，特效，生成和导入资源等。因此教师对电子白板的使用首先要进行培养。首先教师要积极参与开展的信息技术能力培训工程，现在正在逐步实施当中。其次，先对学校的电教员进行轮训，然后由电教员培训本校的教师。然后，各科教师要进行结合本学科教学特点，有效使用电子白板，逐步摸索和掌握电子白板的技巧和方面。最后，各级电教馆每年要开展电教优质课大赛，以吸引更多教师参与电化教学，从而带动更多教师实践和研究信息技术。

　　总之，"一师一优课、一课一名师"活动的开展，不仅推进了广大教师的网络研修，提升了教师的信息素养。同时创新数字教育资源建设与应用模式，促进优质数字教育资源的开发与共享，形成各学科的生成性资源体系，推动信息技术和数字教育资源课堂教学中的合理有效应用和深度融合。

第七章　学做教育科研

　　教育科研是以教育科学理论为武器，以教育领域中发生的现象为现象，以探索教育规律为目的的创造性的认识活动。既然是对教育现象的研究，对教育规律的探索，这当然与教师有关系，因为教师是教育活动的参与者，他们更有机会接触教育中的实际问题。同时随着我国不断提高对中小学教师队伍的要求，要让中小学教师从教书匠逐步向教学研究者转化，丰富理论水平，从而有效地指导教育实践，提升教学实效。同时作为教师，要掌握教科研的方法，并进行教科研方法的创新，才能提升自己的科研能力，并促进教育教学改革。

第一节　教育科研管理

　　教育科研管理主要引导教师从实践走向理论，对教育科研的一般的过程和结果进行管理，从而促进科研活动的有序、有序进行。对于一线教师来讲，他们需要科研管理，引导他们走在真正的研究，并提升自己的科研能力，让自己的专业得到发展。

一、科研需要科学管理

　　课题研究是理论与实践结合的有效方式，参与课题研究的教师在实践中得到了锻炼和提高，在研究中发现自己的不足，寻找自己的缺失点，带着问题去学习，提高认知水平和能力，又会促进研究能力的提高，学术水平的增强。通常科研课题的研究离不开教研，教研是科研的基础，科研是教研的升华，把教研与科研融合为一体更有利学校整体工作的安排和协调发展，鉴于此，我们提出了科研，教研，培训三位一体的工作策略，形成了"以科研、教研为先导，全面提高教师素质"的研究特色，注重科研课题管理的过程，从计划管理、组织管理、过程管理等方面实施有效管理，提升科研课题研究的实效。

（一）计划管理

1. 选择合适课题

对于课堂的选择，需要时间和过程。一般情况需要经过较长时间的调查，掌握了教学中存在的问题，一是发现学生的课外阅读面比较窄，还没有形成良好的阅读习惯，而且缺乏阅读能力；二是作业不能够激发学生的兴趣，而且没有层次，不能体现因材施教；三是科学学科实验仪器不足，影响学生动手操作，不利于培养学生的动手能力和创新能力。四是课堂教学没有充分地培养学生的主动学习能力等问题。针对在这些问题，经过多次的论证，选择了适合语文、科学以及作业改革的研究课题。

2. 制定缜密方案

研究方案是课题研究的蓝图，我们组织有关人员，认真地讨论课题研究的意义、研究的假设、目标以及实施策略，在具体分析课题研究的可行性和存在问题的基础上，撰写了研究方案。然后再次组织反复讨论、几经修改，形成了课题研究的科学路线图。

3. 安排详细计划

每个课题在实施方案的框架下，拟定了课题研究的计划。落实每个人的研究任务，详细地安排研究课的内容、备课时间、授课时间、评课时间。落实到某一天、某一节。保证了课题研究的切实进行。

（二）组织管理

1. 建立四级科研网络

建立实验组织是有效的控制和指挥课题实验进行的必要条件。为此，我们加强了实验组织建设，形成了"科研领导小组—科研指导小组—课题组（教研组）—教师"四级科研工作管理网络，保障了研究工作的正常进行。

学校科研领导小组由学校领导为负责人。领导小组工作职责是负责指导课题的选择，方案的制定，计划的实施，成果的认定，科研活动的支持，时间、物质、经费的保障；科研指导小组由教学校长，教导主任组成的指导小组是实验研究的参与者，具体职责是五个深入：第一深入课题组，疏通思想，解决困难；第二深入集体备课，把关导向，指导研究；第三深入课堂，跟踪听课研究课例；第四深入评课，畅抒己见，指导提高；第五深入学生，调查研究，检测效果寻求归因；每个课题都有教研组长担任课题组长，具体负责课题研究计划的制定、落实，直接参与课题研究活动。

学校鼓励教师参与课题研究，有明确的工作职责和要求。确保每个课题组成员稳定。参与课题研究的中青年教师占课题组成员的 100%，骨干教师占课题组成员的 65%。四个层次的教育科研管理网络，做到了组织落实，任务落实，使研究工作能真正开展起来，持续下去。形成了领导关注科研，教师参与科研，全校支持科研的浓厚的氛围。①

2. 建立科研管理制度

根据课题研究的需要，我们建立了《课题组学习制度》《课题组备课制度》《听课制度》《科研成果管理办法》《科研成果申报规定》等管理制度。要求每学期开学伊始各课题组负责人都认真的制定好实验计划。并按计划组织开展好各项研究活动，听评课活动等。课题组成员也都有相应的任务落实，积极主动参加课题组各种研究活动，参与理论学习和研讨活动、撰写好教学设计，经验总结，课后反思、研究论文，实验报告等。各项制度规范了研究行为，保障了研究活动的有效性、科学性。

（三）过程管理

为避免研究中，重结果轻过程的现象发生，我们严格把握研究环节，加强过程性管理，使研究活动的科学规范。

1. 研究教师的培训

一是我们组织课题组成员认真学习研究方案，使每个人熟悉研究假设、目标、

---

① 　孙百娥等著 . 小学教育发展新论 [M]. 九州出版社 ,2019（3）.96-108.

内容、增强操作变量的自觉性、目的性。二是学习科研的科学方法，结合研究进程，举办讲座和座谈，在理论的指导下，提高研究能力，科学地进行研究活动。目前为止，各课题组结合课题研究内容进行了 10 多次培训；其中集中培训 2 次。

例如，省教师教育课题，我校承担了课题"校本课程'七巧板创意设计'开发的研究"，实验教师先进行培训学习，掌握七巧板的理论知识和经验，然后再进行实践研究。实验教师的培训学习主要是从以下几个方面进行的。

（1）培训学习的内容、任务，要求

具体内容与任务，实验教师 1：一副七巧板创意拼图；实验教师 2：二副七巧板创意拼图，培训对象：实验教师 3：三副七巧板创意拼图，培训对象；实验教师 4：四副以上七巧板创意拼图；课题主持人：七巧板主题创意拼图，并负责对课题成员培养的指导和协调。具体要求：以课本拼图；以实物拼图；想象拼图；组合拼图。

（2）购置资料进行学习

购置学习材料，以"七巧科技"读本为参照，教师先进行学习和训练，从而掌握七巧板拼图和创意的技巧。

（3）制定培训方案。

各位实验教师，按着以"七巧科技"读本以数学课与科学课中的涉及的内容为参照，按着主持人分配的内容、任务、要求设计详细培训方案。如每一次培训的培训过程、培训的目的、培训的措施等进行详细的设计。

（4）观看视频提高培训能力

实验教师到网上收集七巧板培训的视频进行学习和提升，也可以选择较好的视频让学生学习或作为备课资料进行研究，提升教师的培训能力，从而提升培训的实效。

（5）掌握组织班级训练方法

主要从准备七巧板器材；讲清拼图的规则；按着要求进行训练；鼓励学生创意设计；引导学生做模拟试题等方面，实验教师先进行下水实验。

2.研究活动的开展

落实研究计划，开展研究活动是课题研究的核心，缺乏科学性的研究活动就不会有学术性的研究成果，所以我们非常重视研究活动的设计、实施、反思和总结。一是根据课题研究的假设和研究目标设计研究活动的内容、形式和方法，使每一次研究活动有目的性，有可操作性，逐渐逼近研究目标。二是认真实施研究过程，每一节研究课，课题组成员都要参与集体备课，听课、评课活动。三是每个人都要撰写研究反思。四是每次研究活动课题组都有撰写研究总结。目前，研究课的教学设计共计 60 份；研究课总计 35 节；集体备课、听课、评课总计 55人次；撰写教学反思大约 30 万字。丰富多彩的研究活动，极大地促进了课题研究的深入。

例如，课题"多媒体技术支持下的阅读教学实践研究"实施的策略为两个层次的推动，即：网络课程的推动、技术手段的推动。此次实验跟以往不同的是，实验之前，根据课题组的要求所有参与实验的教师要在寒假期间学习完网络课程，并完成相关作业。这个变化，改变了我们盲目、随性的做法，迫使我们思考实验的每个过程，每个细节，从而使我们整体地把握了实验的每一个环节，每一个步骤，每一种方法，为真正实施课题研究做好了充分的准备。在实验的过程中，每当我们遇到问题时，我们都会到网络平台上去寻找答案，网络课程给我们知识，给我们启迪，给我们信心，给我们力量，有效地起到了推动课题进程的作用。同时也让我们重新审视了信息技术工具的支持作用，它不是一个点，也不是一个面，而是一个立体的网络。它贯穿于我们研究的始终，贯穿于我们研究的每个环节。

为了能更好地开展实验工作，记录下实验的每个瞬间，每次集备、上课、评课我们都全程摄录，定期回放，定期反思。保证了实验不偏离方向，不盲目进行。同时也为实验工作留下了大量的、宝贵的第一手资料，有力地推动了实验工作的顺利开展。

再如，《探索作业改革，让学生形成按时完成作业的好习惯》实验课题能按照作业改革的实施方案，在全校不同年级开展了问卷调查，通过问卷来了解学生完成作业的情况和一些具体问题。针对这些亟待解决的问题研究作业的设计。数学作业设计的基本流程为：知识准备——知识运用——知识拓展。由知识的铺垫到知识的运用再到知识的拓展，逐步深入，达到了事半功倍的效果。语文实验班设计的趣味性作业大大激发了孩子们的兴趣。如：连词成句、连词成篇这类题目，有效地激发了孩子们的想象力，培养了学生的语文素养，促进了学生的全面发展。

3. 研究资料的搜集

我们从研究工作开始就十分重视资料的收集工作。采取问卷、座谈、观察等方式，收集不可量化资料，定性分析被试目标达到的状况；采取试卷、作品分析，课堂观察量表等收集可以量化的资料进行定量分析，了解被试知识与能力目标达到的状况。通过教学设计、课堂教学结构观察、备课、评课、反思等活动分析教师成长的程度。全方位的资料收集为假设的验证积累了数据资料和鲜活的事例资料。目前按计划性、基础性、过程性、成果性、总结性、专题性六类资料进行分类保管，以备深入研究。

例如，科学课题"农村小学科学学具的开发与应用研究"，要进行小学科学学具作品的收集和分析，进行研究。我们课题组主要是从历年的《科学课》《实验教学与仪器》《教学仪器与实验》《中国现代教育装备》等杂志中收集学具制作的作品，然后分类汇总，研究这些学具作品的研究背景、制作材料、制作方法、使用方法、效果与作用以及运用的前景，从中获取制作的方法和技巧，形成经验。这样对研究资料的收集、分析与整理、进行深入的研究，为课题的研究奠定了基础。

总之，总之进行课题研究是推动教育教学改革的有效途径，也是全面提升教师素质，促进学生全面发展的科研目标，让科研、教研、师培有机地融为一体。没有严格的管理，就不会有丰硕的科研成果，我们采取措施在计划性、过程性、质量、学术性的方面加强管理，使教育科研有序健康的发展。

二、科研运用课题引领

课题研究是教师专业素养的必备的要素，也是提高教育质量有效途径。由于开展课题研究有一定的难度，因此要有一定的方法和技巧。一般情况下，采取的是同学科教师共同研究，进行立项、实践与研究、整理成果、结项等。课题是以教师之间合作的形式开展和研究，在不断实践和研究中提升教师的科研能力。

（一）课题研究要与学科特点结合起来

开展课题研究选题时，我们一般情况会以教学中遇到的问题或教学中的难点作为研究内容，以解决教学中实际问题为目标，并具有可操作性，便于推广经验等。例如，涉及的科学课题研究，科学课的特点就是以探究活动为基础而开展的，注重学生动手操作能力的培养。这是科学课特点也是教学中的问题和难点，这时我们正好可以利用课题研究，深入探讨如何开展科学活动，于是在科学备课组成员共同探讨下，结合教学的实际，我们确立了"农村小学科学学具开发与应用研究"作为研究的课题。小学科学课是以培养学生动手能力和创新思维为根本任务的学科，而对小学科学学具的设计与制作，正好符合这一要求，因此把小学科学学具的开发和利用作为课题研究，符合小学科学课程资源的要求。特别是在实验仪器的不足或实验仪器解决不了实验，我们可以利用学具进行研究，那么学具的设计和制作就尤为重要，也可以说是实验教学的延伸和拓展。利用科学学具解决教学中的问题，能够提升学生的学习效率；学生进行学具的设计、制作、改进、组合等能够培养学生的动手能力和创造力。同时教师通过课题研究提升了指导水平和教学创新能力。利用"科学学具的研究"的研究，既可以弥补实验仪器的足，提升实验教学的实效；同时可以拓展学生的学习空间，培养学生的动手能力和创新意识，从而提升学生的科学素养。

（二）课题研究要与教育技术结合起来

随着科技的不断发展，教育技术已经深入的运用到教育教学中。我们可以利用信息技术丰富课堂内容，巧妙地利用课件、视频等优化课堂教学，提升课堂教学实效，提升学生的学习能力。例如：学生可以利用 DV 拍摄探究活动，以培养学生的探究能力；教师可以利用科学 DV 进行教学，让学生观看他人是如何探究问题、解决问题，从而自己获取其中知识和技能，同时利用科学 DV，可以丰富课堂教学内容，激发学生学习兴趣，为学习创设良好的教学环境，从而提升了课堂教学的实效。给予这种情况，我们借助 DV 进行课题研究，在科学备课组成员共同探讨下，确立了"小学科学 DV 的开发与应用研究"这一课题。利用科学 DV 的研究，培养学生的探究能力，提高科学教育的质量。小学科学课离不开实验，与学生的探究性学习紧密联系。但是有些实验无法再课堂上完成。那么只能放在课外，或者进行观察实验。而小学科学 DV 设计、制作和运用有很大的作用，学生可以把自己的探究活动做成科学（在老师或家长的指导下），通过设计论证、拍摄、制作等，把自己的探究的过程展现出来，从而培养自己的探究能力。课堂上，我们也可以把可科学 DV 作为课程的资源，学生观看科学 DV，从中学学习别人探究问题的方法，从而提升自己分析问题和解决问题的能力。把"小学科学 DV 的开发和利用"作为课题研究符合小学科学的要求，是小学科学课程资源的开发和利用的有效途径。同时，教师也在课题的研究中找到培养学生的学习能力的有效方法。

（三）课题研究要突出学校的办学特色

校本教研是立足于学校的教学实际的，是为学生的发展，教师的成长发挥作用的，从而提升学校的教育教学质量，凸显学校的办学特色。因此课题研究也应与学校的发展紧密联系起来，特别是学校的办学特色，可以利用利用课题引领，在课题研究中研究校本课程，促进特色学校的建设。例如，我们结合到学校和上级教育部门经常开展七巧板创意设计活动，再加上我校科学师资队伍比较强，有两名专业科学教师以及两名兼职科学教师，学校购置了 200 套七巧板，由于学校也积累了开展"七巧板"活动经验，基于以上情况，科学组教师确立了"七巧板创意设计"作为学校的校本课程进行研究，并成功立项。在课题组成员的共同努力下，先后发表了发表论文了《让校本教研和科研有机结合起来》《教科研要立足于三求》《对科学学具制作的几点思考》和《利用七巧板拼图培养学生科学素养》等作为课题的阶段性成果，最后以《七巧板创意设计》读本为最终研究成果。另外根据学校"科技办学、艺术办学"的理念，还确立了"利用制作活动提升学生科学素养"，"加强文艺教育，促进学校文化建设"等课题，以课题为引领，从多角度打造学校的办学特色，促进学校的长远发展。①

总之，在搞好常规的教学工作时，要加强科研投入和研究。以校本培训、课题研究和论文撰写等形式对教育教学中的问题不断思考、深入研究，以提升教师的教科研能力，促进教师成长，同时也提高教育教学质量和学校的整体办学水平。

三、教师要成为研究者

随着知识的进步与更新，社会对教师角色的要求不再是单纯的，传道，授业，解惑，而是从教学者逐渐向研究者转型和过渡。教师的教学方法也在由重知识传授向重学生发展转变，并且越来越注重对学生差异性和个性化的尊重和引导。教师即研究者理论研究，不仅改变了教师的教学质量，也改变了学生的学习和生活状态。由于教师即研究者理论在国内中小学教师群体中，得到较为广泛的接受和认可，并在一定程度上体现于教学实践中。但要实现教师即研究者要具备三个条件：从理论上及实践上准确的定位教师角色，多方位的提高教师的科研能力，完善相应的保障体系及激励机制。

（一）科学定位教师角色

1. 理论层面：教师需要实现自我更新

目前的教师成为研究者整体来看是被动的，表现出教师从事科研并不是发自教师个人强烈的愿望，而是一种外在的要求下进行的。但是教师要实现专业发展就不可能完全凭借学科知识或者教育理论的学习来实现，而使教师摆脱这种被动局面的途径是需要教师从自身发掘内在的"自助"需求，通过开展研究摆脱传统教育理论及政策的限制，通过研究张扬自我个性，实现其存在的价值。教师成为研究者的内在动机要被激发，让教师认识到研究的重要性，发现研究是自我创造的内在需求，从而发挥教师的主体性，意识到成为研究者的价值，体会到从教学

---

①　窦青.论中国风格钢琴练习曲创作的体系性构建[J].音乐研究,2017（6）:81-89.

者成为研究者的成就感。要坚决杜绝，认为教师只是某些课程的执行者或者只是实施某些专家意图的机器。因此，从理论层面为教师准确定位成为研究者是基于其内在发展及自我更新的需要。让改革从自外而内、自上而下的传统局面转变成为教师自觉去发动革新的愿望，在改革的过程中让他们感觉到有这个能力和信心去做好这件事情，在这个过程中对自身的发展承担更多的权利和责任。比如在教学实践中随时发现各类问题，都有待教师自己去发掘，去试图解释和解决这些问题，产生研究的冲动，那么研究的内容、研究方法等等都是由教师自主的，因为只有这样才能提高自己的研究素质。

2. 实践层面：教师立足于解决实际问题

教育理论是建立在对教育实践的基础上，从教育实践中的问题出发，并用解决实际问题而成为最终的目标。从教师实际的育人活动来看，它是一种特殊的改造世界的实践活动。离开学校和课堂的研究是空洞的、抽象的、没有根据的研究，从这个角度来看，对于教育研究的实践也必须牢牢地植根于学校和课堂，必须和教师的各个方面有直接的、切实的联系，必须立足于解决教育实际问题。专职的教育科研工作创造出的教育科学理论具有普遍性，是教育发展的一般规律，因此可以广泛知道教学实践。相比之下，教师是在真实的教育情境下，面对的是具有主观能动性和独特个性的学生，因此每一个情境都是不一样的教学情境，而从事教育实践的教师就要面临不同类型的教育实际问题，因此要解决这些问题就要深入研究并创新。那么，每天从事教学工作的教师从事研究与专职科研工作者不同之处，也就在于这种研究选题来自实践，没有固定的方法和技术，自由度较高，工作与科研同步进行，目的是为了更好地促进工作。中小学教师要在教育实践中，就要掌握一定的教育理论和方法，运用这些理论进行分析和研究，从而发现问题，制定解决方案并实施。教师的研究要和育人的任务有机融合起来，促进育人，就要扎实进行教育研究。教师的科研与育人任务的统一，其实就是教师创造性地解决教育实际问题的过程中完成的。也就是说要通过教师自己的科学研究来解决教育实践中的问题，并且在实践中不断丰富、深化和完善理论，使理论能够更好地为实践服务。

（二）多方位提高教师的科研能力

教师的成长是一个动态的过程，"历经师范生的专业社会化阶段，实习教师的专业社会化阶段、合格教师的专业社会化阶段"。因此，想要让教师养成良好的科研素养和能力，就必须抓住职前教育及在职培训两个阶段。

1. 合理设置教学课程

从目前我国教师教育的课程构成来看，主要涉及三部分：第一部分是公共基础课程，涉及"两课、外语、体育、计算机等综合性文化知识系列课程"，内容约占总课时的五分之一。第二部分是学科专业课程，涉及"数学、中文、物理、化学等"占到总课时的几乎五分之四。最后一部分是教育专业课程，涉及教育学、心理学等，比例非常少。而恰恰是教育类的课程能够提高教师的教育科研素养，因此，提高教师的科研能力，首要措施就是合理设置教学课程，增加教育类的课程。这方面做得比较好的国家是美国、德国、法国、日本等发达国家，教育专业课程在其总课时中均占到五分之一以上的比例，日本在 1998 年修改的《教育职员许可法》中，就调整了各部分的专业设置比例，特别是增加了教育专业课程的学分，其中包括教育基本原理、教育方法、教育评价与测量等。这个做法极大地促进了教师的科研水平的提高，相比之下，我国教育类课程的设置非常薄弱，应该给予加强，如增设培养教师教育理念的课程，还有教育科研方法、教育统计学、测量与评价等课程也应该列入考虑范围。使教师不但具有成为研究者的意识，具有先进的教育理念，还具备一定的研究技能。

2. 创新教师培养模式

从师范教育阶段来看，目前，我国的师范教育中理论与实践相互脱节，理论脱离于实践，实践也脱离于理论，这种现象使理论知识不够扎实，在实践中也难于获得反思探究的知识，阶段性的教育实习及偶尔的教育见习，难以满足培养学生研究能力的需求。在这方面，20 世纪 80 年代以来的美国兴起的"职业发展学校"是非常好的范例。在由大学教育与中小学合作创办的新型教师培训学校中，改善了原有教师的培训计划，通过开展教学、家访、教研会、教学实验等措施，让中小学教师与大学教师合作负责师范生的培养。实习生之间参与其中，也会参与实际执教，能够得到专业教师的指导，加之大学老师与中小学老师互通有无，为学生带来新的思想、知识与技能，为学生开启了研究的大门，为他们今后参加教学研究奠定基础。国外的这种拓展教师教育空间的经验表明，未来教师的培养不一定的师范院校唯一一种模式，可以拓展延伸到未来教师有可能活动其中的中小学的实践中去，结合我国的实际教学情况，才能探索出适合我国国情的教师培养模式。

3.注重开展校本培训

在职培训阶段。从师范生成功迈向教师岗位之后，很多学生感觉到自己的知识欠缺、实践经验缺乏，在职进修的愿望是非常强烈的。培训的形式传统意义上，通常是培训会、讨论会等，个别对教师进修非常重视，而且有实力的学校会送教师去脱产进修，但是脱产本身就具有局限性。以课题为研究中心的校本培训是近年来比较受教师欢迎的进修形式，很多国家对这种模式进行了积极探索，如英国的谢费尔德大学教育学院的中小学教师通过进修的"六阶段培训模式"，就充分利用大学的资源优势，共同解决实际问题，共同促进教师发展。校本培训在本校真实的背景下开展，可以与实际工作有效结合，而且丰富了教师的职业生活，对于我国教师开展校本培训来说应该强调以下几个方面内容。首先需要加强教师的问题定向能力，即在实践中发现问题，恰当选题的能力；其次是加强教师的信息认知能力，即准确的识别信息，评价信息；再次是反思的习惯和能力，即在实践中不断进行自我及教育的调整与反馈；最后是掌握一定的教育研究方法与技术，通过一定的理论工具、手段和技巧，如调查、访谈、实验等，进行适当的归纳与演绎，求得解决问题之道，并将认识深化到理论层面，升华为方法论。

（三）教师成为研究者的制度保障

1.资源保障

教师做科研需要一定经济支撑，这其中就包括了信息和交流的费用。首先，学校需要建立学校教育教学与研究资源中心，收集并购买相关的图书资料、建立信息化网络等。其次，学校可以成立专项科研基金，拓宽经费来源渠道，鼓励教师开展研究，学校需要实行适当的财政倾斜制度，为他们提供一定的物质保障；

教师研究还需要一定的研究人员的指导，这就需要学校提供智力资源保障，包括建立与其他院校的合作关系，本校骨干教师研究的支持与培养，基础教育课程研究中心、培训中心等的支持等等；教师还需要时间保障，研究应该存在与教学活动之中，不增加工作时间，提高教学效率，教师科研工作应该计入课时，作为衡量工作量的标准之一，并可以适当地根据教师研究时间的表现给予奖励。

2. 制度保障

为了营造教师成为研究者的氛围，首先在教学方式上一定要积极革新，勇于突破传统的单一的理论说教方式，而将理论授课与实践需求相结合，通过小组讨论、案例教学法等，培养教师的反思探究艺术和能力。也可以通过建立学术组织，提供讨论、交流的场所和教师专业发展的计划，加强教师之间的联系，比如创建科研社团，开展各类教育科研竞赛，举办科研成果展，召开学术研讨会，聘请专家做报告，编辑出版文集等，为教师提供讨论、交流的机会和场所。而且能够有效避免学术资源浪费的现象，比如某学校在该方面的研究成果，通过共享，其他学院可以不用进行重复性的研究，可以通过沟通与合作，更好地完成科研。还有非常重要的一点，就是学校的校长应该有鼓励教师成为研究者的办学理念，而且本人也应该带头加入研究当中，成为教学研究的身体力行者，起到表率的作用，只有这样才能真正在学校兴起研究的浪潮，推动教师即研究者不断有所进展。还有一项非常重要的手段，就是科学评价教师，引导并鼓励教师做研究，将科研工作视为非常重要的考察指标，纳入对于教师的评价体系中，作为教师评聘的依据之一。尤其对于取得科研成绩的教师给予适当的表彰，健全激励机制，将其成果加以推广，促使教师提升成就感，也在更大范围内带动更多的教师参与研究中，增加乐趣，实现自我价值。

总之，通过有效的策略让教师成为研究者，能够提升教师教学行为的效果，从而提升教育教学质量，让教师从教学实践转向理论研究，然后再反过来指导自己的教学实践，逐渐成为专家型教师。

第二节　教育科研方法

科研一般是指利用科研手段和装备，为了认识客观事物的内在本质和运动规律而进行的调查研究、实验、试制等一系列的活动，为创造发明新产品和新技术提供理论依据。这其中也包含了教育领域的科研，掌握一定的教育理论和方法，运用这些理论进行分析和研究，从而发现问题，制定解决方案并实施，我们称之为教育科研。教育科研活动是教师从教育实践向理论研究的主要途径，为此，就要进行科研技巧和方法探索，从而提升教师的科研能力。

一、教科研选题与论证

教育科研是教师岗位的主要职能，是教师专业发展的重要途径。教师如何在做好教学工作的同时开展科研工作，实现教学与科研的相互促进与共同提升，是广大教师面临和关注的主要内容。本人结合自身实际，就教育科研选题、论文写作及项目论证等谈几点看法。

（一）科研选题行为路径

选题是科研的首要任务，直接关系着科学研究的成败和价值；选题的路径固然很多，但从实操层面看，可以围绕"一条主线、三个结合、五个支点"的基本思路进行。

一条主线。即问题主线，研究始于问题，选题要以问题为切入点，以问题解决为驱动力；通过对问题内涵外延和边界、问题发展沿革和现实状态，以及问题层次结构和表现方式的系统梳理与全面解析；有力推进理论或实践的深化和发展。如"区域推进思维导图课堂教学的理论与实践研究"，就必须明确什么是"思维导图"，哪个阶段的课堂教学，区域的边界如何规定，只有把这些基本问题搞清楚了，方能进行下一步的研究。

三个结合。一是选题指南与比较优势相结合。一般的课题研究和论文征稿均有相应的选题指南，其中规定了选题的基本领域或主要方向；选题时要认真研究指南要求，全面分析自身区位、人缘、情感等因素，找出比较优势，提高选题质量。比如如果用四位不同的姑娘比喻四座不同的城市，北京是高贵的公主，上海为华丽的夫人，深圳是泼辣的少女，那么临沂就是农家的闺秀；如果置身临沂，研究农家的闺秀就最具有话语权，这就是比较优势。二是科学研究与日常工作相结合。立足工作岗位做研究，把工作中的难题和事业发展的目标作为研究选题，把研究与工作融为一体，实现二者的有机统一。三是科学研究与教学活动相结合。把教学活动与科研活动密切结合，积极开展教学研究，解决教学中的现实问题；诸如课程建设、教学改革、团队发展等均为重要选题领域。

五个支点。为提高研究选题的精准性、科学性和前沿性，还要关注来自五个渠道的信息：一是往年研究主题，了解不同类型、层次乃至不同学科间的研究主题，关注研究主题的发展时序和内在逻辑，预测未来走向或趋势，解析其中问题表述的清晰度，问题阐释的深刻度和问题解决的可行度。二是权威论著，建议以研究生学位论文或学术专著作为主要研读对象，选择性地阅读期刊，提高阅读的层级和质量。三是专家学者的成果和观点，要关注本领域权威专家的学术成果、重要观点，必要时进行相应沟通。四是国家重要法规政策，熟悉并研究法规政策文本、政策制定过程、政策实施状况，抓住重点、关注难点、跟踪热点。五是高级别获奖，及时关注省级以上成果获奖，思考奖项的性质和范围，理清形成过程与方法。

（二）科研论文撰写要领

科研论文是科研成果得以固定下来的形式，是研究思路、观点和表达方式的有机统一；撰写科研论文是研究工作的重要阶段，包括从拟定提纲到遴选期刊等多个环节。

1. 首拟提纲

提纲是构思谋篇的具体体现，是动笔行文前的必要准备。举一纲而万目张，解一卷而众篇明。一个好的提纲，具有提纲挈领，纲举目张的作用，能够掌握全篇论文的基本骨架，使论文的结构完整统一；提纲的撰写力求层次分明、前后呼应、语言精练、富有创意。以"区域推进中小学思维导图课堂教学理论与实践研究"为题，其提纲可以设计为：（1）区域推进中小学思维导图课堂教学现状调查；
（2）区域推进中小学思维导图课堂教学优劣势分析；（3）区域推进中小学思维导
图课堂教学机制创新；（4）区域推进中小学思维导图课堂教学策略研究；（5）区
域推进中小学思维导图课堂教学案例研究。

2．遵循范式

每个学科领域都有其普遍认可的研究范式。所谓研究范式，即某个学术共同
体在学术研究过程中所共享的信念、坚守的研究传统、秉持的价值立场以及接纳
的研究方法等。教师撰写论文需要遵循或参照教育领域普遍认同的研究范式，以
便彼此沟通与交流。比如，撰写调研报告，一般应包括目的、方法、对象、过
程、结果、分析与思考等内容，而撰写政策建议则包括问题提出、原因分析、对
策建议等。

3．凝练语句

即提炼出主题句，主题句是用以概括文章中心思想、核心内容、作者意图的
句子，是每一章、每一段的中心或灵魂，是通篇文章的脊梁。撰写文章过程中要
加强主题句思考，注意主题句彼此之间以及与上下级标题之间的逻辑关系，同时
考虑主题句的放置位置，放在段前、段中抑或段后，需根据内容和行为风格来
定。

主题句居其中：纵观国内外研究，国外的相关研究及实践已经开展了几十年，
取得了丰硕的成果，为本课题的后续展开奠定了良好的理论基础。基于国外已有
研究基础和我国实践，我国在该领域的研究仍需进行三个方面的深入或突破：一
是全面理清思维导图在中小学课堂教学实践中的应用现状及影响因素；二是采用
对比和准实验研究探明思维导图在中小学课堂教学实践中的效果；三是研发针对
性强、适用于中小学课堂教学实践的思维导图教学模式。

主题句居前面：多方式开展中小学阶段思维导图课堂教学模式研究。采用行
动研究、案例分析、比较研究等方法，基于不同学科、学段、区域及师生特点，
构建中小学阶段思维导图课堂教学模式，探寻基于思维导图帮助学生学会学习、
学会思维、提高学习能力与思维能力的教学路径。

4．择优文献

参考文献反映了研究的视野和基础，折射出研究者的学术功力，选择文献要充分考虑文献的权威性、相关性和时空性。权威性就是要选择专业领域内具有较大影响力的期刊，业界公认的期刊；相关性即文献的选择要与本研究具有较大相关性，尤其是本领域内知名专家学者、重点研究平台的文献要充分参考；时空性就是要根据研究的内容考虑文献的时空跨越，在历史研究与比较研究的选题中尤其重要。

5．规范格式

规范的版面设计不仅反映作者的基本素养，更能给编辑带来好的印象，文本中的字号、字体、边距、行距、不同类型的内容设计以及参考文献的要求等因期刊不同而不尽相同；撰写中要根据不同投稿期刊的具体要求给予相应处理。

6．遴选期刊

投稿于何种期刊主要取决于研究选题、研究深度和表达风格，论文发表周期、复印转载率、社会关注度等同样是选择期刊需要考虑的因素。一般来说，每种期刊均有相对固定的栏目，每一栏目每年刊发的文章数量多为常量，作者投稿前最好对期刊各类信息作以分析；投稿后及时与编辑部取得联系，以便获得文稿修改意见或反馈信息。以"区域推进中小学思维导图课堂教学理论与实践研究"为例，该主题下的文章多为教育管理、基础教育类的期刊所接受，而比较教育、教育基本理论的杂志则较难发表。

（三）科研项目论证策略

研究项目是凝聚科研团队，产出科研成果的重要载体；如何有效提高项目申报成功率，除了长时间的学术积累外，撰写申报书也是关键性一环；如何写好申报书，应着力做好以下九个方面的工作：

1．问题提出

"研究什么"是课题研究首先回答的问题。回答这一问题，需要围绕研究的必然性、必要性、可能性和可行性等四个方面进行论证。必然性是指事物的发展已成大势所趋，势不可挡，是理论问题和实践问题的逻辑统一；必要性是指理论研究和教学实践都不能回避的问题，是绕不过的问题、须需澄清的问题，是必然基础上的更进一层；可能性是指研究者的现有基础为解决这一问题提供了可能；可行性是指团队成员的专业方向、学术水平和时空条件可以对所选问题进行有效研究并得出科学结论。

好的问题一般具备两大特点：一是问题清晰，即研究的问题开门见山，问题边界和内容清晰明了；二是性质明确，所研究的问题属于理论前沿、实践探索，还是复合型研究，让人一目了然。对教师来说，由于实践性问题更能反映一线教师的教育教学状况，教师具有更多的话语权，应成为教师选题的重点。

2．概念界定

概念，亦称关键词，是构成课题研究的基本逻辑，是课题研究的逻辑起点，一般不多于 4 个。撰写项目书首先要清晰、准确地描述问题的基本概念，主要包括概念的内涵、外延和表征方式；内涵是指一个概念所反映的思维对象本质特有的属性的总和；外延是指具有该概念所反映的本质属性的一切对象。如"区域推进中小学思维导图课堂教学理论与实践研究"至多包括"中小学思维导图、课堂教学、区域推进"三个概念；其"课堂教学"可以界定为：课堂是指存在或发生教学活动的场所，是师生双方进行平等对话、民主探究、互动学习的空间和平台；课堂教学是与个别教学相对的一种教学组织形式，是包含生命体及生态现象、问题及规律的活动过程；这一过程包含三层含义：一是生命体主动的意义生成的过程，强调学生主动建构知识的能力；二是这不仅是一个认知过程，还是生命的生成过程；三是意义生成及生命生成都是以生命体在课堂情境中进行的交往互动活动为基础的。

3．研究价值

研究价值主要分为理论价值和实践价值。所谓理论价值是指本课题在研究思想、内容、方式方法等方面的突破；所谓实践价值，是指本课题在相关教育教学实践领域所起到的专业引领或促进作用。理论价值和实践价值需要按重要程度分层次列出，避免层次不清，逻辑混乱。

4．研究综述

综述是基于研究问题，对相关文献进行选择、阅读、比较、分类、分析和综合的基础上，研究者用自己的语言对某一问题的研究状况所进行的综合叙述的研究成果。目前研究综述常出现的问题主要表现为，偏离研究主题，只综不述，即只是罗列了相关研究成果，没有对其深度加工；比如当前相关研究的基础表现在哪些方面，哪些研究领域是薄弱环节，研究发展的空间在哪里；对于本研究课题，已有的研究价值主要表现在哪些方面等等。针对上述问题需采取以下对策：一是要紧扣研究问题，对文献高度概括，分列出各流派或各学者的观点；二是加强述评，指出不足，并将不足聚焦于本研究的选题上，彰显研究价值；三是适度介绍本人前期研究成果，说明课题研究的连续性和系统性。

5. 研究内容

内容设计是课题论证的重要部分，是对研究思路和内容布局的详细描述；内容设计常见的问题是研究面域过于宽泛、散乱，缺乏核心和灵魂，不能细化研究的核心问题；或者是没有新意，把已有的研究综述作为研究内容，失去了研究价值。解决这一问题，需要注意以下几点：一是围绕中心问题、核心概念设计内容，力求细化和精准；二是分解研究问题，构成研究内容；三是简化体系，凸显重点，一般研究内容 5 至 6 项即可，最忌按照编写教材的方式撰写；四是加强标题斟酌，力求醒目新颖，简洁明了。以"区域推进中小学思维导图课堂教学理论与实践研究"为题，有人列提纲为：（1）中小学思维导图课堂教学研究综述；（2）中小学思维导图课堂教学的现状及影响因素研究；（3）思维导图在中小学课堂教学中的有效性研究；（4）中小学阶段思维导图课堂教学模式设计；（5）中小学思维导图课堂教学模式的区域推进策略研究。不难看出，该提纲的研究起点并没有建立在区域推进这一逻辑上。

6. 研究方法

研究方法是指在研究中发现新现象、新事物，或提出新理论、新观点，揭示事物内在规律的工具和手段。实际操作中，有的一笔带过，过于简单；有的不能说明方法的具体实施步骤和方法选择的意义和价值。针对这一问题的对策是，一是方法要具体，一般体现三个层次，即用什么方法、为什么用这些方法、怎样使用这些方法；二是要避免纯理论演绎，做到定量研究和定性研究相结合。定量研究可以对研究对象的认识进一步精确化，以便更加科学地揭示规律，把握本质，理清关系，预测事物的发展趋势；定性研究可以通过归纳和演绎、分析与综合以及抽象与概括等方法，深化事物本质和内在规律的认识。

以"区域推进中小学思维导图课堂教学理论与实践研究"的调查法为例，其设计为：以全面性和随机性为原则抽取学生、教师、教育行政部门人员约 800 名为调查对象，采用多阶段随机抽样的方法抽取调查对象，抽样方法如下：首先省内外各抽取 3 个地市（以所在地域为抽样原则），然后从每个地市随机抽取 2—3 所中小学，再根据所抽取学校的规模大小，采用系统抽样或整群抽样的方法抽取学生、教师（抽样时考虑到教师的年龄、职称构成等情况）及部分教育行政部门人员。通过对教师的访谈着重了解教师在教学中应用思维导图的优势，遇到的困难，解决困难的方法以及好的建议；对学生的访谈主要针对在教学中应用思维导图的看法或对知识的把握上的不同感受；对教育部门领导的访谈把握对当下区域推进政策的感受。并将问卷调查与访谈调查得到的一手材料进行整理、归纳，分析调查结果，得出结论。

7．重点、难点、创新点

重点、难点、创新点是课题需要着重阐明的内容。一般来说，研究重点是课题研究的重心和关键，是体现课题研究价值、达成研究目的的重要支撑；难点是研究过程中可能遇到且较难解决的环节或内容；创新点即课题研究在内容、方法、思路等方面的突破或优化。申报书常见的问题有：一是选择不准；二是三者混淆。对此采取的对策是，重点一般在解决问题的几个环节中产生，在研究内容中进行确定；难点可能是重点的一部分，也可能不是，要在研究全程中确定；创新点一般围绕观点创新、视角创新、方法创新、问题创新等视角阐明。以"区域推进中小学思维导图课堂教学理论与实践研究"为例，其重点为：（1）中小学不同学段、学科思维导图课堂教学模式设计，（2）区域推进中小学思维导图课堂教学的机制研制；难点为"区域推进中小学思维导图课堂教学模式的多主体协同机制的建立"；不难看出，重点（2）与难点具有包含关系，由于多主体利益格局的打破与重建是本研究面临的重要挑战，不能因是重点而再不提难点。其中的方法创新为：本研究跨学科地将教育学、心理学、管理学、社会学的理念与方法混合使用于整个研究过程，综合调配定量研究和质性研究（定质研究或质的研究）的技术、方法、手段、概念和语言；采取多因素分析手段和 SPSS、HLM 软件包等分析工具，确保研究的科学性和实效性。

8．研究基础

本部分内容要求阐明主持人和团队成员针对本课题的前期研究基础和现有研究条件；常见问题有：一是仅列出前期相关成果，不加以综述；二是所列参考文献随意性大，与本课题研究相关度不高，或缺乏代表性和权威性；三是课题组成员年龄、职称搭配不合理等等。针对这一问题，主要对策是强化前期成果的"相关性"，成员做到专业、年龄、职称、区位等合理配置；参考文献做到人员、区位、类别和时间的统筹兼顾。

9．文本规范

为确保申报书撰写质量，申报书撰写完毕，仍需注意四个环节：一是排版格式要美观，注意字体、字号、间距的美观设计；二是低级错误不能犯，错别字、病句等低级错误要避免；三是打印文稿仔细阅，查看页码是否正确、是否有错行断行的情况，装订是否有漏订、错订等情况；四是签字隐名要查全，按照规定，活页中要把申报者等不能公开的信息给予隐藏。

二、科研要立足于三求

教育课程改革使校本发展理念正日益深入人心，广大教育工作者、特别是一线教师迫切渴望专业引领的呼声很高。如何提高教育科研的实效，使其切实发挥对有效教学的促进作用，是摆在全体教育研究者面前一个重大而富挑战意义的现实课题。经过几年的摸索，在实践中初步总结了"立足于三求提升教科研实效"的科研管理工作模式，从而提升教学实效，促进教师专业发展。

（一）研究求真

教学研究不同于一般意义上的科学研究，它的根本目的在于帮助学校解决影响自身进步与发展的突出问题，进而提升教育教学质量和整体管理水平，推动学校长足发展。鲜明的目的性要求我们在确立研究课题时必须立足于教育的全面发展，从学校现在的突出问题出发，通过深入的调查、深刻的反思、不断的探索与大胆的实践引领广大教师明确问题、分析问题、解决问题，并在此过程中逐步认识和掌握当代教育教学规律、进而应用这些规律来指导和规范自身工作实践，从而为稳步提升和学校的可持续发展奠定扎实基础、积蓄充足能量。为此学校先后开展了省级课《农村小学科学学具的开发与利用》《小学科学 DV 的开发和利用》等课题研究。课题研究的全面开展，不仅引领教师自然而圆满地解决了实际工作中的诸多困惑与难题，更为专业成长提供了丰富而广阔的实践空间，从根本上加速了学校整体科研素养的形成与发展。

（二）课题求小

无数的教育研究实践向我们表明开展课题研究宜小而精，忌大而全。课题的中心越明确越容易操作，作为课题的问题越集中越利于研究效果的考研明显呈现。基于以上思考，在有序开展好学校龙头课题研究的同时，采用科研问卷的形式，引导教师创建科研档案袋。活动的目的在于：以推进教师专业成长为出发点和落脚点，以档案管理的形式带动多元化群众科研活动的开展，向管理要质量、以质量促发展，全力提升教师科研素养、努力突出科研特色、积极创办特色学校。活动形式与主要内容为：把一个系统的课题研究以每月一个话题或问题的形式呈现给老师，要求教师以书面答卷的形式提出问题、阐述观点、介绍文献或叙述研究实践，答卷完成后交校科研工作领导小组审阅，如提出的问题切实可行并具有确切的研究价值，则可确立为校、市级课题并付诸研究；如问题尚不够成熟或表述方面有所欠缺，相关人员必会与教师面对面交流同时提出修改建议。阅、评、改等环节中应十分突出课题申报，论文、报告撰写等科研专业基础知识的渗透与引领。

实践证明，此项活动有效拉近了教师与科研的距离，极大地激发了我校教师的研究热情，科研不再遥不可及、更不是以往想象中的专家、学者们的专利，特别是对于一些一线教师，科研已经成为他们日常教育教学实践的必需，因为如今科研所要研究的问题正是自己平日教学、班组管理中常见的突出问题，越快搞清并解决它们、就越能提高个人的教学效率，不但为自己、同时更是为学生、为学校带来巨大的教学效率，因此，我校教师大多数能够自觉进行校本教研，并在此基础上不断反思和总结个人工作，遇到自己实在弄不懂、拿不准的问题，就提交到年组集中讨论、或向专管领导求教及至由学校出面聘请相应专家做专题讲解等，立足教学搞科研、通过科研促教学，在教科研结合的教学实践中提升自己促进专业发展已成为我校教师目前的普遍共识与自觉行动。由此我们清醒地意识到：指导教师创建个人科研档案为学校科研工作校本化开辟了崭新的实践道路，这既是校本发展理念与学校实际工作相结合的迫切需要，同时更是二者有机融合的必然产物，相信，随着活动的深入进行，势必会加速有效教学的整体发展。

（三）工作求实

在研究的实践中我们发现，教师理论知识的相对不足从根本上影响了教学研究的质量和发展，为此，我们确立了"一个强化、两个提高，进一步彰显和谐共进、务真求实的实小精神，不断突出自身教育科学研究深远的指导价值"。

1. 强化教科研工作的实效

为使研培工作更好地服务有效科研、有效教学，我们的常规教学科研活动如下：每学期至少一次的大型教学研讨、科研汇报，每月一次的科研例会，每周三下午雷打不动的全校业务学习，每周一次的教学领导与年组教师集体备课，中层以上领导日平均听课两节且每听必评，适时邀请市教师研修院领导到校听课、集中评课等。

2. 提升教学、科研层次，提升教师的专业素养

根据实际研究要求，在每一项科研课题开展之前或之初，我们都会邀请省、市相关单位领导、专家到校就教师亟待提高的科研专项素养进行专题培训与讲学；研究进行到一定阶段后，为进一步开拓教师的专业视野，确保教改前沿信息及先进研究理念与成果的有效渗入，学校多方筹集资金用于教科研培训专项投入，每年都要定期输送教师到上海、杭州、北京等地参加国家级教科研培训，此外，为进一步激发全体教师不断提高自身教学与工作的有效性，每学年初，校长

都会在全体教职工大会上宣布年度教师外出学习培训计划，并在实际工作中分期分批地指派教师到外地参加不同层次的学习及研讨活动。

　　总之，开展有效科研、提升有效教学，寻求内涵发展、推动学校发展。在未来的教育科研工作中，要不断拓宽工作思路、创新工作方法，务求以更加扎实有效的实践为创办特色学校，提升教师专业素养，为学生的全面发展服务。

三、科研论文撰写技巧

　　教师论文撰写是通过教学反思促进专业发展的一种途径。教师把教学中遇到的问题，通过分析和研究，再进行实践，然后总结经验成文。论文撰写能够让教师对教学的问题进行深入研究，并形成有效解决的方法和手段，通过撰写进行深入反思，然后反过来指导自己的教学实践。但是论文撰写需要掌握一定的技巧，选题要小，促进深入论述；思路要新，解决教改问题；论证要深，增强文章说服力；内容要实，理论联系实际。

（一）选题要小

　　论文选题是我们写作的方向，因此要把握好选题。一般情况，题目大的，比较容易写，能写方方面面，但很难深入；而小的题目，缺乏写作的内容和深度，比较难下手。若后者能写好，就能达到一定要求和质量。另外，还要有合适的话题，这些话题应该是热点或难点问题，是应该受关注的，而不是别人已经研究过的。我们作为一线工作者，应该是我们在教学实践中自己发现，自己总结的经验性文章，然后选一个合适的题目。例如，我们现在搞"高效课堂模式研究"，很多一线老师也在研究，对于自己的经验的总结，有很多老师都是以"如何打造某某学科高效课堂"，其实我们可以把题目再放小一点，学科中的某一块内容的高效或者是某个专项内容的高效，在日常实践的基础上，进行经验总结，这样写作才有针对性，也符合自己的能力水平。

　　如果经常写文章，进行投稿，也会得到编辑或审稿专家的指导。例如，最近投了一篇文章题目是《安全教育应做好"六步"》，编辑给了回复，他指出文章"不要面面俱到，而且不要说大家都反复说过的；建议以《校园安全演练的常态》

为题重写。"看到这样评价，我立即就明白了。原先的文章从六点切入，"建立学校安全责任制度，课堂教学融入安全教育，挖掘教材融入安全教育，课外活动融入安全教育，家庭教育融入安全教育，安全演练保持常态化"，也可以说是对安全教育方面的内容都涉及了。现在编辑让以第六点《校园安全演练的常态》的切入是非常好的点，首先是题目较小，利于深入研究；其次题目与当前安全教育的实际结合起来。当前学生安全教育都在抓，但是真实演练的不多，就算演练次数也不够，直接影响安全教育的效果。校园安全演练的常态能够贴近发生安全事故实战，我们进行校园安全演练的研究，是符合当前安全教育的需要，培养学生安全意识和救护能力很有益处。我们追求选题要小，其关键是能够解决实际问题，这样才是我们写作的目的。

（二）思路要新

思维决定行动，我们在写作之前一定要把思路打通。创新思维更需要对研究的问题进行思考和想象，力争能用新的方法和手段去解决。首先就是要查阅资料，看看别人研究到了什么程度，别人没有研究的，自己也可以研究（主要看自己这方面涉及的知识自己是否具备），别人研究过的，自己能否从不同角度去研究；其次要思考写哪些分论点、用哪些理论支撑、哪些实例说明等。我们一线教师是教育的实践者，如果是发现教育理论和原理，往往很难做到，但是通过自己的实践研究，用创新的方法和手段解决教学中问题还是有可能的。因此，中小学教师要发挥自己的特点，潜心进行教学实践研究，就一定能发现新的绿洲。这也就是说，我们写作的源泉来自教学实践，只要我们留心观察、善于思考和总结，就一定能创新。例如，我在教学中，一种在留心科学学具方面的问题。在科学教学中，我发现三年级的科学课中制作的雨量器和五年级科学课中制作的水钟，这两种学具可以设计成一种学具，实现学具的多功能，然后我就按照自己的想法，进行设计和制作，最后完成了这种学具，一种学具解决了科学中的两个问题。然后我把设计的背景、材料、方法、效果进行了整理，撰写成了《对科学学具制作的几点思考》，文章里面，我重点对学具中一具多用进行了分析和介绍。这篇文章很快就被杂志《科学课》采用，我总结这篇文章的成功就是思维的创新，当然这种创新思维是来自教学的实践。因此，写作就是这样，没有创新，就不能打动人。

再如，由于平时负责学校学生科技制作方面的工作，每年都有学生参加青少年科技创新大赛，其中一项就是科学 DV 的设计与制作。科学 DV 就是要求学生把自己生活发现的小问题，进行探究性学习，把解决问题的过程利用 DV 拍摄下来，然后进行后期的制作。内容包括设计方案和 DV 光盘。学生可以在老师和家长的指导下去研究，我指导学生几年后，发现科学 DV 有很大的作用。首先，学生的学习实现翻转，学习在课外，学生的自主学习能力得到提升，这与我们现在提倡了学生的自主学习为中心的教学理念相吻合；其次就是学生创新能力会得到展示，这样我们科学课培养学生的核心素养一致；最后就是学生的与大自然的亲近得到保障，这正是我们学习科学的真谛所在。基于这些原因，我把经验整理成文，以《也谈小学科学 DV 的作用》为题发表在了《科学课》杂志。因此，我也认为写作就是自己的发现，也就是与人不同的东西。

（三）论证要深

论证要深入，就是论证要融入课堂、融入写作，而不要浮于浅表面的论述。论证深入不仅要有理论的高度，同样要有辩论方法，做到有理有据，文章畅通。对于我们一线的教师，要做到深入论证，那关键还是要看我们对自己提出的问题研究到什么程度，自己的理解有多深，是否是自己实践和分析过的东西等。一线教师也有自己的特点，那就是实践感悟、对有些教学中的问题有很深的感悟，这是一线专家也不具备的。我们也常说实践检验理论，真正的问题，一线教师最清楚。对于出现的问题，不能用一个标准去解决，我们必须进行深入调查和研究，或者是自己的亲身经历，不然很难做到合理、科学。

例如，我们最近所关注的教师工作绩效问题，这关系到我们教师的切身利益，我相信每位老师都有自己的想法，如果做到兼顾每个想法，确实不太容易。其中，我们首先要打破以学生成绩评价教师的思想，但是教育基层领导依然以这个为主评价教师，其次的问题是一些贫困地区的财政没法拿出资金投入到教育，再者就是主、副科教师绩效的标准如何确定。这样就带来一系列的问题，也可以说教师绩效评价是一个探索中的问题，很难做到合理、科学。那么这种工作是不是不做了，那是不可能的，那么我们一线教师能不能提提建议能呢，这是可以的。因此，通过了解当前现状，做了以下分析，如评价的内容必须全面，可以从教师师德，工作态度，专业素养，工作量，科研成果，班级工作，学生表现（学业成绩，学生竞赛，行为习惯）等方面入手，并制定具体细则；另外制定过程、实施的过程、评价过程要透明、公正、公平。我把这些想法整理成文发表在了《中小学校长》杂志，其中对学生表现这一块做了深入论证，学业成绩，学生竞赛，行为习惯这三方面能够兼顾到班主任、主科教师，副科教师，比如副科科目有的不考试，怎么算成绩？我们可以根据学生的竞赛成绩算，另外班主任工作任务中，我们把本班的学生行为习惯算进去，主科教师按学生成绩算，但是学生表现这一块，所占分值原则上不能过半，因为评价教师工作的维度多，要做到全面、科学评价。这样，我们在论撰写中，要对重点和难点内容进行深入论证，做到有理有据，让别人心服口服。

（四）内容要实

内容要实，很好理解，那就事文章不能空谈。空谈误事，更不能解决问题，这显然是我们写作的大忌。其实，我们一线教师的强项就是实践强，举一些实例是不成问题的。关键是没有研究这方面的技巧，其实我们可以把课堂中精彩生成变成我们写论文的例证，只要留心，就有收获。我们弱点就是缺乏理论高度，这方面需要我们平时多阅读，看著作、看专业期刊。很多编辑老师给我们一线教师也提出了宝贵意见，一位编辑这样写道，"稿件请尽量从理论与实践的结合上进行思考，不要做纯经验性的工作总结，也不要做纯思辨性的探讨。提出自己的观点，用实践材料予以支撑。"我在写作的过程中，也总结了自己的写作经验，当题目和分论点确定后，我们可以一般情况，我们可以按照四方面来写，理论、策略、例证、效果，这里面可以边叙边议、可以先叙后议，也可以是先议后写等，但是这四个方面的内容不能少，论证可以灵活变通。理论、策略、例证、效果这四方面不能少，其关键还是体现在一个实字。

例如，我写过的一篇文章的分论点为"不断改进学具"，理论：学具的改进是一种智力活动，在理论联系实际的基础上进行创新，学生可以在老师的指导下设计方法、制作并改进，从而做成更好的学具。策略：1. 要善于思考，找出现有学具的缺点；2. 精心设计改进学具的方案（设计的重点是改进了什么，如何改进，使用哪些材料，是否符合学具制作的要求和教学内容等）3. 学具做好后，要进行应用并进行改进，力求完美。例证：对学具"做一个钟摆"的改进，上课时，为每位学生除了准备书中要求准备的材料，又为每一组准备了多种不同重量的磁铁。学生先用书中的要求制作了钟摆，然后经过多次操作后发现钟摆的缺点，在固定金属片的时，需要来回去掉金属片，比较麻烦。制作这个学具的重点是要灵活改变摆长和改变摆锤，方便学生探究摆摆的快慢与哪些因素有关时进行摆锤的移动，学生就设计了利用吸铁石代替了金属片。效果：使用方便，容易操作；具有科学性，把磁铁的固定时钟摆的重心稳定，能减少误差。这样就是一个完整的辩证过程，文章写实就是务实精神。

总之，论文撰写是教师必备的能力之一，我们要在不断的教学实践中，学会观察、分析和整理。把精彩教学生成和教育问题的反思整理变成写作的宝贵材料，并在缜密的分析中走向更高的理论研究。

四、科研题例研发技巧

题例研发是教师进行教科研的一种形式，研究和设计题例，主要是巩固学生的知识点，提升学习的实际知识运用能力，并对所学知识和能力进行测试，了解学生的基本学情，从而制定补救措施，提升学生学习的有效性。题例的研发，需要教师根据教育理论，新课程标准、教参、教材以及教学的实际情况，利用试题考查学生的新知掌握情况，同时也为学生进行考试奠定基础，是对学生知识和能力进行巩固与调查主要途径。因此教师要进行题例研发，对要设计的题，要刨根揭底，需求理论职称，特别是考察是哪些知识点，培养学生什么能力，都要有设计意图，这样才能让题例服务课堂，提升学生的学习能力，促进教师的专业成长。

案例：小学语文阅读能力测试题例的研发

小学语文阅读能力测试题例的研发，一直都是小学语文试题编制的重中之重。

它必须以语文课程目标和语文教科书为依据，关注命题设计的信度和效度。阅读能力测试题例能够提升学生的阅读能力，培养学生的语文素养；同时能对学生的学业成绩进行合理的评价。在我们以往的实践过程中，小学语文阅读能力测试题例的编制，还有着许多的不足之处。笔者结合个人多年来对阅读能力测试题例研发的一点心得体会，将从以下三个方面谈谈：

（一）注重文章质量

在进行阅读能力测试的过程中，学生可以通过试卷获得非常丰富的信息，他们在完成试题的同时，既可以检测自己对语言的理解及运用能力，还可以获得很多试题之外的知识和道理。就当前的阅读测试题来看，主要的问题就是阅读材料的老化、雷同。在日常的教学中，学校和老师往往都忽视了考试对学生学习的一种导向作用，没有认识到考试不仅可以指导教师的日常教学，还可以给学生的学习指明方向。但是也因为教师在出题时，过多的借用他人的试卷，而在这些借用的试卷中又有许多都是借鉴或沿袭了前人的成果，这其中的一些阅读测试题甚至被借用过多年而未有变动。恶性循环，直接导致了阅读材料质量的下降，而绝大部分的小学语文试卷中的阅读能力测试题也鲜少有文质兼美的文章，更不要说能兼具生活气息和时代气息了。

在选文上，要注重以下三个方面的文章：1. 极富感染力且文质兼美的散文，力求让学生交口称誉，而这些脍炙人口的文章，不仅可以使学生对此喜闻乐见，还能熏陶他们的情感和人格。2. 选择一些具有时代气息的阅读材料，可以让学生开阔眼界的同时，拓宽知识面，还能促使学生不断地去关注国家大事。3. 选择一些乡土题材的、富有生活气息的阅读材料，使学生在感受乡土气息的同时，熏陶其热爱家园的情感，促进学生阅读能力的提升。

（二）注重阅读感悟

《语文课程标准》中曾明确指出："阅读评价要综合考察学生阅读过程中的感受、体验、理解和价值取向，考察其阅读的兴趣、方法与习惯以及阅读材料的选择和阅读量。重视对学生多角度、有创意阅读的评价。"鉴于此，我们在研发小学语文阅读能力测试题例时，考查学生对选文进行理解和感悟时，不能再像过去那样一味地追求标准答案而去编制试题。教师应认真的、全面的去钻研所选的阅读材料，从学生已有的知识经验和阅读能力上来命题。注重学生的阅读感悟，力求为学生构建一个多元化的交流平台，并为学生提供多元化的解读方式，让学生在解答阅读能力测试题的过程中，用自己已有的知识经验和认识感悟，不断地去与文中人物、典故趣事、人生哲理等进行交流、对话。

1. 多元化的交流平台

例如，在阅读《地震中的父与子》片段之后，请发挥你丰富的想象力，思考："阿曼达在废墟之下会想些什么？又会说些什么呢？"这就要求学生在阅读完选文之后，结合对文章内容的理解，以及个人对文中人物角色的理解和定位，最后结合自己的生活体验和阅读感知，发挥其想象来解读阿曼达在废墟之下的心灵世界。

又如，在阅读《我不能忘掉祖国》一文之后，设计了这样的两个问题：

（1）"请结合短文的标题——我不能忘掉祖国，提出一个你认为有价值的问题，并尝试进行自我解答。"

（2）在选文中宋庆龄说过这样一句话："中国没有被淘汰，也不可能被淘汰。"她这样说的理由是什么？请结合你的理解，来谈谈你的认识。

这就要求学生必须将其置身于《我不能忘掉祖国》的爱国情境之中，继而进行文中人物与自我角色的转换，移情入境，从而将自己的阅读感悟和生活体验紧密结合，最终实现与文本的对话、交流。

2. 多元化的解读方式

例如，在阅读了《字字皆辛苦》一文之后，"从李绅的身上，你认识到了什么？并获得了哪些启示？"

学生在阅读完选文之后，既可以从李绅自小所受到母亲的教育谈起，也可以从李绅困苦不堪的生活环境谈起，还可以从李绅作诗的勤勉、忘我的态度来谈，甚至还可以从李绅的《悯农》一诗来谈其"字字皆辛苦"的真实内涵等。简单说来，就是不管用哪种方式，只要是能表达出自己对选文的理解和感悟即可。

又如，在前面所谈到的《我不能忘掉祖国》一文，我们也可以这样来设计：

"读完本文之后，让你想到了我们所学过的哪篇课文？此时此刻，你有什么感受和启发？"

这一设计，要求学生对文本的阅读要有深刻的认识，同时，在提高学生阅读训练能力的同时，还能回顾已学知识，并能运用到考试中去，初步培养了学生对比阅读的能力。此外，让学生结合自己的阅读感悟，来谈谈从文本中所得出的启示，也给学生极大的思维空间，促进学生进行自主阅读，尝试用其个性化的解读方式来表达其文本的理解。这种考查方式，不仅开拓了学生的思维能力，也提高了学生的阅读能力，以及对问题的分析和认知能力。

（三）注重语言运用

学生在小学阶段，识记了大量的字词句，这其中还包括的有古诗词名句，但是学生仅能识记，也只能完成一些拼音组词、辨字组词、近义词反义词、课内填空、名句填写等基础题。而语文的学习最关键的问题就是能否对已有知识进行准确灵活的运用。因此，在小学语文阅读能力的检测中，我们要把检测的目标定位在灵活运用上，去引导学生学会学以致用。教师通过设计不同的语言情境，让学生在理解的基础上做到灵活运用，并在不断的实践中学习语文，最终生成能力。

例如，在阅读短文《一件难忘的小事》，我设计了这样几个小题，旨在考查学生对语言的综合运用能力。

1. 画掉括号里不恰当的词语。

2. 联系上下文解释"无人知晓"的意思。

这两个问题都要求学生结合自己对选文的理解和现有的语言环境，对原文括号内的两个词语进行分析、辨别，最终做出选择。其中联系上下文解释"无人知晓"的意思，更充分体现了语言的运用离不开语境，这也是检测学生对词语的积累和运用能力。

3. "人和人之间还有比金钱更重要的东西。"这一句话在文中指的是什么？除此之外，那"比金钱更重要的东西"还可以指现实生活中的什么？

这个题考查的是学生对选文的理解，以及其对文章高度的概括能力。这也是我们阅读的终点，是将一本书化繁为简、由厚到薄，并最终内化吸收的能力，也是学生的思维与语言表达能力的综合体现。

4. 文中"诚实和信任比金钱更重要"这句话深深印在"我"的脑海中，原因是什么？

这类题则是考查学生的推理思维和语言的表达能力，将学生对文章主旨的领悟程度的考查，设计到对其语言表达能力的考查中。这种设计，使得答案既有方向，又相对开放，不至于让学生无话可谈，能够很好地检测出学生在特定语境中的表达能力。

除此之外，在小学语文阅读能力测试题例的研发之中，还要注重学生的学习形式、日常的阅读积累、学习习惯的养成等等。只要我们认真领会新课标的指导精神，在我们日常的语文教学中勤于探索，就一定能找到一个相对科学的小学语文阅读能力测试题例的研发方案，从而更好地发挥出评价的导向作用。

第八章　谋求自身发展

　　教师的发展是在不断地教育实践中历练而来的，不仅仅是教育教学技能方面，同时还包含了思想、情操等个人修养的提升。但是教师的自身发展离不开教育环境、离不开学校环境，教师自身发展要与学校发展保持一致，还要进行个人发展的突破，这里主要是专业素养和个人素养的并进，不仅是教育中的人，还要成为适应社会发展的人，让自己不断进步与完善。作为教师要有职业生涯规划，并在具体的工作与生活，调整发展方向和目标，让自己的潜能得到释放，从而实现人生的目标，让生命更有意义。

第一节　与学校同行

　　教师是学校集体中的一员，教师的发展要与学校发展目标一致，并在学校的环境中实现自己的目标。教师要根据学校的要求，搞好班级工作、教学工作和教科研工作等，这样才能推进学校发展，提升学校的办学质量。学校是一个大集体，在需要我们时，就要全力以赴，这样，教师这份工作才能更有价值和意义；同时教师也在学校环境中得到发展，教师和学校的共同目标也会得到实现。

一、响应学校建设

　　国家的教育方针又指出："建立一支足够数量的、合格而稳定的师资队伍，是实施基础教育，提高基础教育水平的根本大计"。可见教师队伍建设在当今的教育发展事业的重要性。作为新时代的人民教师要与时俱进，为教育的发展发挥重要的作用，从而推动社会的不断进步。这就要求我们教师不仅师德高尚、教学能力强，而且要善于学习。根据这一要求，因此教育主管部门和学校要从教育的实际出发，加强对教师队伍的建设，促进教师专业素养的发展，提升教育教学质量。

（一）加强教师德育建设

1. 完善制度是师德建设的有力保障

在严格落实《中小学教师职业道德规范》《义务教育阶段办学行为十不准》的基础上，针对师德建设中存在的问题，学校要出台《加强师德师风建设的意见》《杜绝"四乱"工作方案》等，《教师量化考核方案》和《绩效工资发放办法》中不仅突出了对师德高尚教师的奖励，而且还列出"师德一票否决"制度，同时建立了师德档案，并与教师的晋职、晋级、评先挂钩。师德制度的建立和严格落实弘扬了正气，遏制有违师德的现象发生。

2. 以"四项工程"为师德建设的有力抓手

在师德建设中，学校坚持以师为本，重点抓好了"四项工程"。一是"师表工程"。通过开展"四高"（高品位、高质量、高境界、高风格）、"五雅"（雅道、雅言、雅观、雅趣、雅量）活动，使师德规范和行为准则内化为教师的品格，外显为教师的行为，群体的凝聚力和进取心得到了明显加强。二是"名师工程"。出台了"名师评选办法"，其中师德为首要条件，通过强化名师意识，增强名师效应，发挥名师作用，带动了教师整体素质的提高。三是"青蓝工程"。学校要坚持开展"校长带年级、中层带学科、高师带青师"的青蓝工程，使青年教师迅速熟悉了师德规范要求，适应了学校高要求的工作准则。四是"提高工程"。制定了被教师称为"富脑工程"的优惠政策：教师购买师德修养方面的书籍学校全额报销。通过开展"四项工程"，极大地激发了教师修师德、正师风、博师学、练师能、铸师魂的工作热情，有力促进了学校各项工作的开展。

3. 抑制职业倦怠为师德建设注入了新的活力

当教师进入了教师生涯的高原期时，开始出现职业倦怠现象。如何尽快促进教师突破高原期走向成熟期，是学校师德建设面临的新问题。我们认为教师之所以出现职业倦怠，一个很重要的原因是没有发展的目标，尤其是评上高级职称的老师，有一种日薄西山的感觉。为教师设计一个发展规划书，使每一个教师都能感到日有所进，是当前师德建设的重要任务。为此，在师德建设中提出来教师要拥有"四个一"：要拥有一位自己崇拜的教育家，系统地学习他的教育思想；要有一本喜爱的教育名著，精心研读，做到常读常新；要订一份高质量的教育期刊，博采众长，努力形成自己的教育理念；要有一个经常浏览的教育网站，交流教育思想，了解最新信息。"四个一"活动的开展，使教师感受到工作前景的美好，促进了教师的身心健康发展，同时也推动了工作的有效开展。

（二）开展多种形式教研

教研活动是教学工作重要组成部分，对提升教师教学能力和专业素质发挥重要作用。教研活动应以常规教研活动为主，积极组织教师参加赛课活动，并借助网络加强教师与名师的交流，最终提升教师的业务能力。

1. 由县市教研室组织各科教学优质课大赛。鼓励每位教师积极参与，可以先在学校比赛，对优秀者推荐县、市级比赛，这样既锻炼每位教师的教学能力，又为他们提供了展示、交流和学习的平台，达到共同进步的效果。

2. 以"四课"为主线，开展常规教研活动。城关各校和农村初中可以以校为单位、乡镇小学可以以中心校为单位开展"四课活动"，即为备课、说课、授课、评课为一体的教研活动形式。每位教师每期至少讲授一节示范课，并整理好四课材料。这样同校教师可以交流切磋、共同提高。

3. 连片教研，推进小学综合学科教研活动。农村小学综合学科教研一直是一大难题，单一学校同一学科的教师人数过少，有的农村小学没有专职综合学科的老师，这些课程不能正常开展。因此，小学综合学科教研时不能进行集思广益，无法进行扎实的教研。针对这些小学综合学科教研中的普遍现象，可以采取众多学校连片的教研形式，就是把校址较近的学校组成一个片，综合学科单一学科的教研组的规模变大，一般每科应保持在10—20人之间，这样就能像学校的语、数、外那样正常、扎实地开展教研活动。把校连成片开展教研活动，可以由县区教研室牵头组合和指导。

4.建立网上"名师工作室"。名师工作室以名师为引领，以学科为纽带，以先进的教育思想为指导，旨在搭建促进中青年教师专业成长以及名师自我提升的发展平台，但由于名师工作室成员比较分散，平时也很难以集中，这在一定程度上制约了活动次数和范围等，甚至影响到了名师工作室名师的工作效率。但是随着教育技术发展，完全可以借助网络优势，建立教育教学研究平台。网上"名师工作室"可以以网上教学沙龙、专题讲座、教育热点、难点问题论坛等形式进行，通过上传资源、与名师互动等途径，推广名师的先进的教育教学理念，发挥名师在教学研究方面引领和指导作用。网上"名师工作室"的建立，可以拉近普通教师与名师之间的距离，会受到更多教师的关注，能够促进教师专业的发展。

（三）关注教师的读书

人文关怀作为一种人本文化，一种人文情节，强调对人的尊重、理解、关怀和爱护，重视人的作用，发挥人的自由创造精神和人的主体性。开展教师读书活动，也是对教师的人文关怀。这样可以宣扬社会主义高尚的道德风尚，抵制不良的社会风气，推动广大教师自重、自警、自立、自强，激发其投身教育改革和学校发展的热情，增强其历史使命感和时代责任感。当然读书的范围还是要与师德、专业成长有关的书籍，从书中体会师德修养是作为教师不可缺少的一门学习功课，如何让自己树立现代化的教育观念，如何更好地得到专业化的发展是很重要的。关注教师的读书活动，可以从两个方面入手：一是学校可从教科研经费当中，为教师出资每期购买一本书，可以是师德修养、专业杂志、教育教学理论方面的，或者能够帮助教师提供专业发展帮助的书籍都行。二是以学校或教研组的为单位，定期开展读书沙龙活动，交流读书心得，活跃思想，共同提高。

例如，读《教师成长与师德修养》这本书，我们可以体会到通过学习，就能知道教师道德人格之所以具有强大的教育力量，是因为教师具有直观、示范性的特点。我们的教育对象主要是学生，我们是他们除了父母之外所直接接触的最主要的对象，是学生最亲近和尊敬的人。学生的可塑性强，行为模仿性强，他们正处于长身体，增知识的重要时期，他们的情感、意志、行为都需要我们去培养，所以我们的道德人格面貌是学生学习最直观的榜样。因此，教师必须努力学习进取，不断充实和提高自己，加强思想品德修养，认真研究教育科学，掌握教育规律，提高教书育人的有效性。多阅读，多思考、多反思自悟，相信自己会成为一名具有良好师德修养和专业过硬的教师。

总之，为提升教育教学水平、培养有用人才，提高教师队伍的素质是必须的。同时需要国家加大师资力量投入，以促进义务教育均衡发展和素质教育质量的不断提升，并向创新教育积极迈进。

二、调控发展方向

学校发展真正的动力源在广大的教师，教师是真正的主人，是学校发展的创新者和学生成长发展的塑造者、引导者。教师队伍的成长是学校发展之魂，因此要加强教师队伍建设，促进教师专业发展。结合教育方针、政策以及学校实际，主要从三个方面抓起：抓关键领域，科学引领，奠定教师快速发展的基础；抓管训结合，提高理念，明确教师队伍发展的方向；抓学研相长，提升能力，促进教师专业成长的重点。

（一）抓关键领域，科学引领，奠定教师专业发展的基础

发展队伍的第一要义是发展，其根本着眼点是要采用新的发展思路实现更快、更好的发展。学校怎样转型、发展，办学水平和教育质量如何提升成了摆在我们面前的课题。我们审时度势、深入研究、结合实际、形成共识，抓住教师队伍转型、发展，就是抓住了学校发展的魂。

1.规划教师队伍，围绕这个问题学校要研究制定学校队伍建设五年规划，力争完成抓住学校灵魂的宏图。学校规划实现学校转型、队伍转型、专业标准，使骨干教师达到一定比例，科研成果上台阶，提炼出"一切为了学生的成长、一切为了教师的进步、一切为了学校的发展"的发展思路和目标，有效地激发了教师工作的热情和上进心，尤其是阳光团队打造和教师德能测评工作的实施，给教师队伍的建设注入了活力，为更好更快地发展增添后劲，奠定科学发展的基础。

2.在培养学习的基础上，倡导走科研兴校的路子，教育科研是一个教师、一所学校的生产力，是最具生命力的主导因素，教师如何由"工匠型"转向"科研

型"需要量的积累和质的飞跃，为此，专门成立教研室，有专人负责此项工作，采取"四课活动"、课题研究、撰写论文和专著等措施，并制定专门的教研成果奖励办法，促使研教学形成有机的、统一的结合体。

3.以人为本，围绕校本管理做文章，教师是学校的主体、是主人，要使特们心平、气顺、力足，就必须营造一种公正、合理，尽显人文关怀的氛围，学校及时召开教代会，让教师参与民主管理、公开考核方案及程序，并积极征询意见后修订；学校实行谈心制度，进行了广泛交流，学校实行扶贫帮困活动，实施"师德风暴"行动，号召"师生为学校添一份热情和关爱"，学校推广师生礼仪常规，评选文明家庭和个人，很好地营造了氛围，教师的主人翁意识空前高涨。

（二）抓管训结合，提炼理念，明确教师队伍发展的方向

通过近年的不断探索，不仅进行了合理的管理和对教师有效的培养，同时学校还根据实际适时提出了"改革活校、科研兴校、特色强校、办精品校园"的理念和"铸师魂、养师德、精师能、抓课改、做人民满意教师"为内容的师德建设要求，有效地提升了队伍建设内涵。

1.准确定位。组织教师对自己的学历、专业、所任学科研究成果、课堂教学、育人实效、高效课堂教学效益进行了逐一分析。制定细则，依据实际评等定级，分 A、B、C 三个等，使教师第一次面对现实，了解教情、熟悉自己，做到"知彼知己、百战不殆"。

2.整章建制。为了促使教师科学发展，学校拟定和修定出台了《骨干教师管理办法》、《科研成果奖励办法》、《教育科研考核办法》、《学校教师成才计划》、《教师成长记录袋》、《文明教师评选办法》、《骨干、新秀、新蕾认定办法》、《师德考核细则》、礼仪常规专题片等管理制度，通过月考核，期考核的办法进行形成性和终结性评价管理，使队伍建设走上了科学规范的道路。

3.制定计划。学校在总体规划的前提下，按照教师个性特长，专业发展，帮助教师们建立了成长记录袋和成长目标计划，提出了"一年合格、三年成熟、五年骨干"的"一三五"成才计划。

4.结对帮扶。根据学校老、中、青年龄和骨干教师情况，学校实施"青蓝结对帮扶工程"。签订帮扶协议，明确帮扶学习责任，以听评课活动为切入点，进行阶段考评考核。

5.加强培训，坚持通识培训和校本培训两种方式，采用"走出去、请进来"、校本研究等方式，在内容、时间、方式、效果等四个方面狠抓落实，通过"一新三再"活动，围绕教育发展形势，法律法规、新课程改革、专业能力发展、信息技术应用、资源整合、课堂教学大赛、高效课堂等展开大学习、大讨论、大实践。

（三）抓学研相长，提升能力，促进教师专业成长的重心

教师队伍的建设是学校发展重要组成部分，其中教师的专业素养提升需要学校为教师创造条件，并采取有效的途径。通常是主要是利用培训学习，以及开展教科研活动，把学习和教科研结合起来，提升教师教科研水平，提高教学效率，从而提升学校办学质量。

1.提供读书条件

为了能让教师随时进行提高，应该把常用图书搬到教师办公室、教研组，就像许多学校的"班级图书角"，这样教师看起来就方便、便捷；其次，我们要根据教师业务需求为教师征订一些杂志，例如，小学语文教师，可以订阅小学教学（语文），教学月刊（小学语文），小学数学教师，可以订阅小学教学（数学），教学月刊（小学语文），英语、思品、科学、体美音等学科的教师可以订阅教学月刊（综合版），学校管理者可以订阅《教学与管理》《现代中小学教育》《中小学教师培训》和《教书育人》等，充实到办公地点，这样教师就能随时翻阅，促使教师在平时不经意中提高业务水平。再次，要求教师写读书笔记、读后反思、交流心得等。通过学习和交流，能够利用教育名家的教学思想指导自己的教学实践，然后再结合自己的教学实际进行创新，形成自己的教学理念和教学方法，从而反过来指导自己的教学实践，提升教学实践的有效性。

2.进行集体备课

集体备课是教师进行教科研活动的主要形式。其中集体研讨是备课的中心环节，研讨过程中，只有教师的思维得以碰撞，观点得以交流，才能将备课活动引

向深入。但这种研讨活动的前提是民主的氛围，唯有民主的氛围才能使教师各抒己见，才能使备课活动集思广益。研讨过程中，组长的任务是要想方设法保持研讨的热情，保证讨论的连续性、讨论话题的集中性，而不是统一思想，形成"模式化"教学方案。主备人的任务是收集每个人的闪光点，生成"粗框式"教学案。备课组成员应树立正确的主体观，摆正自身位置。只有教师在观念上真正明确集体研讨的精髓，才能真正把学校范围内的这一教研活动开展得有意义。集体研讨是一个民主参与、讨论的过程，经验多寡、教龄长短不应成为交流的障碍。"元老"教师要打破"权威"意识，摒弃优势心理，尊重他人意见，允许不同意见的存在；青年教师要本着学习的原则，大胆开口，说出自己的见解，积极地参与到集体备课中来。问题是研讨的开始，没有问题便无法谈起，在每月一次集体研讨时间里，大家围绕个人预案中的话题和教学体验畅所欲言，各抒己见，谈论教学中的种种困惑，抒发教学中的得意情怀，探讨教学中的神来之笔，明辨教学中的是非曲直。此时，备课和教研已融为一体，这种不起眼的、形似"聊天"的研讨过程，使得教研脱去了神秘的外衣，变得平民化、大众化，集体备课充满学术论证的氛围。集体研备内容如：备全册，学期之初要制订学期教学计划；备单元，根据集体备课情况拟定单元教学计划，掌握单元教学目标，分析教材的主要内容、重点难点，设计教学方法等；备重点课时，为了大面积提高教学质量，带动弱校弱师的教学上水平，对每单元的重点课时非常有必要进行集体备课。

3. 开展课题研究

进行"备课、说课、授课、评课"是教研活动中最常用的方式，也是常规教研不可缺少的。但校本教研不能只停留在"四课"，而要进行更深层次的教研活动。要发现教学中的问题，依照课程标准，对具体的教学问题进行分类、归纳，选择一些对教学工作有重大影响，而且为全组老师共同关注的问题作为教研组教研的课题，组织全组老师在一段时间内有计划、分步骤、有策略地去研究、去解决。所确定的课题，不但有校本特色，讲求实效性，避免教研专题的"高、大、全"，而且适合于我们的研究能力范围。例如，在教学中，我们发现有些学生缺乏学习动机，学习目标不明确，学习方法陈旧，无法自我监控学习过程。自主性学习的缺失是制约学生成绩提高的瓶颈。而学会自主学习不仅是新课程改革所倡导的，也是时代发展的需要。于是确定了"自主学习课堂教学模式初探"这一教研主题。在课题确定之后，制定了具体可操作的"教师对学生自主学习的指导方略"，并组织老师们进行学习，明确课题研究的目的、内容和教研组各成员的分工和职责，接着扎扎实实地开展研究活动，做到每次活动时间、内容、人员的落实、做到活动形式多样化，把理论学习、实践活动、合作讨论与交流等形式紧密结合，精心组织，提高每次活动的实效性，还把总结反思贯穿与研究活动的过程中。在每一个阶段要及时总结取得的研究成果，反思前阶段研究过程中存在的问题并提出在后阶段研究过程应采取的相应对策，以提高每次教研组研究活动的针对性和实效性。教研组内进行课题研究，克服了当前教研活动的不灵活、走形式，深度不够等弊端，突出了教研活动的目的性、真实性与针对性，提升教科研的实效。

总之，要采用一切措施促进教师的专业发展，这样就抓住了学校发展的灵魂。学校的长远发展，不仅仅提升教师的专业素养、提高学校的教育质量，还要做到教师队伍的和谐发展，建设和谐校园。

三、科研处的引领

科研处是传播科研信息，指导和管理教师科研工作的职能部分。随着新课改的不断推进，教师专业标准的制定，要求一线中小学教师应具有一定的科研能力。教师要适合时代的发展，符合教育改革的需要，就要从教书匠向研究者转变，从而不断提升自己的理论水平，丰富自己的专业素养，更好为教育发展服务。因此教研处的作用更加重要，肩负着指导和管理教师科研工作的任务，这就需要学校科研处做好教师科研工作的服务。

（一）搜集教育科研信息

学校科研处是对进行科研管理和指导教师科研的机构，肩负着科研工作的开展和科研成果的评价等职责。学校科研处是指导教师进行科研的主管业务部分，因此，要为教师搜集教育科研信息，从而促进教师参与教育科研工作，提升教师的科研水平，提高学校的办学水平。特别是一些中小学教师，平时比较忙，对科研信息知道的比较少，这样就需要科研处的专门人员搜集有关科研信息，通过整理后，及时反馈给教师。

1. 为教师搜集课题研究信息。随着对教育教育的重要提升，一些教育业务部分开展了多项课题，教育处应该把有关信息及时传达给一些教师。课题一般情况，有省市县教科所组织的课题，省市县教研室组织的课题，省市县仪器装备部门组织的课题、省市县电教部分组织的课题、省市县教育学会组织的课题，还有一些是专项课题。这么多的课题活动，有很多是在各种网站公布，这样教师没有时间去搜集或者不知道如何去发现这些信息，教研处要做好这些课题的信息传递。

2. 投稿信息的搜集。投稿一般情况是由教育行政部门开展的教育论文竞赛还有就是各个教育报刊的发表论文。教师要获取有关信息，也可以通过教研处的搜集。论文竞赛的主题、内容、形式、投稿要求及投稿邮箱等，要获取这些信息；教育报刊，要获取相关的投稿邮箱和投稿栏目信息等，通过要为教师筛选免费发表和有稿费的杂志，以避免因晋级职称交费而发表文章的不正之风。因此科研处应该教师提供教育正规的报刊的投稿信息，并鼓励教师多反思、多撰写、多投稿、多提升。另外还有为教师搜集各大办刊的话题征文活动，让教师的思维要跟得上教育的发展，去探索教育的热点和难点问题，从而提升教师的综合素养，更好地服务教学。这些都需要科研处人员进行投稿的尝试，投稿去发现哪些杂志是以文章质量取文，哪些杂志社是收费发表，然后把这些经验传授给学校教师。

3. 精心选择投稿杂志。科研要常态化，论文撰写也要常态化，如何选择符合教师投稿的杂志非常重要。对一些中小学教师主要投一些教育实践性强的杂志，这些杂志是理论和结合较强的杂志，符合一线教师阅读和投稿。比如，小学数学学科可以投《小学数学教学》《小学数学教师》《小学数学教育》《中小学数学（小学版）》《教学月刊小学版数学》；小学语文可以投《小学语文教学》《小学数学教育》《小学语文教育》《中小学语文（小学版）》《教学月刊小学版语文》；小学科学可以投《科学课》《教学月刊小学综合版》；各个学科也可以投稿一些教育综合方面的杂志，比如：《教学与管理》《江西教育》《河南教育》《西藏教育》《贵州教育》《基础教育论坛》《教育科研论坛》《教书育人》《辽宁教育》《基础教育课程》等，这些杂志质量高，而且不收费，有的还给一定的稿费，比较式适合一线教师投稿。搞科研就要常写搞，投稿常态化，选取杂志投稿，就是把教学实践向理论研究转变，也是教师成为研究者的有效途径之一。

（二）指导教师撰写论文

论文撰写是进行教学反思，提升教师科研水平的主要途径。也可以是把教学中成功的经验或者是遇到的问题进行剖析和解决，形成自己的教学经验，进行梳理和总结，形成了经验的论文。通过撰文反思的形式，有利于教师对教育理论理解和掌握，对指导教学实践有很大的用处。因此，教研处对教师进行论文指导是很有必要的。

1. 了解写作内容

对于论文的撰写，我们可以写多方面的内容，其中包含了教学论文、教学设计、学生管理和教育随感方面的。教学论文包含了，教学方法和策略、学生能力培养、学科融合等方面的论文。教学设计，主要是教学实录和评析，教学设计和教会反思，前者是与其他教师合作，后者是自己独立完成；学生管理主要是班主任对学生管理工作的总结和方法创新；教育随感是不拘一形式文章，可以是生活琐事、也可以是教育启发和感悟等，可以是和领导、同事和学生之间发生的教育往事，也可以自己的家教等。有了这些了解后，教师就有了可写范围和内容。

2. 指导论文写法

教师撰写论文，应遵循题目求小、内容求实、思路求新。很多教师反映，自己很难在杂志上发表论文，其分析主要有两点，一是没有坚持写，二是写法有待提升。对于论文的写法，通常还是以文章的视角和创新为准，做到这些才能吸引编辑和评委的注意和认可。题目求小，就是指论文的题目要小，越小越好，这样才能深入论证，如果题目过大，就会出现泛泛而谈，文章也就没有了价值；内容求实，主要是指文章理论联系实际，论点和理论要有实例支撑，不能空喊口号，自己变没法验证，因此在论文撰写时，我们通常以理论、策略、例证和效果，四点方面支撑每个分论点，这样文章就有理有据，变得充实，让人信服；思路求新，老问题要有新的方法去解决或者更有效的方法去解决，新问题有新发现更好，只有不断地创新，才能推进教育的改革，新课改要求教师创新教学方法和理论，这也促使了一线教师，永远在教育的探索路上，教学经验和育人技巧也是创新之作。

3. 指导论文修改

我们通常讲文章是改出来的，不是写出来的。这句话的意思就是说文章是精工细作的作品，要多修改，才能写出精品。通常文章写完后，先进行思维逻辑和用语规范的修改，然后再进行文章的立意逐步完善。可以让同行或教研处行家提提意见，然后自己再进行修改。也可以让家人最后再看看有没有文章的语病，这样基本就可以投稿了。投稿后，如果报社没通过审稿，可以结合审稿专家的意见再进行修改，只有这样不断地修改，才能提升文章的质量。

（三）指导教师开展课题

开展课题研究是进行科研的主要途径，由于教师缺乏理论知识，对教师进行课题研究显得尤为重要。为了搞好教师的课题研究，就必须对一线教师培训，学习研究的方法，然后再进行实践，最后才能胜任这一任务。因此，对教师开展的课堂指导分为两部分：

1. 组织培训学习

一线教师培训学习形式也是多种多样的，可以自己对指导科研理论专著的阅读，明白如何做科研，如何撰写立项书、开题报告、中期报告、结题报告、梳理科研成果等。其次，由学校和上级部门组织的做科研报告，聆听一些专家是如何做科研的，把这些科研的流程和方法理解、然后才能制定自己的科研。最后，由科研处组织，撰写学习做科研的反思与总结，写一写自己的科研的认识，结合一些教学实践如何开展科研的设想等。

2. 进行研究指导

很多一线教师认为做课题就是写写申请书和报告就完了，殊不知，做科研是多么复杂和重要的工作。课题研究是从实践到理论、理论到实践、从实践再到理论的过程。我们的选题就是实践中来，把教育和教学问题当中课题研究的问题，先进行理论设想，运用理论解决问题的可行性意见，进行实践操作，把操作的经验进行提炼形成理论报告，然后再进行推广等。其关键的地方是进行实践的操作和科研成果的创新。实践操作中，我们必须要有明确的分工与合作，定期进行讨论，研究存在的问题和下一步开展的内容，检测实践的效果是否与设想一致，是否有新的发现；如何形成科研成果，是相当关键的，没有成果或成果水平高，那么就是失去了研究的意义，要在研究的过程中形成可操作的案例以及有科研价值的论文，解题报告或著作等。这些对于不擅长教科研的教师，需要必要的指导。科研处应采取定期的辅导，把学科相符的教研处成员作为课题的指导教师，定期对教师的科研状况进行监督，发现问题及时讨论，制定解决方法，还有就是指导教师撰写，包括案例、论文、报告、著作的撰写，这些是科研成果的必备材料。

3. 推广科研成果

对于科研成果，科研处要积极帮助老师进行推广，特别是首先要在本学推广，从而验证成果的效果，看看是否需要在继续研究该课题，对课题的后期工作进行完善。检验课题成果其关键就是看其使用价值，这也开展课题研究的价值所在。例如，学校承担的《校本课程七巧板创意拼图设计与开发》，在研究后，我们形成了七巧板创意拼图与设计拼图案例，然后再在此基础上进行校本课程七巧板创意拼图设计与开发内容的编写，把这些创意图和说明进一步细化和整理，我们通过编排目录和课时，对图进行分解、注释以及练习设计，然后就行形成了我校校本课程的读本，印刷后发放给学生，每周开 1—2 节课程，并定期收集有关校本课程的反馈信息。进行校本课程实践研究，这些都需要科研处的指导和大力支持。

总之，教科研工作关系到教师的专业成长，是学校教育工作的重要组成部分。教师的科研能力关系到学生教育成长，而学校科研处作为教科研工作管理工作，通过对教师教科研工作的管理和指导，肩负着重要作用。只有发挥学校科研处的作用，才能提升教师的科研水平，为学生提供优质的教育，提升学校综合实力。

四、立足校本研修

校本教研是以改进学校的教育教学，提升学校的教学质量，并从学校的实际出发，进行资源的整合和特色办学的教育教学研究。同时，校本教研以它能充分发挥教师个人、教师集体和教学专业人员的独特作用而越来越得到认可和重视。以农村小学为例农村小学由于办学条件有限，校本教研工作不足，在一定程度上影响了学校的教育教学质量。因此，农村学校要把校本教研作为学校的重点任务来抓，创新校本教研的模式，以学校为基地，教师为主体，以促进师生长期发展为目的，让校本教研更好地服务于教学，在不断地研究和实践中培养学校教师队伍整体素质，提升学校办学质量和水平。

（一）建立有效机制

没有制度，就不能统一起来集中力量。同样，学校校本教研也应建立有效的机制，促进校本教研的实效。有效的机制除了要具有科学的依据，还应经得起实践的考研。因此，校本教研有效机制的建立要从管理理念、机构、管理制度等方面进行研究和实践。

1.突出"人本化"管理理念

我们以富有情感的人本管理为主导思想，在感情上，在改善领导与教师的关系上做出努力。领导低下头、弯下腰与教师沟通、交流、对话，建立一种合作伙伴的关系。让其体会到自己是主人，有自主权，可以有自己的想法，避免教师产生心理压力。为教师创造有利于研究的氛围、宽松的环境、有利于成长的条件，增强教师的职业自信心。

2.建立"层级性"机构

校长是第一责任人，是教学研究的身体力行者。我校建立了以校长为首的实施机构，组建了由校长、教学副校长组成的领导小组；聘请大学示范院校、县教研室的专家组成理论指导组；以副校长、教导主任、教研组长、骨干教师组成教研核心组，发挥引领作用。

3. 构建"保障性"管理制度

从学校发展的实际出发，把构建制度的理念定位在"指导于教师、服务于教师、保障于教师"上，建立具有规范性、指导性和保障性，理念先进、可行性强、实效性显著的完整的制度体系。先后出台了《理论学习制度》，规定每周三下午用两个小时的时间进行理论学习与研究，就教学实践中的实际问题进行理性分析；《交流对话制度》，每周一次学科集体备课。师与师、领导与教师、师与生经常进行交换信息、研究问题、交流经验，在共同交流中相互促进，不断提高；《课题研究制度》，通过课题研究，增强教师的科研意识，形成浓厚的学术研究氛围；另外还有《科研评价制度》《科研活动制度》等，使教师参与校本教科研的积极性高涨，保证工作顺利开展。

（二）采取"三课"研究

上课的形式是多种多样，但是不同的课型的作用是不一样。因此，对课例的研究可以采取多种形式，利用教研课研究教学中遇到的问题作为课例研究；利用示范课研究教学方法，推广或创新教学模式；利用观摩课检验教师的教学水平，从而改进教学工作。

1. 教研课。这种形式的基本运用程序是"课堂发现问题——确定教研主题——上教研课——讨论研究——解决问题——回归课堂"。比如，我们在听课中发现教师把"还学生自由"片面地发展成了近乎"放任自流"，于是我们组织了以"如何在课堂上收放有度"为主题的教研课，以一节课做例子，让教师讨论，最后达成了"学生自由不等于放任自流"的共识，再运用到课堂中。尤其是各个学科教研组，随时有问题，随时开展活动，使校本、组本有机结合，切合教师实际，更好地发挥教师的能动作用，形成研究氛围。

2. 示范课。每个学期每学科要搞一两次示范课活动。让教师看有准备的课，目的是为大家提供一个比较典型的模式。如：新理念如何渗透在课堂中；如何改善学生学习方式；如何建立和谐师生关系；如何运用有效评价等。首先由学科组长指导教师备课，试讲由研究组成员参与，提出改进意见后，给所有教师做示范课，大家取之长，避之短，充实到自己教育教学实践中。

3. 观摩课。每学期开展一次"研讨——观摩——反思"系列活动。即由学科组或年级组每人上一节课，大家互相听，然后从中选出比较有代表性的课在全校范围内观摩，组织教师进行讨论、评课。最后总结经验，写反思体会、体验、感悟。

（三）利用主题教研

众所周知：教研的随意性，教研的形式主义严重影响教研的质量。有些学校虽然开展了教研活动，但缺少明确的主题，往往是任务布置多而实际深入研讨少，教师听课也缺乏明确研究目标，随意性很强。基于此，学校努力尝试了开展学科主题教研，取得了实质性进展。

顾名思义，主题教研就是教师进行有主题的教学研究，有目的地解决自己的教学问题。学校教研组的具体做法是：首先，每个教研组的学科教师认真思考教学中存在的主要问题，抓住主要矛盾，提出急需解决的问题，确定好要研究的主题。其次，充分发挥教研组的团队作用，组织全组内教师认真讨论，论证研究的主题，使每位教师都清楚地知道自己的研究方向和主攻目标。教师再根据自己的教研主题查找有关学习资料，学习一些与研究主题接近的理论、经验，并制定详细的研究计划。第三，通过课堂教学和课后教研组全体教师主题研讨的过程，让全组教师在不断反思中逐步改进、提高。最后，及时进行阶段性总结，总结成功经验，找出不足，为下一步继续开展研究奠定基础。

为了能有效地落实各学科研究主题，各教研组把课堂教学作为问题研究的源头活水，作为研究活动的载体，一般的做法是：在组内上课一般是组内教师在没课的情况下定时间随机听课，这样可以暴露真实问题，提供一个原汁原味的课堂。每位教师根据主题研究内容，通过课堂观察，开展集体研讨，找出问题症结，提出改正策略。这样，一个学期下来，全组教师围绕一个主题从各个角度切入来寻求解决策略，通过"看别人的课堂，想自己的课堂"，重新审视自己的课堂教学。

实践证明，主题教研具有强有力的可操作性，是保证组内人人都能参与互动的教研方式，在我区实施以来，学校的各教研组通过认真反思教学中存在的问题，提炼研究主题，根据学科实际情况围绕承担的主题确定研究计划并深入细致的开展研究。大多数教师们的教研、科研水平和专业素质得到不同程度的提升，解决了教学中的一些实际问题。

（四）实施邻校共研（以农村学校为例）

为解决我区农村学校教师集体共研难、独立开展校本教研困难较大、且"小科"教师人少、分散的突出问题，应本着就地就近的原则，开展了邻校共研活动。即以促进校本教研的有效开展为目的，以学校为基地，以教师面对的带有普遍性的教学问题为研究对象，以教师为研究主体，由学科教研员组织牵头，组织相邻的几所学校的同学科教师进行集体备课、问题共研来促进农村教师的成长，解决教学中的问题、提高教学效率。

主要采取以下几种形式开展活动：

1.骨干引领。通过组织相邻的学校的骨干教师讲座、上示范课等方式，引领教师专业成长。首先骨干教师面向本学科骨干教师进行一次有针对性、实效性的讲座，然后上一节示范课，最后骨干教师与参加活动的学科教师针对这节示范课进行一次研讨、交流、评议。骨干教师上完课后，要自己先说自己的教学设计，说自己这节课的反思。而后由临近学校的学科带头人对教研过程中出现的问题进行分析研究、论证思考，提出解决的方案。最后由教研员做点评，对研究实施的过程进行指导，进而对同类型的问题总结提升。

2.城乡互动。主要做法是：充分发挥城区学校优势，让邻近农村学校的教师到基地校来讲课、听课，让城区学校的教师到农村中学讲课、听课，给农村中学教师提供开阔视野、实践提高的平台，给城区中学教师提供体验农村艰苦、增强忧患意识的机会。这种教研活动每学期至少进行一次，初步形成了城乡互动、互促的教研工作格局。

3.同课异构。在邻校共研中，可以采取同课异构的方式，通过上交流课让教师看到不同教师对同一教材内容的不同处理和不同的教学策略所产生的不同教学效果。课后，在同学科教师之间开展研讨活动，研讨中由学科教师发起话题，共同研讨，教研员即时答疑。通过教师之间的广泛交流，打开教师的教学思路。教师通过分析和比较来改进自己的教学行为，提高整个课堂教学环节的有效性。这种方式可以说真正体现了资源共享，优势互补，达到了整体提升教师素质的目的。

（四）开展课题研究

把学校发展规划与教师科研联系起来，对教师来说，要想真正实现由"教书匠"转为"研究者"，成为"专家型"的教师，就必须用科研带动教师成长。因此用科研促教研，提高教师科研能力始终是我校开展校本教科研工作的一个重要方面。我们认为最有价值的科研课题，应该是实践中产生的问题。要想赋予它生命的活力，那就要给实践以指导，解决实践中的问题。以校为本的科研课题我们不追求级别有多高，而是追求教师是否乐于在自己的教学实践中去解决它；也不追求有多宏伟，只追求教师在一个小方面有所研究，有所见地。比如"小组合作学习有效性"问题，最后总结出研究规则、关注小组、规范训练、持之以恒的方法，这样就促进了在小组合作学习的有效策略上有所提高和发展。学校定期对教师的课题研究进行诊断、点评、指导，开展研究与交流活动，主要从三方面来提高教师科研能力，一是提高科研意识，树立人人可以搞科研的理念；二是教给方法，从实践中发掘提炼问题，进行科学总结、理性升华；三是科研实践，只有"下水"，才能真正学会"游泳"，我们要求教师"沉下去"，在科研中摸索、提升。有的教师总认为搞科研是离自己很遥远的事情，认为与己无关，于是我们通过搞讲座的形式，鼓励教师人人参与校内小课题的研究，教师自己申报，可以是学校提供的，也可以是自己想到的，立足本岗，从小课题入手开展研究，定期交流科研经验，写科研论文。

总之，扎实有效的开展校本教科活动是提高课堂教学质量的根本保障，是促进教师专业成长的有效手段。因此，只有建立科学管理制度，转变教研理念，创新教研方式，努力探索行之有效的教研新模式，才是学校长远发展之道。

五、教学管理信息化

随着信息技术在教育中的运用，已经促进了教育的发展。特别是在教学管理中利用信息技术手段，能够提升工作的实效。其主要表现在利用信息技术发布信息、安排任务、对信息和数据进行统计、分析和评价等，既节省了时间，又减少了误差，效果明显。学校日常教学管理工作比较烦琐，教务处教师少，很多教师还有教学工作要处理，因此教学管理工作的任务繁重。随着信息技术的融入，已经逐步缓解了这一矛盾。信息技术与教学管理的结合，促进了教学管理工作的实效，这样工作省时、快捷、高效，同时也促进了教学工作的健康开展。

（一）科学排课

排课是教务处开学前的一项主要任务，特别是对一些大的学校，排课显得尤为重要，一是要课安排的要符合教师工作的需求，又要符合学生的发展需求，同时也要和学校整体安排一致，否则就会出现问题，或者产生一定的麻烦。特别是传统的排课方式，会出现有的老师的课碰头，有的课调不开，在后期还要调整，非常麻烦，同时也给教学的开展带来影响；另外排课还有消化大量的精力，确实是一项烦琐的工作。但是随着信息技术的发展，我们在排课中使用了排课软件操作，解决了以往排课中存在的问题。我们在排课前可以任意设置，限制排课、连排课等都可以进行。比如，"云课排课"系统，一般的操作我们要经历这样的几步：我们首先进入网络版系统，然后添加排课任务，填写排课名称与排课学期；导入课时、教师等信息的模板；设置不排课时间、连堂、合班等排课规则；预排课程，在这里您可以指定一些课程的位置；最后点击"开始自动排课"即可出现排课结果。这样就完成了一般的排课，如果是特殊情况，再按照要求进行调整。

在排课系统中，解决了以往排课中的难点而且可以批量进行分配的问题，也就是说我们在排课前可以任意设置，限制排课、连排课等都可以进行。这些都可以利用软件自动设置，而且不会发生冲突。例如，小学语文课，一般情况是星期五下午要安排两节作文课，这样就可以安排一次连排课，利用排课软件很容易操作。体育课不能安排在上午的第一节课，班会课安排在周一上午的第一节课等，都可以利用排课软件进行限制课安排，只要设计好条件，便能在软件中进行编排课程，非常方便、高效。另外，使用排课系统软件还可以进行课表预览，不合适可以及时调整；还有打印功能、自动分班、安排教师和授课场地等，教师只需要到教务处领取课就行了。利用排课系统软件比传统人力排课节省了时间、减少了误差，做到科学、合理的安排课时任务。

（二）发布信息

随着信息技术的不断发展，有相当一部分学校建立了校园网站或微信群，这样便于传递信息和交流。发布信息主要进行宣传学校、安排教学工作、展示教研成果以及交流合作等。另外学习还建立了网络论坛、微信公众号等及时发布教研信息。随着信息技术的不断发展，我们可以充分利用网络的强调功能进行教学管理。比如，在学校网站设计"教学教研动态"板块，以及教学工作微信群，做到及时传递教育、教学、教研信息和有关教学方面的通知、通报等。其中具体包涵了几个方面的内容：1.利用网站"教学教研动态"板块公布近期的教育信息以及有关国家的教育政策、方针，并把有关文件上传网上供教师传阅，及时了解教育动态。2.利用网站"教学教研动态"板块安排每周的教学、教研工作任务和实施细则，比如，每周开展的教师四课活动的安排，活动的时间、地点、内容、人员等，还有其他的作文竞赛活动、歌唱比赛、书法比赛、制作比赛、课外实践活动等教学活动的通知。3.利用网站"教学教研动态"板块公布每周所做的工作以及取得的成果，学校每周组织教务处人员对教师每周的工作进行检查和评价，并及时进行公布；4.利用"教学微信群"及时发布变更的教学、教研信息，让教师第一时间得到通知，同时也在网站"教学教研动态"板块上进行通知。比如，学校提前准备开展运动会，一切都准备就绪，但是突然得知天气有变，这样就可以发布调整开展运动会的时间，利用网站和微信群快速的传递有关教育信息，让教师及时了解学校教学、教研动态，从而促进了教学工作的顺利开展。5.利用网站"教学教研动态"板块公布教师和学生阶段性取得的成绩，以校园通讯的形式进行报道。比如，教师参与的优质课比赛和撰写的论文获奖等，学生参与的竞赛活动获奖等都要进行通报表扬。

（三）便捷办公

信息技术在教学管理工作中的应用主要包涵了两个方面的，一是教务处的管理工作，而是教师日常办公。对教学管理的前提条件是教师的办公，也就是教师要先利用信息化办公，然后教务处才能信息化的管理工作。教师利用办公软件把有关教学中材料，通过网络上传给教务处，然后教务再进行整理、分析和评价。

首先，教师利用信息技术进行办公。教师利用办公软件 WORD 进行教学计划、教学设计、教学总结、试卷分析等内容的撰写；利用绘图软件 PHOTSHOP、FLASH 和办公软件 PPT 等制作多媒体课件便于教学使用；利用网络进行资料查询、上网交流、每位教师申请一个教学邮箱，并把电子版的有关材料发送到教务处邮箱；利用办公软件 EXCEL 统计学生考试成绩等。通过利用信息技术手段进行办，节省了时间，提升了工作效率。

其次，教务处利用信息技术进行管理。教育处首先要申请一个管理工作的邮箱，以便于接受教书上传有关电子版的材料。然后对这些材料下载后．进行整理、分析和评价。特别是教书的上传的教学设计，在教务处验收合格后，才能打印进行上课，对于不符合要求的要立即整改。教育处利用办公软件 EXCEL 把每位教书的日常教学情况进行评价，并记录下来，换算成分，作为期末教书绩效的评价依据。在充分利用信息技术的情况下，教务处的评审和管理水平提升，做到合理安排教学进度，提升教师的业务水平，提高了教学质量。

最后，就是对电子材料的抄袭率的监控。在教师队伍中也有一些滥竽充数者，有的教师的材料直接在网上复制。为此，教务处可以采取两种方式进行查询认定是否为抄袭。一是将材料中的部分内容，复制到百度中进行搜索，看网络中是否有相似的片段；二是学校要开通维普文章相似率查询功能，利用专业的软件查询相似率。当发现教师上传材料有大量的抄袭内容，立即让其重写，并通报批评。另外还有教书撰写的教学心得和教科研论文都可以利用这些方法进行查询，以制止学校学术不正之风，从而提升教学管理水平，提升教师的师德修养。

（四）统计保存

统计保存工作是教务处主要工作之一，这些工作量大，烦琐，需要毅力和耐心才能胜任。很多教务处的教师反应，在学期初和学期末比较忙，学期初的学籍统计和期末的各种材料整理和统计。随着信息技术在教学管理中的应用，已经逐步把这些工作简化，利用办公软件能很轻松地完成这些任务。

1.学籍统计工作

开学初，学生报名，然后把学生的信息录入到计算机进行统计、汇总和保持，这是一项常态的工作。我们把利用学籍软件进行操作，各班班主任只需要把学生的身份证或学生家长的房产证的复印件交到统一交到教务处就行，然后教务处有具体的人员输机就行，以后操作以此类推，只需要把流动的学生进行登记，其他的已经入学的学生的信息不用再进行登记。利用学籍管理软件可以很轻松地完成这些任务，提升了工作的效率。

2.期末统计工作

每到期末考试后，都要统计和分析学生的成绩，教务处利用办公软件EXCEL 先进行各班成绩的汇总，然后再进行学校成绩的汇总，然后利用办公软件 EXCEL 函数计算出总分、人均分、及格率、优秀率等，然后再进行分析各班的情况，这样对比，就会很清晰地发现各班成绩的优劣。另外期末要统计的一项就是教书每期的表现，我们主要从师德、考勤、教学水平、科研水平、指导学生成绩等项表现，都用 EXCEL 进行登记，然后这些算成分数、进行评价，作为绩效考核的依据。这样条目一清二楚，节约了时间和精力，同时也较少减少了工作中的误差，提升了教学管理的实效。最后将学生的信息和教师的信息随时统计、整理、保持之后，把需要的内容打印出来，最终让大家对一学期来班级和自己的表现清清楚楚；并做到了对这些资料的保存工作，解决了以往教师书纸质材料没地方放，现在这些问题都解决了。

信息技术在教学管理中的应用，提升了工作的效率。作为学校的管理者和广大教师能体会到信息技术带来的便利，让我们的工作更加便捷和轻松。为此，在教学管理中，我们要结合学校实际，把信息技术与教学管理有机结合起来，实效教学管理信息化，更好的服务教学，提升教育质量。

六、消除大班额势在必行

随着经济社会的不断发展，农村人口逐渐涌入城市务工，这样他们的子女入学就产生了一定的问题。就当前城乡中小学的规模和发展速度无法满足学生就近入学的需要，这样就产生了大班额教学班。产生这种现象的原因是教育发展无法与城市发展同步，规划不合理，投入不足等。中小学教育关系到青少年的学习与生活，是不可忽视的问题。因此，政府要重视并积极加大投入，并积极引入民办学校发展；教育行政部门要协调好各个学校均衡发展，引导学校控制好入学人数；各个学校要用好"就近入学的原则"，以学区内房产证和户口本为凭证。在统一规划、统一部署、严格执行学生入学原则的基础上，控制和消除班额，从而提升教育质量，促进学生健康成长。

（一）合理规划学校

随着城乡经济的发展，政府在对城乡建设规划的同时，也应对教育发展进行规划，从而满足学生入学的需求。城乡新区的规划，应该按照人口的比例建设一部分学校，满足该地区学生的入学。另外在实施中，按照就近入学的原则，让学生均衡地分流到各个学校就读。由于建设学校需要大量的财力和人力，一次性完成多所学校不现实，只能分步实施，逐步完成，先进行规划，按照规划的要求稳步实施，力争建好一所，用好一所。例如，我县为了更好地发展经济，推动城市建设。把原来的城关镇和城郊乡进行合并，然后整合成几个乡镇级区。再加上城区面积的扩建和近年来县区人口的增加，这就要求在原有的基础上进行规划，再确定建设学校的规模和数量。这样统筹发展经济和教育，有利于教育事业的健康发展，同时也满足学生上学和家长监护的方便。

有了合理的规划，进而有效建设，这样才能合理布局学校。农村学生向城镇和县区集中，消耗了一部分城乡的教育资源，给教育带来一定的压力。我们要在现有的学校布局的基础上，按照学校的位置和人口比例，进行调整，合理规划学校建设，力争实现学生均匀分流到各个学校就读，从而消除学生过于集中的现象，最终消除大班额现象。

（二）实施联合办学

产生大班额现象的原因不仅仅是因为本学区的学生多，还有原因就是这些学校是名校，教学质量高。中国家长的心态就是上名校，望子成龙，这样就会导致这些优质学校的学生越来越多，薄弱学校的学生越来越少。这样优质学校和薄弱学校就会产生鲜明的对比。虽然优质学校的生源越来越好，但也存在着教学任务大，教师压力大，没有时间搞教科研，这样也不利用学生的发展。优质学校并不是靠生源的累积，不是靠数量是要靠质量。

　　为此，可以把薄弱学校作为优质学校的分校区办学，利用优质学校的声誉和实力提升这些薄弱学校的质量，从而带动这些学校更好的发展，也缓解了优质学校生源过多的问题。作为分校的教师和学生享受与优质学校一样的待遇，在教学期间，优质学校和薄弱学校进行交流任教，促进各校均衡发展。通过发展这些薄弱学校，让家长们相信这些学校的办学实力，愿意把自己的孩子送去就读。

（四）帮扶薄弱学校

　　薄弱学校的地域不好、生源不足、学生基础差，在短时期内容很难赢得家长和社会的信任。如果单靠自己的实力，无法在短时间达到优质学校的标准。不仅仅学生不愿意来，老师也不情愿到这些学校任教，没有好苗子，要下大功夫才能扭转这样的局面。这样就会导致该校区的学生会流入到其他学校就读，给其他学生带来压力，导致大班额现象的出现。要解决这一现象，除了政府的大力支持，同时还需要优质学校的引领和帮扶，再加上一些优惠政策等。具体可以从三方面入手：

　　首先引入优秀教师，特别是城区的薄弱学校的教师也流失严重，可以在全区范围之内通过考察、考试招聘一些优秀教师来校任教，让家长充分认识到学校教师能力水平。优质学校要具备三个条件，其中教师的专业素养就是其中的一个条件。特别是农村的教师也愿意到城区工作，也可以满足他们的诉求，同时也提升了这些城区薄弱学校师资水平。

　　其次就是给这些薄弱学校一些上重点中学的指标，从而吸引更多学生来校就读，而不是仅仅盯住那些优质学校，薄弱学校也可以上重点中学。这样就会让一部分家长愿意让自己的孩子来学校就读，从而缓解了优质学校生源压力过大的问题。

　　最后优质学校校长和优秀教师来薄弱学校交流，把优质的学校的经验传递给这些薄弱学学校，促进其快速发展。做好校长和教师给予重用，让他们安心引领薄弱学校的发展，提升薄弱学校的教育质量。

（四）发展民办学校

我国现行教育是由公办学校和民办学校组成，相对来讲民办教育比较薄弱，但今后的导向是向这方面发展。特别是在一些欠发达地区民办学校更是不足，在公办学校无法满足义务教育阶段同时，可以发展民办学生进行补充。这样就可以缓解这些学校大班额的问题，从而促进该地区的教育均衡发展。为了搞好民办教育同样要做好三方面的工作：

首先做好宣传工作，来办学的企业家要有办学的经验和办学的成果，教育行政部门做好这方面的宣传工作。消除广大民众的顾虑，即民办学校就是为了盈利的思想。这样要让他们认识到企业办学不仅仅是盈利，也是我们教育发展的需要，是社会主义制度性公办教育的有机补充。因此，引进的这些民办学校要有办学经验和办学成果，才能取得大家的信任。

其次政府要进行大力的支持民办教育，积极引进，并给予一定的优惠政策，鼓励更多的人注入资金办好学校；并进行积极的引导和指导，力争建一所学校，用好一所学校，让学生和家长受益，让社会各界充分相信民办学校在政府支持和指导之下发展好我国的教育。

最后要对民办做好监督和评价，以此督促这些学校认真办学、出成效。给这些学校制定教学任务，教育督导部门要不定期对这些进行督导检查，评价办学水平。对于没有完成任务或不按要求办学的要让其限期整改，完成不了的，要坚决给予取缔。

（五）建立办学制度

没有制度无法统一行动，制度能够规范行为，促进事物向好的方向发展。办学管理制度也是一样，特别是中小学的入学制度、教师和学校管理制度，作为学校要在上级部门的指定的政策范围之内，结合本校的实际，认真制定有关规则，并落实下去。有些制度不是制定的不好，而是在实施的时候没有严格执行，最后效果可想而知。因此，要制度合理的办学制度，并认真执行，从而促进教育健康发展。

首先坚持执行就近入学的原则，学校要对本学区的学生进行摸底工作。特别是刚步入学段学习的学生要进行户口和房产证的审核，两者必须满足之一才能到就近的学校入学，不能跨辖区入学。有特殊情况的，需要向学校上级主管部门说明情况，经研究、核实后，才能到校就读。

其次建立教师流动制度，与上级教育部门要求一致。教师要在本区域的各校或农村学校有交流的经验，并鼓励教师交流，特别是优质学校的教师要到薄弱学校或农村学校进行交流，从而指导和引领这些学校教育质量的快速提升。

最后建立公示学生信息制度，落实入学公开、公平和公正的原则。学生建立学籍之后，要学生的信息进行公布，特别学生住址信息以及毕业要进入的学校，从而让社会各界认识到公平办教育，让教育均衡发展的理念。这样也会让家长真正意识到，学生的教育是在国家和政府的合理规划下进行的，把教育当成一项战略任务来抓。

（六）消除学前教育

城乡一些小学在学校内开设的学前教育，这样会占用师资力量。这些办学占用一部分教师和教室，就是导致小学班额过大的一个原因，本来是用来办义务教育，现在又办学前教育，这样显然是不合理的。为此小学应取消办学前教育的任务，把学前交给正规公办幼儿园和民办学校。特别是一些城乡学校，要严格按照义务教育办学的要求，办好本学段教育，积极配合教育主管部门落实教育均衡发展的战略任务，从而消除大班额现象，提升义务教育的教学质量。因此，政府在引导办义务教育的同时，也要引导和支持学前教育的发展，我国的整体教育布局，从而实现教育的健康发展。为实现消除在义务教育阶段办学前教育，教育主管部门要对义务教育学校进行督促和引导，让他们安心办教育，把精力和财力用在本学段的教育上，从而提升教育教学质量。另外，还在解决了教师紧缺和资金的问题。由于小学阶段办学前教育，教师不足，还要聘请幼儿教师，这样给学校的财力带来负担；在小学办所谓的学前班与幼儿园教育重合，形成了资源的浪费。根据实际情况和教育的健康发展，应尽快取得小学阶段学前教育。

总之，解决大班额问题是一项艰巨的任务，必须采取有效的措施和方法。从教育的实际出发，认真落实各种办学政策和规定，促进教育健康发展。由于大班额问题是现阶段我国城乡部分学校普遍存在的问题，由于城市的建设过快，且教育服务滞后而造成的。因此，除了政府要规划和支持教育发展，教育主管部门和学校也要按照办学的政策，执行好入学的规定，从而逐渐消除大班额，最终实现教育的均衡发展。

第二节　实践中成长

教师除了搞好课堂教学之外，还要开展读书写作交流、课题研讨、听课评课、外出活动等形式的活动，让教师的知识得到丰富，视野得到开拓，这样就能活跃思想，促进创新，让个人素养得到发展。实践是检验理论的有效途径，我们不仅要教会学生知识，同时还有让自己的能力在多处得到释放，在解决实际问题中彰显自己的价值，从而也促进了自己的成长。

一、参与教育扶贫

扶贫是国家的一项战略性的政策，是落实全面小康社会建设的重大举措。而教育扶贫是国家扶贫政策的一部分，为此要紧跟国家发展大局，精准扶贫，提升教育质量，促进教育均衡发展，为全面建设小康社会发挥重要作用。所谓教育精准扶贫，主要是从农村贫困地区薄弱学校的不足抓起，根据需要尽量满足他们在师资力量、教育设备等方面的需求，从而让这些学校能够有质的飞越，逐步办成当地群众满意的标准学校。其最基本的办法除了政府的大量投入，还有就是利用城区优质学校去帮扶这些贫困地区的薄弱学校，从而实现教育的真正脱贫。

（一）课堂引领

教育贫困学校主要是那些农村薄弱学校，普遍存在的问题是交通不便，学校办学条件差，师资力量差，生源少等。根据这些情况，政府已经制定了相关政策。其中规定下乡支教和新任教师必须到这些学校工作 3 年之后，才能调动其他学校，给农村教师增加补贴等，但是能够真正留在当地的很少，只是解了燃眉之急，但真正的要留住教师还有需要更合理、科学政策，这也是下一段要重点进行探索的问题。针对这种情况，教育扶贫也进入更深入的阶段，以城区优质学校帮扶一所薄弱学校，以提升学校教育质量，办群众满意的教育为根本目的。为了达到这些效果，要根据薄弱学校的实际情况，进行教学引领活动。学生的学习在课堂，把课堂搞好了，学习也就成功了一半。薄弱学校的师资力量不足，其中最为严重的是没有开齐课程，这也就谈不上优质教育。比如，体美音课程只是一个摆设，没有专业的老师去上。就是有人上，很多老师大多是让学生上自习或者是上主要学科的课，还有教学器材的缺少，这些课程就失去了开设的意义。城区优质学校，可以派出本校优秀的体美音教师给薄弱学校的学校上课，并帮助那些兼职的体美音老师做好指导，从而促进这些课程质量的提升，进而也达到培养学生综合素养的作用。这种定期的以课堂引领促进薄弱学校薄弱学科的发展，进而整体上提升这些学校的教育质量。特别是小学教育是以培养学生综合素养的教育，让孩子的各个方面都得到发展，进而实现素质教育。通过实践，发现孩子们非常喜欢这些课堂，这是他们平时所没有经历过的。这里的孩子少，教学资源困乏，但是孩子对学习却是迫切的。孩子有这种需要，而我们的教育扶贫又涉及了这些，为此这也是教育精准扶贫的有效手段。

（二）联谊活动

城区优质学校确定了扶贫学校的对象之后，就要按照一定要求，和薄弱学校一起搞联谊活动，加强各方面的交流，促进薄弱学校整体发展。当然这些活动可以是教学方面的，也可以是其他方面的。只要是能够促进薄弱学校整体发展的活动都可以，并且要创新活动形式，让薄弱学校满意，让当地群众满意，让他们感受到教育在发生变化，变得越来越好。比如，展示教育扶贫的成果，城区优质学校、薄弱学习和当地居民共同举办了"加强文化发展促进教育扶贫"为主题的联谊活动，城区师生、薄弱学校师生和当地民众参与其中，通过演绎近一时段薄弱学校教育的变化和乡村的变化，从而感受党和国家对他们的关怀，感受到城区优质学校真正帮助他们改进办学水平，实现脱贫奔小康。其中涉及了歌唱国家的，向往美好生活的，还有生动有趣的学习生活的。[①] 这些活动的目的就是互动交流，通过文化促进教育扶贫的深入，让各位都有信心把扶贫工作搞好，完成党和国家交给的扶贫任务。另外，在校外青少年活动中心的组织的"精准扶贫，城乡少年结对"联谊活动。在活动中心老师的带领下城乡的孩子进行外宿教育实践活动。通过互动游戏、才艺表演、同唱一首歌等一系列活动，使城乡少年迅速建立起了联系，成功结对。活动中，同学们积极踊跃、默契配合，困难面前相互帮助、彼此鼓励。校外青少活动中心的带队老师时刻陪伴在同学们的左右，细心观察他们的情绪变化，并从细微处入手，对孩子的行为习惯进行指导，这样他们团队意识得到增强，同时对彼此更加尊重。在联谊活动中，孩子们互换了精心制作的心愿卡，书写了自己的愿望以及对各自结对伙伴的祝福。同时校外活动中心为城乡孩子们准备了爱心书包，双方饱含深情地互赠礼物。通过这些活动使城乡孩子的友谊建立起来，同时也促进了他们共同成长。

（三）馈赠图书

对于贫困地区的薄弱学校，师资力量薄弱，校舍落后，特别是一些功能室几乎没有。而这些功能室，主要是指图书室、实验室、体美音专用教室等。对于这些学校的孩子来讲，没有这些教育资源，确实是学习的一大憾事。但是随着国家对教育的投入逐渐增大，会逐渐完善。就当前教育扶贫，最容易做的事，也是最合适的事，就是可以加快薄弱学校图书室的建设。在已有的校舍中，整理出一间教室，作为学生的图书室；如果确实没有这些校舍，可以在班级中留有一块图书角，作为藏书的地方，也方便学生借阅。对于图书的购买可以由城区帮扶学校进行帮助解决。由于城区学校图书丰富，再加上学生多，教育经费充足等，可以对薄弱学习进行帮扶。具体可以从五个方面对薄弱学校图书室建设进行帮扶。第一就是城区学校把部分图书充实到农村薄弱的学校，定期借阅和更新，让农村薄弱学校的孩子也能读到更多的书。其次，就是有城区优质学校出资购买相应的图书，馈赠给薄弱学校，让图书室真正建立起来，为孩子读书创造条件。然后，由优质学校的学生每人赠送一本书给农村薄弱学校的孩子，这样就可以充实到班级

---

① 辛丽春、汤芳杰．当代乡村教师生存状况及对策研究 [M]．九州出版社 ,2019（3）.145-148.

的图书角，让图书丰富起来。第四，成立图书基金。城区优质学校师生、家长把自己的旧书或者是在网上或者书摊淘的一些旧书，由学校管理人员定期赠与农村薄弱学校，这样就为赠书提供一种平台，而且是一个能够持续的方式。第五，就是对于薄弱学校品学兼优的学生，我们也可以馈赠图书，表示鼓励，让他们把精力投入到学习和生活中。另外，就是要做好图书的管理，在城区学校的指导下，按着图书分类存储，建立图书借阅制度，并安排管理员进行管理和保存；图书角也应选好小小管理员，对图书进行管理和保存，为学生读书做好服务工作。读书能够丰富知识，提升修养，并能充实学生的课余生活，体会读书的乐趣；同时通过科学的管理，才能发挥图书室和图书角的功效。

（四）定点支教

虽然国家制定了下乡支教政策，在一定程度上弥补了农村师资力量的不足。但是随着教育扶贫政策的实施，进行了支教的改进，那就是定点支教。也就是说城区的一所优质学校去帮助贫困地区的一所薄弱学校，成为联谊学校，直到该学校的整体水平达到一定程度才能成为教育脱贫。城乡的两所学校成为联谊学校之后，要进行师资力量和教育资源方面的帮扶。首先，可以每学科派一名骨干教师对薄弱学校支教，把优质学校教学经验和方法带到薄弱学校，和他们一起教研、一起上课，以点带面，从而提升薄弱学校教师的业务水平和教学质量。为了鼓励优秀青年教师去定点支教，给予很多的优惠政策，包含了国家支教经费还有晋级职称、评优、提拔等方面给予照顾，从而调动他们的积极性，很好地推进了教育扶贫工作。其次，就是送教下乡活动。优质学校的部分教师要准备好优质课，定期去薄弱学校进行展示，带动薄弱学校教育工作的开展。这里特别是一些薄弱学校没有开展、不足的学科，比如，体美音、思品、科学等学科，要给孩子多上这些课，让他们打开眼界，对学习产生更浓厚的兴趣。最后，就是由优秀教师进行专题讲座，主要是语数外优秀教师对学科工作的思考和总结，介绍经验，从而促进薄弱学校老师的专业发展。其实城区优质学校一部分教师也是从薄弱学校考过来的，在那里他们得到了锻炼，奉献了青春。现在通过实力来到了更好的学校，这也说明了薄弱学校是锻炼人才，成就人才的地方。有的老师的报告都是肺腑之言，真真切切地谈到了薄弱学校教学该如何教，现在该如何帮助他们等。报告是贴近实际的，更能够与薄弱学校老师拉近距离。作为教育人，都应该在自己的岗位上干好自己的事。其实教育应该分为两件事，那就是学习和工作。前者是后者的基础，为此开展讲座活动的效果很好，还有一些关于传统文化等讲座，也为薄弱学校的文化建设和师生修养提供了支持。

（五）互帮互学

教育精准扶贫不仅是对薄弱学校的教育扶贫，对于学校内容也可以开展相关的扶贫工作，从而把教育工作提升到一定的高度。为此，我们创立了"互帮互学"教育扶贫政策，在薄弱学校和学校内部进行开展，并取得了一定的实效。为了把扶贫工作做到精准，到位，开展了互帮互学，从而促进教育精准扶贫的成效的提升。主要做法是在学生中开展"一帮一"活动，在教师中开展"互帮互学"活动。我们可以利用少先队或团委在学生中组织开展"一帮一"活动，真诚地交朋友、解决生活中的难题。在双休日，这些好朋友，相互走访，孩子去村里体验生活，并一起学习、一起游戏，共同学习进步。学校教导处组织教师参与"互帮互学"活动，充分利用学校的骨干教师，进行带头引领，培养青年教师，使他们尽快地成长。另外，这些教师可以利用空余时间一起探讨教育教学的工作方法，取长补短，实现共同成长。通过教师们对教学方法、教学手段和教学情境 创设等方面的探讨和创新，增强了教师的业务素质，并促进了在课堂教学中教学效果的提升。"互帮互学"活动，也为骨干教师搭建了展示教学才华和教研能力的舞台。青年教师得到了锻炼，这些教师都能够积极参与其中，认真学习和研究，特别是骨干教师不仅在课前对青年教师指导和培养，还在课后对他们进行了务实的评价和指导，从而带动了青年教师教学热情，也提高了其他教师积极参与到这项活动中来的积极性。需要什么，我们就按照要求进行互动互助，无论是学生还是教师都能在同伴的帮助下促进成长。

总之，扶贫工作是国家的一件大事，是我国迈向全面小康社会的基石。教育扶贫作为扶贫中的一部分，我们应吃透相关政策，按照教育发展的规律，对薄弱地区的教育进行精准扶贫，办人民满意的教育。在具体的教育扶贫中，通过城区优质学校定向帮扶薄弱学校，在一定程度上促进薄弱学校的发展，提升了当地的教育质量。"百年大计，教育为本。"以教育扶贫为突破，全面发展我国的优质教育，培养学生的核心素养，推进国家的扶贫任务，最终实现全面建设小康社会的发展目标。

二、参与文体活动

文体活动是学校文化建设的有机组成部分，其中篮球运动也是学校教职工文体活动的主要形式，也是学校篮球文化建设的一部分。由于篮球运动是教师篮球文化建设的主要呈现形式，因此我们作为篮球文化重要内容进行实践。篮球运动是一项团队活动，需要大家协助完成，形成凝聚力，从而培养教师的集体意识。但篮球活动的开展受场地、人员以及时间的影响，因此在实际操作当中存在着一些问题。特别是一些小学，男教师比较少，场地不规范，大家活动的时间不固定，从而导致开展的篮球活动效果不佳。但是篮球运动具有一定的文化价值，篮球运动能让教师身心平衡发展，能让学校团队战斗力增强。

（一）文体活动促进了教师身心健康发展

教师的工作是一种智力活动，由于整天忙于工作，特别是提升学生成绩的压力，从而导致身心疲惫。而篮球运动是一种强身健体活动，正好可以解除教师的身心压力，从而促进教师身心健康发展。篮球运动需要跑、跳、投，另外还有一些技术要领以及配合能力，这样人的大脑和身体进行协调，不仅提升了身体素质，还培养了合作意识。以学校为单位，每周教师通过规定的时间每次运动一个小时左右，从而增强教师体质并调节身心平衡。对于小学中的教师，主要还是以男教师为主，由于年龄偏大，主要还是强身健体为主。例如，学校有 160 名教师，而男教师 20 位，参与篮球运动的 12 人，正好组成了一支篮球队，中老年占一大半，也算是老、中、青，大家互相切磋球技以及经验，这样就实现了篮球运动的常态化。我校以每星期二、四两次，每次一个小时，其他时间只有活动的形式，由于大家的时间可以选择，没有选择此活动可以选择其他文体活动。通过开展篮球运动，青年教师对网络的依赖明显减少，老教师也焕发了活力，身心得到健康发展。学校开展篮球活动也与我国提出的每天锻炼一小时，健康生活一辈子相符合。生命在于运动，教师只有把工作与运动结合起来，让身心得到休息，才能提升工作的实效，才能找到职业的归属感和成就感。

（二）文体活动增强了学校团队合作意识

学校本来就是一个团队，平时大家都忙于工作，只有在开教研会、开例会探讨一下工作中遇到的问题，其他方面很少涉及，也没有时间进行。开展篮球活动，大家可以正好聚在一些切磋球技和生活琐事。篮球运动是一项团队运动，分为两班进行，各位球队尽责，而不是单打独斗的表演。篮球运动真好体现的是一种团结精神，这也与我校提出了"校荣我荣，校衰我耻"口号相吻合。让教师真正体会到自己与学校紧密相连，大家团结一致就能增强学校的精神实力。在篮球运动中，我们根据队员报到的多少，开展 2:2、3:3 对抗以及 5:5 全场对抗等。在比赛中，大家充分交流，切磋球技，分享经验，这样教师与教师，教师与领导之间更好拉近距离，大家像一家人一样，团结起来，共同健身，从而保持身心的健康发展。篮球运动作为一种文化，我们就要发挥其教育的价值。篮球运动不仅要强身健体，也要注重协助意识和团队精神的培养。当前的工作，是靠团队配合完成任务的，学校的发展要靠广大教师齐心协力做教育工作，才能提升学校的实力和品牌。学校的发展通过篮球文化进行推进是符合实际的，也受到老师的热烈欢迎，让校园充满生机，也让大家和谐相处，共同提升。

（三）文体活动有利于物质文化建设发展

篮球运动是一种文体活动，即为一种精神文化。篮球文化让教师身心得到健康发展，同样也增强了学校的团队竞争实力。但是在精神文化建设的过程中，我们会发现物质文化存在的不足，然后我们改进不足，从而作用于精神文化的发展。有很多学校有着悠久的历史，至今还保持着原有的建校规模。我校就是这些学校的一个缩影，校舍面积 10 亩，全校 5 千名学生，没有正规的活动场地，就连一个篮球场也是不规范的，面积不够，地面不平。这些问题在我们进行 5:5 篮球对抗中就有这种感觉，场地小，运球容易变向。这样就处于一个尴尬的局面，学生上体育课就更不合适了，班级多，场地就更不够用，再加上篮球架的问题，不能升降不符合学生的运动要求等。这些问题，在我们老师开展的篮球运动中就发现了，而且是亟待解决的问题，因此我们要为学生发展服务，就要为他们的发展着想。另外我们也发现运动场的附近的文化墙也比较单调，都是写运动标语，与运动元素不符合，这样就很难与校园文化建设的整体布局相适应。

　　基于我们对校园教师篮球文化的建设与实践，进而发现了物质文化存在的问题，我们把这些问题进行汇总，通过集体讨论和研究，认为可以进行改进，让物质文化与精神文化有机结合，从而促进学校文化的建设，提升学校的办学质量。因此，要根据学校的实际情况，重新规范篮球场地，剔除障碍，修成正规的运动场地，这样就可以发挥运动的功效，另外也为安全奠定了基础，重新购置具有升降功能的篮球架，供应师生都能使用，发挥一物多用的效果；对于文化墙的布置，我们可以运用图文并茂的形式绘制，让这些内容贴近师生的生活，符合学生发展特点，让校园充满活力。利用精神文化建设去发现物质文化建设的不足，通过改进后，又反作用于精神文化建设，这样以篮球文化建设的精神文化其价值是不能低估的。

（四）篮球文化为教师篮球比赛奠定基础

　　篮球活动并不是只为了参与篮球比赛，平时训练除了能强身健体，还能促进身心健康发展。但平时的篮球训练也为区域教职工篮球比赛积累经验，展示各校教职工的面貌和风采，这也是篮球文化建设的宗旨。代表学校参加区域篮球比赛的教师需要统一着装，标号号码，有队员、队长、教练员、后勤保障等，才能形成完整的篮球队伍。这样才能展示学校教师员工的精神状态，彰显学校文化建设的内涵。区域教育系统篮球比赛每年举行一次，一般情况在秋季举行，要求每校派一支男子篮球队参与。城区学校以学校为单位参与，乡镇学校以乡镇中学和中小学为单位参与。日常的篮球活动与篮球比赛可以结合起来，平时多锻炼、多配合，不仅仅能提升身体素质、培养篮球能力，同时也为篮球比赛奠定基础，提升比赛效果和观赏性。在日常的训练中，各校利用固定时间、从战术和篮球意识方面提示大家的篮球技能。通过一段时间的训练后，大家在体力、技术和配合方面，会提升到一个最佳状态。对于参加比赛的大多是以中青年为主，50岁以上的教师作为平时的陪练，以锻炼身体为主。这样大家平时在一起训练，比赛时一起出谋划策，让中青年教师发挥自己的作用，力争取得好的名次。

（五）文体活动带动学生参与运动的兴趣

无论学校篮球场地的文化氛围，还是教师篮球运动的训练和比赛，都能吸引学生去关注篮球活动。学生天生对运动具有一定的兴趣，他们好动、好玩，与他们的年龄发展特征相符。因此，学校教师篮球文化的发展，也带动了学生参与篮球运动，同时教师也为学生树立了榜样。每当看到自己的老师在打篮球时，有的同学会议论，某位老师打得真好，我要像老师那样，打好篮球，锻炼身体。学校不仅仅是学习的场所，同时也是学生生活的场所，我们在教育学生的时候，要求他们多参与运动，锻炼身体，为学习和工作奠定基础。因此，正好可以利用教师篮球文化激励学生参与篮球的兴趣，从而起到锻炼学生身体的作用。特别是一些男同学，对运动感兴趣，他们利用课余时间模仿老师的动作，积极投入此项运动，不仅能缓解学习带来的压力，还锻炼了自己的身体，促进了身心的健康发展。另外，我们在对学生的教育中，会利用自己的言行做好示范，从而为学生树立榜样。教师篮球文化的发展，正好可以带动学生对运动文化的兴趣，从而丰富他们的校园生活。学生在通过体育课和教师篮球文化的带动，到了一定时期，就会参与更深层次的活动。到了学校举行的篮球赛，他们积极参与，即感受到了这项运动带来的快乐，又明白了团队力量的重要性。队员们在场地挥汗如雨，啦啦队在下面齐声呐喊，大家空前一致，团结起来，为班级争得荣誉。比赛并不重要，关键是平时学生对此项运动的喜爱，并积极参加锻炼身体，体会篮球文化带来的团队精神。一个学校需要有自己的办学品味，一个班级更需要有自己的班级精神。很多班级把"团结"二字作为班级精神，我想，篮球文化带来的精神，也是班级精神所需要的。篮球文化让教师和学生很好的融入了学校生活，让他们的精神状态得到提升，这就是文化所体现的价值。

总之，篮球文化建设是学校文化发展的有机组成部分。通过开展教职工篮球运动和篮球比赛，锻炼身体，促进身心发展平衡，提升学校团结竞争实力，彰显办学能力，让教师增强幸福感，让教育生活更多彩。

三、阅读环境的构建

人们常说："开卷有益。"朱永新教授也提出："教师的专业成长需要专业阅读、专业撰写、专业共同体。"可见，读书能够丰富人们知识结构，拓宽视野；同时作为教师的专业阅读也是专业成长的基础。这充分说明了阅读的作用和重要性。由于当前国人读书兴趣不浓，教师队伍也是一样。但是教师是教书育人的实施者，肩负者教育下一代的艰巨任务。因此，教师必须具有高素质，才能适合现代社会的发展。因此，要改变教师的阅读现状，为教师提供阅读环境，并开展一系列的阅读活动，积极支持和引导教师阅读，从而增强他们的阅读意识。同时，教师要通过自我教育，提升阅读的兴趣，养成阅读习惯，把阅读作为工作需要，把阅读看成一种生活。因此，只有形成良好的教育阅读常态，才能促进自身的发展，为课堂教学搞好服务，进而促进教育的和谐发展。

（一）创设教师阅读环境

无论学习还是工作，为其创设良好的环境就能提升效率。教师的阅读也是一样，学校为教师创设一定的阅读环境，鼓励和支持教师进行阅读活动，就能提升教师的素养，同样也体现了学校对教师的人文关怀。为此学校要本着丰富教师生活，满足教师精神需求，建设和谐校园文化，从学校的实际出发，为教师提供良好的阅读环境。

1. 建立教师图书室

教师在日常工作之外，需要进行阅读充电，同时也能促进教师身心健康发展。为了丰富教师生活，提升教师人文素养，促进专业发展，因此，学校要建立教师图书室供教师阅读。另外由于以前的中小学校图书室主要是以学生阅读方面的图书为主，根本满足不了教师读书的需要。建立教师图书室是满足教师专业成长，让教师从教学实践向理论研究进行转变的有力保障。对里面藏书主要是以教育理论研究和各个专业期刊为主，让教师有条件进行专业发展的研修。图书室要全天进行开放并包括节假日，由专门的图书管理员进行管理和维护，做到真正为教师服务。建立教师图书室为教师寻书节省了时间，然后才能为读书和教学提供保障。另外在购书时要遵循教师的建议，根据教师的需要和爱好进行专业书籍的购买，从而更好地发挥教师图书室的功效。

2. 建立办公室书柜

办公室书柜是以学科科室的藏书为主，同样也是以本学科的专业阅读方面的书籍为主，一部分是由教师图书借过来的，另一部分是科室教师自愿捐赠的，还有一部分学科组根据需要以组为单位购买的（经费由学校教科研专项经费支付），通过这种形式就构成了办公室书柜，从而方便了教师阅读，让办公室文化建设充满活力。这些书都是教育和教学中常用的书籍，包括了生活常识、班主任、教科研、教育随感、教参、教材方面的书籍，让教师随手都能拿到。特别是在开学初，我们科室要组织人员，到教师图书室把各个需要的书籍借阅过来，然后进行分类装入书柜，然后在根据情况再添置其他的书籍，让教师需要的书籍尽量收入到办公室书柜，从而为教师创建良好的办公环境。

3. 为教师购置图书

为了丰富教师的课余生活，增强教师阅读意识，营造教育阅读生态，可以由学校出资为每位教师购置1—2本教育理论书籍和1—2份专业期刊，从而满足教师的读书需求。有了书，教师才能静心读书，安心教学，不仅丰富了教师的业余生活，同时也利于教学的开展。对书籍的购买，是在教师选择，然后学校同意的基础上进行了。不是学校随意购买，而是在教师先进行选择的基础，至于学校的审核，主要是审核书籍是否与教育有关，是否与教学有关，并没有肆意篡改意思，不符合要求让其重新选择，力争把经费用到实处。

（二）开展读书沙龙活动

为了营造读书氛围，各校都积极开展了读书沙龙活动。通过读书交流活动，能够丰富知识，拓宽视野，陶冶情操、提升能力。在活动中，教师可以尽情发表自己的言论，进行真正交流，分享彼此的读书心得，促进大家共同成长。读书活动同样要把自己的教学实践结合起来，反思自己的教学方法，从而提升教学实践的有效性。

1. 活动要有一定的针对性

读书沙龙活动，不仅仅是交流心得，关键还是要针对不同的观点进行讨论、交流，进行思维的碰撞，寻求解决问题的方法。因此，读书才对教育教学有指导意义，能保障教学沿着正确的方向进行。教师在交流讨论的过程中，在不同观点的交流中反思自己的教学行为，理解他人的教育观点，从而认识到自己的不足，然后进行整理和优化自己的教学方法和策略。另外，我们也可以通过对指定书籍的阅读，谈谈对读书的感悟。比如，我们共同阅读了蔡林森的《先学后教、当堂训练》，教师们通过边阅读边实践，然后进行读书交流活动。然后，大家这次阅读产生了共鸣：认为在教学理念上"先学后教、当堂训练"确立了以学生的学习为中心教学理念，让学生自主学习、互助学习，教师只做必要指导和引导。在实际操作中，教师体会到了先学后教、当堂训练节约了教学时间，把教学的重点放在教学生成上，培养了学生的学习能力。交流产生共鸣，让我们的教学的目标更加明确，同时通过辩论，让我们把教育理论理解更透彻、更深入。

2. 活动要提升教学的实效性

读书沙龙活动应以提升教学实践的实效性为其中目标之一。提升课堂教学的实效性，我们在课外的研究也是很重要的。我们通过读书沙龙活动探讨如何打造高校课堂。因此，我们全体教师也阅读了《打造高效课堂的策略》这本书，这本书论述了打造高校课堂的策略和教学模式。在阅读中，我们对这些教学模式进行逐一分析和理解，然后进行交流。每种模式都有自己的特点和操作方法，那么哪一种才适合自己的课堂教学呢，还是需要进行实践之后进行确定。第一次的本专题的读书沙龙没有确立何种教学模式适合我校，然后我们只能进行自己的实践，在下面的专题交流活动中再进行探讨。通过一段教学实践，再派了一部分教师出去学习，然后又进行交流活动，部分教师认为哪种教学模式都有自己的优点，关键是要学校实际结合起来。我校是大班额教学，只有让学生教学生才能有效果，这正好切中了问题的重点，因此，我们选择了"先学后教、当堂训练"模式进行研究，然后确立了我校的"先学后教、和谐互助课堂"模式，也就是说，在学生自学的基础上，通过生教生，然后师在教生的基础上开展课堂教学，发挥学生潜能、集中时间解决难点问题，从而提升课堂教学实效。

（三）利用教育科研活动

现在中小学教师进行教研科研活动已经成了常态化，这也是实现教师从教育实践转向理论研究的有力保证。对于理论的研究，我们首先要以阅读教育理论专著和阅读教育论文为主等，我们在消化别人的观点和经验的时候，也给自己的教学实践提供帮助。进行课题研究和论文撰写是我们进行教研活动的主要形式，大部分教师每年都有研究课题和撰写论文的任务，同时学校也把教科研情况作为教师的绩效评定，因此此项活动牵涉到了教师的切身利益，同时教科研活动能够促进教师的专业发展。为了提升教育科研活动的实效，教师必须了解研究的理论依据和方法，这样教师就必须进行这方面的阅读与学习。

1. 研读教育科研方法书籍

课题研究是教师进行教研科研活动一种形式。阅读教育科研方法方面的书籍是进行课题研究的基础，我们了解了规则、方法以及操作要求才能行动起来。这方面的书籍也非常多，我们选择实用的一本就行，其他的都类似如此。例如，我们选择阅读了（美）安德鲁·弗里德兰德和卡罗尔·弗尔特著的《如何写好科研项目申请书》，这本书详细地介绍了在科研项目申请书撰写的标题、摘要、研究目标和假设、引言、实验设计及方法、科研道德、参考文献、基金会的资助以及跨学科研究格式与方法，给我们提供了良好的建议。对于需要撰写课题申请书的一些教师提供了理论依据和实践方法。我们通过了解撰写的方法，然后再结合书中例子，然后进行理解和消化，这样就为我们自己进行课题研究奠定了基础。

2. 研读论文撰写方法书籍

论文撰写也是教师进行教研活动一种形式。为了能写好教科研论文，同样要掌握一定技巧和方法。通过对这方面撰写理论的阅读和掌握，从而提升教师的撰写能力。例如，我们选择阅读了赖一郎编辑主编的《中小学教师论文写作指南》一书，作为教育期刊的编辑，从众多中小学教书论文中阅读而获得的经验总结，科学、全面的论述的教书撰写论文的方法与技巧。我们可以从中得知论文从准备、材料、构思、写作、修改、投稿等方面的做法，这样就为我们一线教师进行论文撰写提供理论依据和方法。在阅读的过程中，我们根据书中的经验结合我们教学中的实践，思考自己该如何撰写，自己的情况是否与书中相似，书中的观点又给了我们哪些启示，我们边阅读边思考，从而提升阅读的效率。

我们不难发现，在教育科研活动的促动下，教师就会进行必要的阅读。特别是课题研究和论文撰写的方法、技巧，需要教师阅读此方面的书籍，从而掌握基本的方法和技巧。这样就能从知到行，才能提升教育科研的实效，因此，阅读是教师进行教育科研活动的基础。

（四）自我教育形成习惯

阅读的终级目标就是形成阅读习惯，享受阅读生活。要达到这种境界需要一定的毅力，同时还要理解阅读本身的意义。阅读能够丰富知识、陶冶情操，另外阅读也是一种生活方式。因此，阅读完全取决于自己的需求和认识。我们作为教师，传授给学生的是知识和方法，这就要求我们本身应具有阅读的兴趣、爱好和习惯。因此，教育要毫不犹豫地把阅读当成生活，积极主动的参与。

1. 阅读生活综合书籍

教育家陶行知说："教育即生活。"朱永新教授也说："新教育是一种完整、幸福的教育生活。"可见教育与生活是息息相关的，教育应从生活的实际出发，又要服务于生活。因此，教师关注生活、了解生活。由于，教师经常在学校，与社会接触不多。但我们要获取更多的信息，就要有获取的途径。阅读书籍也是一种途径，特别是生活综合类的书籍，我们可以选择阅读。比如、生活百事、意林、读者等书籍，不仅能提升教师的人文素养，同时还能够了解生活百态。这样，通过阅读生活综合类的书籍能够丰富知识、开阔视野。

2. 研读学科专业书籍

对于本学科专业方面书籍的研究，其目的就要提升自己的专业素养。关于学科专业书籍一本情况分为两类，一种是教育理论专著，另一种是专业期刊。由于教师的专业成长是与阅读分不开的。朱永新教授提出："教师的专业成长需要专业阅读、专业撰写、专业共同体共同构成。"由此，我们认为专业阅读是教师专业发展的第一步，并且是教师一种内在需求，是一种自发行为。

（1）研读教育理论专著

对于学科来讲，每学科都有众多的理论专著，我们这里要强调专业性，也就是说所研读的理论专著必须与自己的所教的学科一致，这样才有针对性。比如，小学科学学科，我们研读可以选择的有《小学科学教育的"探究—探讨"教学法》《教作为探究的科学》等科等专著，从中学习科学探究教学的理论与方法，在今后教学过程中要做好让学生亲身参与质疑提问、设计实验、实验验证、展示交流、得出结论、拓展应用等过程，教学既要关注学生的已有经验，又要注重学生的参与过程。通过理论学习，然后才能在教学实践中进行消化、理解，变成自己的东西。理论学习是我们进行教学实践的基础，由知而行才能提升教学实践的有效性。

（2）研读教育教学期刊

教育教学期刊主要是指与本科学相关的期刊，我们从中获取本学科最前沿的教育教学信息，探知他人的教学经验，从而增强自己教学技能，提升教学质量。比如，小学科学学科，我们可以阅读的期刊有《科学课》《实验教学与仪器》等，我们可以得知，别人是如何理解教材的，如何教学设计，如何授课，如何实验和制作的，从而提升自己在这方面的能力。教育教学期刊中有很多教育专家和一线优秀教师教学理念和经验之谈。我们通过阅读，并根据自己的教学实际进行汲取，从而指导自己今后的教学实践。另外通过阅读他人的文章，也为自己的专业撰写提供的方法和技巧，促进自己撰写能力的发展。

总之，阅读是教师工作和生活中重要的事情，只有处理好阅读，才能提升工作的效率、愉快生活。但阅读需要为读者创设环境，需要进行引领，需要掌握方法和技巧。只有这样才能提升阅读的效率，发挥阅读的作用。阅读是教育的一部分，教师进行必要的阅读才能丰富知识，拓宽视野，开展研究，服务课堂，提升教学质量，促进自己的专业发展；同时也是奔向健康、幸福生活的开始。要实现这一目标，需要学校采取必要的措施，在支持和引导教师阅读中，增强教师的阅读意识，培养阅读习惯，构建良好的教育阅读生态。

四、办公室文化的熏陶

办公室是教师日常办公的重要场所，也是学校的教师单元组织。办公室文化则是学校文化的重要组成部分，是构建美丽校园的有机补充。一个学校是否具有良好的办公文化，对提升教育工作时效和管理水平有着重大影响。学校办公室文化是一所学校重要的文化标志，它关系到学校的办学水平和办学品位。因此，构建多元化的办公室文化对学校发展的意义重大。办公室文化的建设分为外部环境和内在含义。因此，根据学校实际情况，通过认真的实践与研究，我们创建办公室文化取得了一定的效果并总结了相关的经验。

（一）让教师感到温馨

良好的办公室文化是有外部的环境和人文环境为支持而建立起来的。良好的环境能够让人轻松、愉快地生活和工作，因此布置良好的办公室环境，能为教师创建一个良好的工作环境。办公室的外部环境，可以摆放花草、墙壁字画和一些其他饰物，让办公室充满家的温馨。为了创设良好的办公环境，还可以开展活动，让办公室文化氛围更浓。

例如，开展的"创建美丽校园"活动中，让教师们"创建美丽办公室"，通过盆景、挂画、书法文字等方式将办公室组成人员共同思想和办公氛围彰显出来。综合组是以名人名言作为主要的墙面环境布置，分别张贴了孔子、蔡元培、陶行知、叶圣陶、卢梭、杜威、苏霍姆林斯基、亚里士多德等人的教育名言，让办公室充满浓厚的教育和学习氛围。体美音组创造的壁画，图案简单，能凸显学科特点，用数字去诠释音乐的旋律和运动的精神。同时要注重办公室的卫生工作，保持办公室地面干净整洁，墙角及窗户干净，书柜、桌面书籍、作业本摆放整齐，通过教师们的通力合作布置办公室，从而打造一种团结、协作、个性化的办公室文化，旨在通过教师群力群策设计布置办公室，营造一种团结、协作、积极的个性化的办公室文化，提升学校的办学品位，让美丽校园、美丽办公室凸显学校的文化精神和教师们的风采。

（二）让教师素养提升

教师的成长是与学习分不开的，教师要从教书匠向研究者过度更需要不断更新观念，丰富理论知识，从而提升专业素养。办公室是教师工作和学习的主要场所，因此办公室要打造成精神文化的圣地。学校要激励教师读书，创设良好的文化环境。教师制订学习计划，开展学习活动，进行教学研究，从而实现教师素质的提升。

1. 制订学期学习计划，让教师的学习更明确。学习要有计划，我们要求学生这样做，同时自己首先要做到。开学初，我们以办公室为单位，先制订学习计划：其中涉及每位教师订阅 1—2 种专业期刊，办公室订阅 1—2 本公共的理论专著；教师上报读书计划，本学期准备读那些书籍，准备研究哪些方面的问题等。这些都要在计划中体现出来，有了准备，学习的方向和目的才能明确。

2. 探讨教学问题，提升课堂教学管理水平。如综合学科的教师，小学综合学科由于人员少，把这些教师放在一个办公室（思品、科学、健康、劳技、信息技术等学科），由于小学仍然是以学生的学习成绩为主，这些学科没有受到重视，因此在课堂上学生纪律不好。办公室老师在一起探讨了课堂教学管理的问题，最后达成共识：把德育教育渗透到课堂中；充实课堂内容，提升学科趣味；教学要加强活动的编排和创新；建立与班主任联系共管学生等方面，然后在课堂中认真去实践。

3. 进行课题的研究，汇集办公室人员的智慧。以办公室成员为单位开展小课题研究是可行的，大部分学科教师是同一学科课，这样就有了研究的条件和基础。对于小学科教师由于人员有限，但是办公室空间拉近之间的距离，也可以开展课题研究。如我们开展了校本课程"七巧板创意设计"的开发研究，科学教师、美术老师、信息技术教师都参与进来。科学教师负责课题整体规划，美术教师负责七巧板绘图工作，信息技术老师负责七巧板作品的收集和整理，以及开展活动过程的摄影任务。

4. 建设办公室图书角，拓展教师的阅读空间。图书角是开展办公室文化建设的关键，老师的书从哪来，只靠自己手中两本杂志是不行，我们教育的内容是要涉及方方面面，学校通过培训、研修机构或者网络环境为教师提供可选择的阅读目录，供教师选择；教师自己选择喜欢阅读的专业书籍，并署名提供给学校作为购书参考。购书的经费由学校的科研经费出资，书籍在各个办公室投递。先在各个办公室图书角存储，期末再把这些设计存入学校图书室，教师如果再需要借阅，可以登记再次使用。建立图书角既满足教师读书需求，又丰富学校藏书。

（三）让日常工作高效

办公室是集体生活和工作的场所，作为教师要具有高尚的道德修养和扎实的文化知识。教师要树立为集体着想，有责任感和担当意识。办公室工作要有明确的分工和落实机制，把办公室工作做到高效。办公室是室长负责制，其他人员应服从室长安排的任务，并积极落实，有问题向室长积极报告。为了搞好办公室的日常工作，必须建立和健全各种办公室制度，大家一起来维护这些制度。

1. 建立室长负责制。各个办公室室长由本办公室中成员产生，先自荐，室员投票通过，报送学校审批，然后任命。室长必须是在那些德高望重，有一定的管理和协调能力，教学能力强，能带动大家开展各项工作的同志担任。办公室长负责传达学校布置的任务，积极协调上级与教师的关系联动，掌握办公室人员的思想动态，处理好办公室的日常工作、学习和管理工作。

2. 制定办公室制度。办公室是公共场所，要有严明的纪律，才能确保工作的开展，因此必须制定办公室制度。根据办公室人员的建议，进行研究，最后制定了相关制度。办公室办公期间认真工作，不许大声喧哗、嬉笑、高声谈论，不吃零食，不做与工作无关的事情，不擅离工作岗位。营造健康向上的办公室文化，为人师表，不说粗俗的话语，学生及家长在场时尤其注意对来客有礼貌、热情接待；养成良好的卫生习惯，经常做好办公桌的卫生工作，办公桌物品摆放有序，保持墙壁整洁，不乱挂衣物，不乱张贴等。

3. 健全值日制度。办公室的卫生工作也是日常工作的重点。开学前，办公室室长要确定好，要制定的值日表，安排到天，安排到人。值日教师在每天上班前做好办公室的卫生工作，并负责全天的办公室卫生工作。学校有专门人员对办公室卫生进行检查，并评价记录，每星期公布一次。

4. 建立直接负责制。对职责范围内的事，谁的职责谁负责到底，不属于自己职责范围内的事情，积极帮助协调联系。工作中，我们要积极承担责任，团结协作，共同维护办公室的形象。我们只有把工作做实、做细、出成效，才能让办公室具有凝聚力，我们办公室才能走在前列。

（四）让办公室聚活力

积极的心态和健康的身体是做好工作的基础。创建具活力办公室文化，教师的身心得到健康发展，从而聚集精力投入到教育教学工作之中。要想让办公室充满活力，就必须根据教师的兴趣、爱好和特点，开展有针对性的活动，让他们参与进来，每个办公室要有自己的品牌文化，形成自己的特色，彰显办公室的美丽。活动可以是学校举行，也可以是办公室自发组织的，只要是积极向上，能调节身心健康的，能促进团结合作，共同发展的，我们都应该进行尝试。活动多样性，能够让教师劳逸结合，焕发工作的热情。

1. 以学校活动为依托开展活动。随着学校打造自己的品牌文化的推进，开展丰富多彩校园文化已经成为常态化。学校开展的"庆祝元旦文体"活动，如踢毽子、跳绳、乒乓球、羽毛球等项目，我们办公室人员根据每个人的特点进行选择项目，先在办公室内部进行训练和比赛。学校开展的"美丽校园"的创建活动中的"美丽教师"创建活动，要求每个办公室推荐 1—2 名教师，分别本学期的德、能、勤、绩、廉等方面进行评价，得分最高的可以评为学生的"美丽教师"，这就要求每位老师都要在平时的工作中去认真实践，这样办公室工作就会更有激情。

2. 办公室自发组织各成员活动。办公室文化的理念已经根植在办公室所有成员思想深处。我们为了拓展思路，创新工作，每个办公室根据自己的实际情况自发组织了活动。如创建无烟办公室的号召深入教师心中；又如体育组办公室成立了"乒乓球"俱乐部，其余办公室纷纷响应，积极参与；科学组，建立了"教具制作"俱乐部；信息技术组，建立了课件制作俱乐部等。此外，每到春季和秋季，办公室成员自发组织去郊游互动，接触自然，体验自然，放飞梦想。工作之余，以健康、合理的方式休闲，让教师的学校生活丰富起来，办公室也充满活力。

　　总之，办公室文化建设是一项长期、复杂和系统的工程，只有不断进行尝试、反思，再实践，才能找到合理的方法。创建办公室文化是学校文化建设的具体体现，与学校文化一脉相承。我们对办公室文化进行研究和创新，必须以学校文化建设为纲，这样就必然会推动学校文化建设，使我们的校园更加和谐，"美丽校园"的创建就会早日成功。

后　记

　　教师是教学活动的主导者，学生发展的引导者；教师专业素养的高低，直接影响着教学质量的优劣和方向；研究教师教育能力成为教师专业发展创新探索的重要议题；本成果作为山东省社科规划项目"高校教师教学能力体系构建与提升路径研究"成果，是基于十余年的研究与实践，经过系统思考提炼完成的。

　　教师教育能力体系构建是一个系统的工程，涉及范围较广，需要认真实践，创新思考。本成果从实践出发，在理论引导下，对教育能力体系从八个方面进行研究，其中涉及教师、学生和学校等方面的发展，站在一个教师角度看待问题，教师要成为研究者，教师要为学校发展出谋划策，这均是新时期教师发展的基本要求。教师要发展就要完善自己的教育能力，成为知识的引领者，促进社会的文明发展。这些思路与观点，力求形成适应并引领教师专业成长的有益借鉴。

　　本书的出版得到九州出版社的大力支持和帮助，在写作过程中参考和借鉴了许多前辈和同行的大量研究成果，在此一并致谢！

2019 年 8 月

参考文献

1. 李中国, 汤纺杰. 教师队伍建设与中国教育现代化 [J]. 教育研究, 2017（12）.

2. 李中国. 卓越小学教师培养的要点解析与推进建议 [J]. 教育研究, 2016（10）.

3. 李中国, 黎兴成. 我国高校教师教学研究的热点状况分析—基于 2005—2015 年 CNKI 文献的共词分析 [J], 教育研究, 2015（12）.

4. 李中国. 两种"三位一体"教师教育模式比较研究 [J]. 教育研究, 2014（8）.

5. 李中国 .G-U-S 教师教育协同创新模式实践探索 [J]. 教育研究, 2013（12）.

6. 李中国. 科学课教师胜任特征与工作绩效关系研究 [J]. 教育研究, 2012（8）.

7. 李中国. 教师队伍建设中省级统筹的缺失与完善 [J]. 教育发展研究, 2013（8）.

8. 王俊卿. 注重实践与研究, 提升教师专业素养 [J]. 贵州教育, 2014（21）.

9. 王俊卿. 惩罚教育的五个原则 [J]. 教学与管理, 2017（17）.

10. 王俊卿. 完善相关制度 做实城乡教师交流 [J]. 辽宁教育, 2017（10）.

11. 王俊卿. 利用"一师一优课、一课一名师"活动提升教师信息素养 [J]. 西藏教育, 2017（3）.

12. 王俊卿. 融洽家校关系要做些什么 [J]. 辽宁教育, 2016（24）.

13. 王俊卿. 精神奖励是最好的 [J]. 辽宁教育, 2016（22）.

14. 王俊卿 . 增强教师阅读意识，构建教育阅读生态 [J]. 教育视界，2016（Z1）.

15. 王俊卿 . 加强班级文化建设四策略 [J]. 教书育人，2016（22）.

16. 王俊卿 . 关注学生发展从三点做起 [J]. 辽宁教育，2016（16）.

17. 王俊卿 . 安全教育应做好"七步"[J]. 贵州教育，2016（9）.

18. 王俊卿 . 谈如何发挥学校科研处的作用 [J]. 辽宁教育，2016（8）.

19. 王俊卿 . 打造美丽校园文化 助推学生全面发展 [J]. 贵州教育，2016（5）.

20. 王俊卿 . 校园安全演练的常态 [J]. 江西教育，2016（Z1）.

21. 王俊卿 . 教师研修应与学校发展相融 [J]. 辽宁教育，2016（6）.

22. 王俊卿 . 学生心理健康教育要加强 [J]. 教书育人，2016（4）.

23. 王俊卿 . 谈作业批改的技巧 [J]. 辽宁教育，2016（2）.

24. 王俊卿 . 再话新时期师德 [J]. 教育科学论坛，2015（22）.

25. 王俊卿 . 谈如何做好教师工作绩效评价 [J]. 辽宁教育，2015（24）.

26. 王俊卿 . 办公室文化建设初探 [J]. 教书育人，2015（32）.

27. 王俊卿 . 教师专业发展要抓好关键领域 [J]. 辽宁教育，2015（18）.

28. 窦青 . 论中国风格钢琴练习曲创作的体系性构建 [J]. 音乐研究,2017（6）.

29. 辛丽春、汤芳杰 . 当代乡村教师生存状况及对策研究 [M]. 九州出版社，2019（3）.

30. 李爱娟 . 新时代教师发展解码 [M]. 九州出版社，2019（3）.